Social Psychology of Human Relationship

人間関係の社会心理学

松田幸弘 [編著]

晃洋書房

はじめに

　人間関係における自分を含めた人の心理と行動に興味を持っている人は多い．現代のような複雑で急激に進展する高度情報社会の中で生きているからこそ，人間の心や行動を理解したいという切実な思いがより一層強まるからなのであろう．確かに，私たちが経験する喜びや悲しみ，怒り，楽しさなどは人間関係の中で生まれるものであり，また充実した社会生活を送るうえで，人間関係の果たす役割は極めて重要であることは異論がない．

　人と人とが関わり合い，互いに影響を与え合うプロセスで，人はどのように考え，どのように感じ，どのように行動するのか，またそれはなぜなのか，といった人間関係に関わる問題を解明するのが社会心理学である．

　本書は，初めて社会心理学を学ぶ人のために，大学で学ぶ学生の方々の教科書，また多様な経験を積まれた社会人や一般の方々を対象とした入門書として企画された．サイエンスとしての社会心理学は非常に幅広い領域において，多様なテーマがさまざまな角度から検討されている最も発展の著しい学問の一つである．

　本書では社会心理学の領域の中でも，人間関係に焦点を当てた研究を紹介し，教科書や概説書として必要な基本的な知識や事実を的確に盛り込むことを編集の方針としている．

　各章は古典的で典型的なテーマや基本的事項から，脳科学や文化などを含めた最先端のテーマまでを網羅しつつ，そのエッセンスを必要最小限の分量に絞り込み，わかりやすく解説することを目指している．また各章の執筆者は，各々の章における重要なテーマを精選し，構成・執筆することを共通の課題としている．

　基本的な考え方や事項を中心に解説し，新しい研究動向についても取り上げることで，社会心理学が対象とする問題やテーマは，極めて幅広い範囲に及んでいることが理解できるであろう．また本書を読み進んで頂ければ，読者が日頃，関心を持っている問題や悩みについて，これまでとは異なった視点から考えたり，全く気づかなかった新しい示唆が得られたりするのではないだろうか．

各章の具体的な内容は，以下のような4つのパートから構成されている．第1のパートは「自己・他者との関わり」という視点から，自己とは何かを検討する，第1章「社会的自己」，自己や他者に対する意識や行動に関する，第2章「対人行動」，人間関係の形成や維持，崩壊に関する，第3章「親密な対人関係」である．第2のパートは，「社会的認知」という視点から，他者に対する認知や感情，コミュニケーションを対象とした，第4章「対人認知」，第5章「偏見とステレオタイプ」，第6章「感情とコミュニケーション」，第7章「態度変容と説得」を取り上げている．

　また第3のパートは「集団・社会との関わり」であり，個人と集団の関係を検討する，第8章「個人と集団」，社会問題としての関心が高い，他者による心理操作や洗脳を解明する，第9章「マインド・コントロール」，他者のサポートや個人の幸福感に関する，第10章「健康と幸福」から構成されている．最後に，第4のパートは「人間関係の新展開」という視点から，文化によって異なる心の特徴や行動について検討する，第11章「文化」，情報空間での人間関係とコミュニケーションの光と影を解明する，第12章「インターネット」，人間の社会的行動を脳神経の活動から解明する，第13章「社会神経科学」を取り上げている．

　また本書の特徴として，以下の点が挙げられる．

1．各章では，研究を網羅的に紹介するのではなく，重要なものに厳選し，それらを統合的に関連付けられるように各章間を調整している．たとえば，ある章で紹介した理論や考え方が，別の章の現象の説明にも適用できることを理解できるように，参照すべき箇所を明示した．
2．本文の内容を視覚的に理解できるように，可能な限り図や表を多く用いた．また各図表は，できるだけ分かりやすいものを使用し，適宜，簡潔な説明を加えた．
3．各章に2つのトピックス欄を設けた．各章の内容に関連する先端的な研究，あるいは本文の内容をより良く理解するために重要だと考えられる研究を紹介した．これらの多くは，その章で紹介された理論に基づいた実験や調査，あるいは各領域の今後の動向を展望する興味深い研究である．
4．各章を読んで興味を持たれた方のために，章末の「読書案内」で関連

する概説書や専門書を紹介した．これらによって，各テーマについてより深く理解し，発展的な学習を進めて頂けると思う．

　なお各章は，それぞれのテーマだけを読んでも理解できるように構成されている．そのため，必ずしも最初から順番に読み進める必要はなく，読者の興味や関心にしたがって読み広げて頂きたい．

　各々の章は，比較的若い世代からベテランに至る力量豊かな研究者に執筆をお願いし，快く引き受けて頂くことができた．編者からの煩瑣な依頼に対して，丁寧に応えて執筆の労を執ってくださった執筆者の方々に心よりお礼申し上げたい．

　今回の出版にあたって，すべての方々のお名前をあげることはできないが，実に多くの方々のご協力を頂いた．この場を借りて感謝の意を表したい．また本書の出版でお世話になった晃洋書房の皆様に感謝したい．

　最後に，本書により，1人でも多くの読者が社会心理学に興味を持たれ，ますます充実した人間関係を築いていくための多くのヒントが得られることを心より願っている．

　　2018年5月

　　　　　　　　　　　　　　　　　　　　　　　　　　　松田幸弘

目　次

はじめに

第1章　社会的自己　　1

はじめに　(1)
第1節　自己とは　(1)
第2節　自己開示　(2)
第3節　自己呈示　(7)
第4節　自己と動機づけ　(10)
第5節　自己評価　(12)

第2章　対人行動　　16

はじめに　(16)
第1節　社会的推論　(16)
第2節　自己意識　(19)
第3節　援助行動　(24)
第4節　攻撃行動　(27)

第3章　親密な対人関係　　33

はじめに　(33)
第1節　親密な対人関係とは　(33)
第2節　親密な対人関係のプロセス　(36)
第3節　対人魅力　(39)
第4節　友人と恋人　(42)
第5節　対人関係に関する研究の広がり　(47)

第4章　対人認知　　50

はじめに　(50)
第1節　対人認知のプロセス　(50)
第2節　対人認知における自己の役割　(53)
第3節　対人認知に影響を及ぼす要因　(55)
第4節　対人認知の個人差　(59)

第5章　偏見とステレオタイプ　　64

はじめに　(64)
第1節　ステレオタイプ・偏見・差別　(64)
第2節　認知傾向とステレオタイプ　(68)
第3節　ステレオタイプの自動的活性化　(73)
第4節　集団間関係と否定的感情　(76)
第5節　スティグマと対処方略　(77)

第6章　感情とコミュニケーション　　81

はじめに　(81)
第1節　感情とは？　(81)
第2節　感情のコミュニケーション　(84)
第3節　感情コミュニケーションの中心：表情　(85)
第4節　様々な非言語コミュニケーション　(88)
第5節　感情の影響　(90)

第7章　態度変容と説得　　94

はじめに　(94)
第1節　態度とは　(94)
第2節　態度形成　(97)
第3節　説得とは　(100)

第 4 節　説得のプロセス　（104）

第 8 章　個人と集団　　　　　　　　　　　　　　　　　　110

　　はじめに　（110）
　　第 1 節　他者が存在することの影響　（110）
　　第 2 節　集団をまとめる力　（115）
　　第 3 節　集団からの影響　（118）
　　第 4 節　集団での意思決定　（122）

第 9 章　マインド・コントロール　　　　　　　　　　　　126

　　はじめに　（126）
　　第 1 節　マインド・コントロールの先駆としての洗脳　（126）
　　第 2 節　マインド・コントロールと洗脳　（131）
　　第 3 節　マインド・コントロールによる勧誘と教化　（133）
　　第 4 節　マインド・コントロール状態の維持・強化と脱会　（135）

第10章　健康と幸福　　　　　　　　　　　　　　　　　　142

　　はじめに　（142）
　　第 1 節　人間関係のストレスとその対処　（143）
　　第 2 節　ソーシャルサポート　（146）
　　第 3 節　幸福観の文化差と人間関係　（150）
　　第 4 節　健康とパーソナリティ　（153）

第11章　文　　化　　　　　　　　　　　　　　　　　　　156

　　はじめに　（156）
　　第 1 節　文化心理学とは？　（156）
　　第 2 節　心と文化の相互構成　（158）
　　第 3 節　社会的相互作用と適応　（162）

第 4 節　文化への異なるアプローチ　（168）

第12章　インターネット　173

はじめに　（173）
第 1 節　ネット利用の現状と特徴　（173）
第 2 節　ネット利用によるポジティブな影響　（176）
第 3 節　ネット利用によるネガティブな影響　（179）
第 4 節　ネットの利用を支える動機づけ　（184）
第 5 節　ネットのコミュニケーションツールとの付き合い方　（185）
おわりに　（186）

第13章　社会神経科学　188

はじめに　（188）
第 1 節　社会神経科学　（189）
第 2 節　自己認知　（192）
第 3 節　他者認知　（195）
第 4 節　社会的な意思決定とその周辺　（198）

引用文献　（205）
人名索引　（239）
事項索引　（243）

第1章 社会的自己

KEY WORDS

自己概念　自己知覚理論　自己開示　返報性　社会的浸透理論　自己呈示　補償的自己高揚呈示　自己高揚動機　ポジティブイリュージョン　自己査定動機　自己確証動機　可能自己　作動自己　自尊感情　ソシオメーター理論　社会的比較理論　上方比較　下方比較　自己評価維持モデル　筆記開示　複数観衆問題

はじめに

　自分はどのような人間であるか，誰しも一度は考えたことがあるのではないだろうか．そのときイメージした"自分"について満足したり，不満を感じたり，理想の自分に近づくように努力したり，いつもと違う自分を演じるよう試みたりすることもあるだろう．このように，自己のプロセスは私たちの感情や，対人的行動に影響を及ぼす．また，他者の存在や対人関係が自己に影響を及ぼすこともある．本章では，他者とのかかわりの中での"自己"に焦点を当てる．

第1節　自己とは

1　自己概念

　ジェームズ［James 1892］は，自己には"主我（I）"と"客我（me）"の2つの側面があるとしている．自分自身を見つめている自分が主我であり，視線の先にとらえた自分が客我である．この客我は自己概念（self-concept）ともいわれる．これは，私たちがもっている，自分はこのような人間であるという知識のことである．たとえば，「あなたはどんな人ですか？」と聞かれたらなん

と答えるだろうか．おそらく，私はこういう人間である，と一言で回答するのは難しく，「私は女性である」，「私は楽観的だ」，「私は優しい」など，たくさんの自己概念が出てくるだろう．ジェームズ［James 1892］は，自己概念をさらに3つの要素に分けている．衣服，財産，家族といった自分自身の一部とみなせる側面である物質的自己，自分の意識状態や心的能力といった精神的自己，周囲の他者が自分に対して抱いている認識に基づいて形成される社会的自己である．

2 自己知覚理論

では，私たちはどうやって自分を知るのだろうか．私たちは誰よりも自分のことはよく分かっていて，直接的に自分を知ることができていると思いがちである．ベム［Bem 1972］の自己知覚理論（self-perception theory）によると，私たちが自分の内的状態（感情や態度）を直接的に知る手がかりは限られており，実際は，自分の行動やそれが生起した状況を手がかりにして自分の内的状態を推測している．まさに，私たちが他者を知る際に，行動や状況からその人のことを知るのとまったく同じように，自分を知るのである．

シャクター［Schachter 1964］は，自己知覚理論に基づき，私たちが感情を経験するには，2つの要素が必要であると考えた．1つは，心拍数や呼吸数の増加など交感神経系の活動が高まる生理的喚起（physiological arousal），もう1つは，自分がおかれた状況における，その生理的喚起の原因とされる認知的手がかりである．たとえば，友人と一緒にいるときに，心拍数が上がり，呼吸も荒くなったと，本人が気づくのが生理的喚起である．そして，この友人が自分を馬鹿にするような発言をしたことが生理的喚起の原因であると解釈すると，自分がいま経験しているのは「怒り」という感情であるとわかるのである（情動の2要因説：第6章第1節［4］参照）．

第2節　自己開示

1 自己開示とは

私たちが他者と出会うとき，相手がどんな人なのか知りたいと思う．相手と会話をしなくても，どんな顔なのか，どんな服が好きなのかなどは分かるかもしれない．しかし，相手がどのような過去を持ち，どんなことを考え，感じて

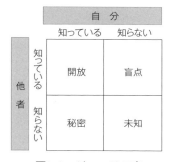

図1-1 ジョハリの窓
（出所）Luft & Ingham [1955] より作成.

いるのかなど，相手に話してもらわないと分からないこともたくさんある．私たちが日常の会話の中で，自分について相手に伝えることを自己開示（self-disclosure）という．図1-1のジョハリの窓は，自分に関するすべてのことを図示したものであり，自分と他者が知っているか知らないかの4つの領域に大きく分けられている．他者に対して，自分の開放領域から徐々に秘密領域を開示することで2者間の関係は発展し，また，他者から盲点領域を教えてもらうことで自己理解が深まるとされている［Luft & Ingham 1955］．

　自己開示は，自己開示を行う者自身，さらにはその相手との関係に重要な影響を及ぼすことが分かっている．自分の悩み事を友人に打ち明けると，問題は解決していないが，どこか気持ちがすっきりすることがあるだろう．このように，自己開示は悩みや苦痛を軽減する効果をもっている．逆に，自分のことを話さず，他人に知られないように隠蔽することは，多大なストレスを自分に与え，身体的健康を損ねることが明らかにされている［Jourard 1971］．また，自己開示によって自分の考えや態度を表明すると，他者がそれに対するフィードバックをしてくれるので，自分の考えが適切なのかどうか確認することができる，という社会的妥当化の機能がある．

　自己開示は，どちらかが一方的に行うよりも，相互に行う方が相手に抱く好意度や親密度が高くなることが示されている［Sprecher et al. 2013;］（図1-2）．これは，自己開示に返報性（reciprocity）のルールがあるからである．たとえば，相手に好きな音楽の話をすれば，その相手も同じような自己開示をし，深刻な悩み事を話せば，相手も非常に個人的な話を打ち明ける．このように，私たち

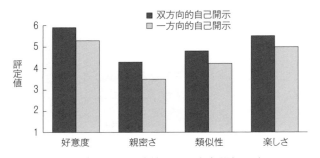

図1-2　自己開示の方法による印象評価の違い
(出所) Sprecher et al. [2013] より作成.

は相手の自己開示と同程度の量や深さの自己開示を相手に返す傾向がある．互いに自己開示し合うことで，類似点を発見することができ，関係はさらに進展していく．

2　社会的浸透理論

　私たちが初めて会った人に突然個人的な悩みを話すことは少ない．たいてい，最初は，自分の趣味や出身地など表面的な内容について話し，関係が親密化するにつれ，態度や意見などの情報を交換し，最終的には非常に個人的な話をするようになるだろう．社会的浸透理論（social penetration theory）では，2者間の関係が初対面同士から次第に親密になるにつれて相互に交換される自己開示の幅と深さが増大すると説明されている．関係が進展していないにも関わらず，かなり個人的な自己開示を行うと，相手を選ばず，何でも吐露してしまう人物であり，心理的な不適応状態にあると見なされ [Wortman et al., 1976]，相手に悪印象を与える傾向があることが示されている [Kaplan et al., 1974]．したがって，図1-3の社会的浸透過程のように，相手との関係の親密度に沿って，ゆっくり自己開示を深化させていくことが好ましい [Alman & Taylor 1973]．

3　自己開示と適応

　ここまでみると，自己開示をすればするほど，健康的な生活が送れると思うかもしれない．和田 [1995] によると，ある一定の量までは自己開示すればす

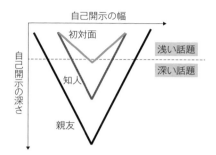

図1-3　社会的浸透過程における自己開示の深さと幅
(出所) Alman & Taylor [1973], 安藤 [1986] による.

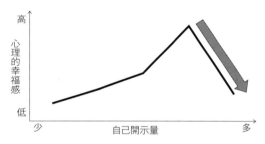

図1-4　自己開示量と心理的幸福感の関連
(出所) 和田 [1995] より作成.

るほど私たちの精神的健康度は高まるが，自己開示しすぎると精神的健康度が下がる（図1-4）．私たちには，自己開示によって個人的な情報を共有したいという欲求とプライバシーを守りたいという欲求がある．そのため，両欲求が適度に満たされる自己開示量が最も健康度を高めるが，それ以上多い自己開示を行うとプライバシーを守れなくなり，かえって健康度が下がってしまうのである．

❖ TOPICS 1　筆記開示

　第2節では，自己開示によって私たちの悩みや苦痛が軽減されることについて説明した．しかし，[3] で説明したように，自己開示しすぎると，かえって私た

ちの精神的健康度が下がることがある．また，自己開示する内容がネガティブであると，相手にネガティブな印象を与えたり，否定的に評価される可能性が高まる．それゆえ，人は「これを話したら相手にひかれてしまうかもしれない」，「こんなこと考えている人間だと思われたらどうしよう」など，他者との関係悪化を懸念し，自己開示を控えてしまうこともある［山本・余語・鈴木，2004］．さらに，自己開示した内容を，誰か他の人に暴露されてしまうリスクもあるため［永井・新井，2007］，自己開示することに強い抵抗感を覚えることがあることも示されている［片山 1996］．とはいえ，自己開示を我慢すると，やはり精神的健康は低下してしまう［Jourard 1971］．

　では，誰にも話せない悩みがある場合，どうすればよいのだろうか．

　ペネベーカー［Pennebaker 1997］は，筆記開示（written disclosure）を提唱している．これは，悩みやトラウマ的な出来事に関する事実とそのとき抱いた感情を，誰かに話すのではなく，筆記するというものである．文字の綴りや文法，文章の構成などは気にする必要はない．思ったまま，感じたままに自由に書き出す．書いたものは誰にも見せなくてよい．机の奥にしまっておいてもいいし，シュレッダーにかけて処分してもよい．筆記開示では，自分の中にある悩みや感情を言語化するプロセスが重要だとされている［Pennebaker 1997］．

　この筆記開示の効果は，多くの研究で認められている．たとえば，筆記開示をすることで，患者の免疫機能が向上し，病院に通院する回数が激減したことが示されている［Lepore & Smyth 2002］．また，ネガティブな記憶や感情の反芻が減少したり［Lepore 1997］，ワーキングメモリーが増加し，学校での成績が上がったり［Pennebaker & Francis 1996］，リストラされた従業員の再就職率が高まることも示されている［Spera et al. 1994］．

　このように，何かしらの理由で，他者に話しにくい悩みがある場合は，我慢せず，心の奥底にある感情をメモ帳，日記，匿名のブログ，鍵付きのTwitterなど，何かに書くことで，私たちは精神的な健康を良好に保つことができるのである．

　ただし，筆記開示によって，これまで直視しないように避けていたネガティブな体験に注意が向き，一時的にネガティブ気分が高まることがあるので，気をつけなければならない．

第3節　自己呈示

1　自己呈示

　第2節では，自分についての情報を偽りなく相手に伝達する自己開示の重要性について触れた．しかし，就職活動の面接や好きな人とデートするとき，私たちは相手に気に入ってもらうために，自分の能力を少し誇張して話したり，いつもよりかわいく振る舞ったりすることがある．このように，相手に自分にとって望ましい印象を与えるために意図的に振る舞うことを自己呈示（self-presentation）という［Leary & Kowalski 1990］．

2　自己呈示の機能

　私たちが自己呈示をすると，どのような効果があるのだろうか．安藤［1994］は自己呈示の機能として下記の3つを挙げている．
　（1）報酬の獲得と損失の回避
　自己呈示を行うことによって，報酬を得ることができ，損失を防ぐことができる．たとえば，就職の面接試験で，面接者に対してポジティブな印象を与えられれば，内定をもらえる可能性が高まる．また，他者に好ましい印象を与えられれば，友人関係や恋愛関係がうまく進展していくだろう．さらに，友達との約束に遅刻してしまったときに，謝罪の気持ちが相手に伝われば，その関係が壊れることを防ぐことができる．
　（2）自尊心の高揚と維持
　私たちが適応的に生きていくためには自分を価値ある存在であると見なすこと，つまり自尊心を高く維持することが必要である．自己呈示を行うことで，他者からポジティブに評価されれば，それによって自尊心を高揚させることができる．また，自己呈示を行うことで他者からの批判・非難を回避できれば，自尊心の低下を最低限に抑え，維持することができる．
　（3）アイデンティティの確立
　私たちが自分はこういう人間であると思っている自己認知と，他者からの自分に対する見方である他者認知とが必ずしも一致するわけではない．たとえば自分では協調性があると思っているのに，友達からは"マイペースだ"と思われているような場合である．自己認知と他者認知が一致しないと，自分がどう

いう人間なのか分からないという気持ちにもつながり，不快感が生じる．そこで，その友達と会うときは周りの意見に同調したり，皆と行動を共にするよう振る舞うことによって，協調性があると思わせることができれば，自己認知と他者認知を一致させることができ，"協調性のある"自分というアイデンティティを確かなものとすることができる．

3 自己呈示の種類

　私たちはいつも同じ自己呈示をするわけではない．自己呈示にはいくつか種類があり，私たちは，コミュニケーションする相手がどんな人なのかに合わせて，自分がどんな印象を与えるべきかを考え，それに適した自己呈示を行っている．ジョーンズとピットマン [Jones & Pittman 1982] は，私たちが行う自己呈示を大きく5つに分類している（表1-1）．彼らは自己呈示者が自己呈示の対象である他者にどのように思われたいのかに焦点を当てて，自己呈示を，①取り入り（ingratiation），②威嚇（intimidation），③自己宣伝（self-promotion），④示範（exemplification），⑤哀願（supplication）の5つに分類している．「取り入り」では，"好感の持てる"，「威嚇」では"危険な"，「自己宣伝」では"有能

表1-1　自己呈示の種類

種類	相手に 与えたい印象	行動例	相手が感じること	
			うまくいったとき	失敗したとき
取り入り	感じのいい 好感の持てる	親切な行為をする お世辞を言う 相手に同調する	好きだ	ごますり こびへつらっている
威嚇	危険な 冷酷な	脅す 怒る	怖い	うるさい人 なよなよしてる
自己宣伝	有能な	能力の主張 業績の説明	尊敬できる	嘘つきだ 自惚れている
示範	立派な 献身的な	他者を助ける 大義のために奮闘する	罪悪感 真似したい	偽善者だ 聖人ぶっている
哀願	頼りない 無力な 不幸な	自分を卑下する 助けを懇願する	世話をしたい 助けてあげたい	怠け者だ 要求が多い人だ

（出所）Jones & Pittaman [1982] を参考に作成．

な"，「示範」では"立派な"，「哀願」では"無力な"というイメージを他者が自分に対して持つことを求めている．表1-1は，5つの自己呈示方略を，① 自己呈示をすることによって相手に与えたいイメージ，② 典型的な行動例，③ 自己呈示がうまくいったとき／失敗したときに相手が感じること，という観点からまとめたものである．

4 補償的自己高揚呈示

いつも自己呈示がうまくいくわけではない．言動を誤って，本来与えたいものとは異なる印象を他者に与えてしまうこともある．自己呈示に失敗すると，相手に望ましくない印象を与えてしまい，関係が悪化したり，呈示者自身の自尊感情も低下することが分かっている．そのため，私たちはなんとかしてその失敗を挽回しようとする．たとえば，友人に"有能"な自分のイメージを与えたいと思っているとしよう．しかし，ある日赤点をとったテスト用紙を友人に見られてしまった．これでは友人の中の自分のイメージはネガティブなものになってしまう．そこで，友人の見ている前でボランティア活動に励むことで"よい人"をアピールし，前回のネガティブなイメージを払しょくしようとする．このように，私たちはある特性での自己呈示に失敗すると，他の側面で自分をよく見せる補償的自己高揚呈示（compensatory self-enhancement）［Baumeister & Jones 1978］を行い，失敗を挽回しようとするのである．

> ❖ TOPICS 2　複数観衆問題
>
> 　第3節で説明したように，私たちは，日常生活の中で，家族，友人，知人，恋人……など多くの人と接し，自己呈示を行っている．誰に対しても同じような自己呈示を行っているだろうか．おそらく，「友人A子さんには，遊び好きな私」，「恋人Bくんには，かわいくて女の子らしい私」，「C先生には，真面目で賢い私」……というように，相手によって伝えたい自己のイメージが異なり，それを伝達するための行動も変えているのではないだろうか．このように，私たちがコミュニケーションする相手によって，様々な自己の側面を見せることは，多くの研究で示されてきた［たとえば，Swann et al. 2002］．
>
> 　では，もし，普段それぞれにまったく異なる印象を与えている相手が，複数人同じ場面に同時に存在したら，人はどのような自己呈示を行うのだろうか．たと

えば，あなたが魅力的な男性の前で，いつもよりもかわいく振舞って気に入られようとしている場面に，仲の良い女友達が通りかかったところを想像してほしい．男性にも気に入られたいが，女友達から「ぶりっこしている！」とネガティブな評価を受けるのも避けたい．つまり，どちらか一方の相手に合わせた自己呈示を行うと，もう片方の相手に望ましい印象を与えることができない．このように，異なる印象を与えたい相手が2人以上同じ場面に存在し，どの相手に合わせた自己呈示を行えばよいのかというジレンマに陥ることを複数観衆問題（multiple audience problem）という［Fleming 1994］．

　笠置・大坊［2010］の実験では，女性参加者に，他の女性観察者が見ている前で，魅力的な男性と会話をしてもらった．その結果，複数観衆問題に直面した参加者は，女性の観察者にネガティブな印象を与えるのを回避するため，魅力的な男性に対する外見的魅力の自己呈示行動を控えた．そして，その代わりに，外見的魅力以外の自身の特性（社会的望ましさ，個人的親しみやすさ）を積極的に呈示することが明らかとなった．これは，ある特性における自己呈示に失敗した人，もしくは失敗を予測した人が，他の次元で自分をアピールするという補償的自己高揚呈示であると考えられる［Baumeister & Jones 1978］．

　社会生活を送る上で，状況や相手に応じて自己呈示の仕方を変えることは，様々な人間関係を維持するために求められるスキルである．しかし，複数観衆問題のような複雑な人間関係の結果生じる問題をうまく切り抜け，複数の人間関係を良好に保ちながら，自分の精神的健康も維持するためには，誰に対しても呈示できる自己の側面を持つことも重要なスキルであるといえる．

第4節　自己と動機づけ

1　自己高揚動機

　私たちは，自分を価値ある存在だと思いたい，よい人間だと思いたいという自己高揚（self-enhancement）動機をもっている．この動機を満たすために，私たちは自分自身をポジティブな方向に歪めて認知している．たとえば，自分の特徴を記述するよう求められると，私たちはネガティブなものよりもポジティブな特性を多く挙げたり，自分が重要だと思っている特徴は自分が持っていると考え，さらに他者よりもすぐれていると評価する．マイヤース［Myers 1987］

は，参加者に自分の社会性を評定させた．その結果，60％の参加者が自分は上位10％以内であると回答し，25％の参加者が自分は上位1％以内であると回答した．この自己高揚動機は，特に失敗や脅威などによって自尊感情が脅かされているときに強くなる［Beayregard & Dunning 1998］．

私たちが，自分をポジティブに認知する傾向を，テイラーとブラウン［Taylor & Brown 1988］は，ポジティブイリュージョン（positive illusion）と名づけた．ポジティブイリュージョンには，①自分を非現実的なまでにポジティブにとらえること，②周囲の出来事をコントロールできると考えること（コントロール幻想），③未来の出来事について非現実的に楽観主義であること，の3側面がある．このポジティブイリュージョンは，私たちが適応的に生きていくために必要なものであり，精神的健康度が高い人ほどポジティブイリュージョンの傾向が高いことが示されている［Taylor et al. 2003］．一方，ポジティブイリュージョンが精神的健康に及ぼす影響については，西欧文化において顕著であり，日本文化では見られないという文化差も指摘されている［遠藤 1995］．

ポジティブイリュージョンが生じるのはどのようなときなのだろうか．他者が自分についての正確な情報をもっている場合や［Armor & Taylor 1998］，自分の能力が判定されてしまうような課題に取り組む場合など［Armor & Sackett 2006］，自己評価の正確性が問われるような場合，私たちの自己評価は正確になり，ポジティブイリュージョンは生じない．また，評価次元が具体的な場合よりも曖昧であるとき，ポジティブイリュージョンが生じやすいことも明らかになっている［Dunning et al. 1989］．

2 自己査定動機

私たちは，自分をできるだけポジティブにとらえたいという自己高揚動機をもっているが，一方で，自分のことを正確に知りたい，本当の自分の姿を知りたいという自己査定（self-assessment）動機ももっている．自分の能力，性格，感情状態などを正確に知ることで，自分の将来的な行動を正確に予測し，それをコントロールすることができるからである．したがって，私たちは自分の能力を正確に判断できる情報を好む傾向が高い［Trope 1983; 自己査定理論］．また，自分についての正確な情報を好む傾向は，能力だけではなく，性格特性についても同様の結果が得られている［沼崎・工藤 1995］．

3 自己確証動機

　私たちは，状況や時に関わらず一貫した自己をもっていたいという自己確証（self-verification）動機ももっている．そして，その長期的に安定した自己概念を保つために，私たちは，自己概念に沿った行動や状況の解釈を行い，逆に自己概念に合致しないような評価を回避しようとする．このプロセスを自己確証という．この自己確証動機は対人関係にも影響を及ぼす．たとえば，自分のことをポジティブに捉えている人は，同じように自分のことをポジティブに評価してくれる人を好む．対照的に，自分をネガティブに捉えている人は，自分をポジティブに評価してくれる人よりもネガティブに評価する人を好む傾向が示されている [Swann et al. 1992]．これは，他者が自分と同じように自分を評価してくれることで，自己概念の妥当性を確認することができるからであるとされている．

4 動機づけを生み出す自己

　私たちは，いま現在自分がどのような人間であるかという自己概念だけではなく，将来どのような人間になっているか（期待された自己；expected self），どのような人間になりたいか（望ましい自己；desired self），どのような人間にはなっていたくないか（feared self）を考えることがある．このような自己を可能自己（possible self）という [Markus & Ruvolo 1989]．可能自己は，私たちの将来的な行動を動機づける誘因となったり，現在の自己を評価する基準となる．このように，私たちの自己概念は1つではなく，様々な複数の側面をもっている．しかし，そのすべての側面が常に活性化しているわけではない．私たちがいまおかれている状況やそのときの感情状態によって，活性化される自己概念は変わる．この現在活性化して作動している自己概念を作動自己（working self）という．可能自己も作動自己となって初めて機能するのである．

第5節　自己評価

1 自尊感情

　自尊感情（self-esteem）に関する研究は非常に多い．ここでは代表的な3つの自尊感情について説明する．最初に自尊感情に注目したのはジェームズ [James 1982] である．彼は，「自尊感情＝成功／願望」という公式を提案し，

願望がどのくらい満たされているのかが自尊感情の根源であると考えた．たとえば，期末テストで学年1位をとりたいという「願望」があって，実際に学年1位がとれれば，100％の「成功」となり，「自分は能力が高い人間だ」と自尊感情が高まる．つまり，願望に対する成功を大きくする，もしくは願望を小さくすることで自尊感情が高くなる．また，リアリーら［Leary & Baumeister 2000］は，私たち自身が他者からどのくらい受け入れられているのか，あるいは否定されているのかを自尊感情が常にモニター（監視）しているというソシオメーター理論（socio-meter theory）を提唱した．私たちが生きていくためには，他者との関係が不可欠であり，他者から拒絶されることは避けなければならない．この理論によれば，他者から高い評価を得て，受け入れられていると思えば，自尊感情が高まり，他者から拒絶されると自尊感情が低下して警告してくれるという．

自尊感情の測定については，ローゼンバーグ［Rosenberg 1986］の自尊感情尺度（表1-2）が，社会心理学の多くの研究で用いられている．この得点が高いほど自尊感情が高いことになり，ストレス耐性が高く，達成への強い動機づけをもち，他者から好意的に評価されることなどが明らかにされている［Kernis 1993］．

表1-2　ローゼンバーグの自尊感情尺度

1．少なくとも人並みには，価値のある人間である．
2．色々な良い資質をもっている．
3．敗北者だと思うことがよくある．（＊）
4．物事を人並みには，うまくやれる．
5．自分には，自慢できるところがあまりない．（＊）
6．自分に対して肯定的である．
7．だいたいにおいて，自分に満足している．
8．もっと自分自身を尊敬できるようになりたい．（＊）
9．自分はまったくだめな人間だと思うことがある．（＊）
10．何かにつけて，自分は役に立たない人間だと思う．（＊）

(注）＊は逆転項目
　　各質問に対して，どの程度自分にあてはまるかを「1．あてはまらない」～「5．あてはまる」で回答する．
(出所）Rosenberg［1965］より，山本ら［1982］が作成．

2 社会的比較理論

私たちは，自分の考えや態度が適切なのかどうか考えることがある．自分1人で悶々と考えていてもそれはわからない．そのようなとき，私たちは，友人や先輩，親や兄弟と自分を比較することが多い．このようなことについて，フェスティンガー［Festinger 1954］は，社会的比較理論（social comparison theory）を提唱し，私たちが，社会で適応的に生きていくために，自分の能力の程度や意見の妥当性を評価しようとし，そのために社会的比較を行うと主張した．

社会的比較が行われる原因の1つとして，自己改善動機（self-improvement motivation）が挙げられている．たとえば，私たちが人生に成功してもっと素敵な人間になりたいと思ったとき，既に成功している他者をモデルとして自分と比較する．このように，自分より望ましい状態にある人と比較することを上方比較（upward comparison）という．上方比較は，「あんな素敵な人になりたい」と自分を鼓舞し動機づけを促進することにつながるが，一方で，自己の不完全さを改めて思い知らされ，自己嫌悪に陥る危険性もある．

また，自己高揚動機（self-enhance motivation）に基づいた社会的比較もある．たとえば，第一志望の大学受験に失敗し，第二志望の大学に行くことになり，落ち込んでいるとき，すべての受験校に不合格となってしまった友人と自分を比較し，「あの友人よりは自分はまだいい方だ」と安心することがある．このように，ポジティブな自己評価が脅かされたときに，運や成功度において自分より下の人と比較することを下方比較（downward comparison）という．下方比較は，自己への脅威による不快な気分を軽減する機能があるが，他者に起こった不運な出来事が自分にも起こる可能性が高いと，さらなる脅威をもたらす危険性もある．

3 自己評価維持モデル

テッサー［Tesser 1988］は，他者との比較が自己評価に影響するプロセス（比較過程；comparison process）と自分と他者の結びつきが自己評価に影響するプロセス（反映過程；reflection process）を組み込んだ自己評価維持モデル（self-evaluation maintenance model; SEMモデル）を提唱した．このモデルは，他者と自己の心理的距離（closeness），課題や活動が自己概念に関連している度合いの自己関連性（relevance），自分と他者の成果（performance）を3つの要因として構成されている．自己関連性が高い課題においては比較過程が，自己関連性が低

い課題においては反映過程が生起する．たとえば，サッカー選手にとって，自分の親友である科学者が学術賞をとると反映過程によって自尊感情が高まる．しかし，チームメイトである他のサッカー選手が日本代表に選出されると，比較過程によって自尊感情が低下する．このとき，自分の自尊感情を高揚させるために，私たちは上記3つの要因を実際に変化させたり，認知的に変えようとする．チームメイトが日本代表に選出されたサッカー選手の場合，自分も日本代表に選ばれるよう努力する（自分の成果を上げる），チームメイトとの付き合いをやめる（心理的距離を広げる），サッカー選手を辞める（自己関連性を下げる）といった行動がみられる．

読書案内

安藤清志・押見輝男［1999］『自己の社会心理』誠信書房．
中村陽吉［1992］『「自己過程」の社会心理学』東京大学出版会．
押見輝男［1992］『自分を見つめる自分――自己フォーカスの社会心理学――』サイエンス社．
菅原健介［2006］『ひとの目に映る自己――「印象管理」の心理学入門――』金子書房．

第2章 対人行動

KEY WORDS

帰属　　ヒューリスティック　　推論エラーとバイアス　　自己意識　　自覚状態理論　　没個性化　　コントロール理論　　援助行動　　傍観者効果　　共感―利他性仮説　　進化心理学　　欲求不満―攻撃仮説　　社会的機能論

はじめに

私たちは既有の知識をもとに，一定のルールに従って他者の行為を解釈し，推論している．このようなプロセスは他の社会的な事柄や事象について理解する際にも機能している．そこで本章では，他者を含めた社会的事象一般について私たちが行う推論のプロセスについて取り上げる．また自己を意識することが他者に対する行動にどのような効果を及ぼすのかについても紹介したい．
そして人を助ける援助行動や人を傷つける攻撃行動を取り上げ，どのような要因がこれらの行動に影響するのかについて考えてみたい．

第1節　社会的推論

1　帰属

私たちは日常，いろいろな人の行動に出会う場合，その行動の原因は何かを考えることがある．このように人の行動が生じた原因を推測するプロセスのことを帰属と呼ぶ．帰属は私たちが身の回りの出来事や他者を理解し，行動を決定していく上で極めて重要な役割を担っている．

（1）内的要因と外的要因

人の行動の原因は大きく2つに分けられる．1つは行為者の性格，能力，態度，意図といったものであり，これを内的要因または属性要因に帰属するとい

う．もう1つは行為者以外，たとえば状況や環境に関するものであり，これを外的要因または状況要因に帰属するという．

（2）対応推論理論

ジョーンズとデイヴィス［Jones & Davis 1965］は，私たちが他者の行動の意図を推測し，意図が認められれば，その背後にある安定した属性（性格や態度など）を推測しようとするプロセス（内的帰属）を説明するために，「対応推論理論」を提出した．内的帰属は，行動が行為者の内的属性に起因すると推論できる程度，つまり「対応性」という概念によって決まるという．対応性が高い場合，人は行為者の行為をその属性に確信をもって帰属させることができる．たとえば，信号を無視した人を観察した場合，「規則を守らない」という行為者の属性を明確に推測できれば対応性が高くなり，本人の性格に帰属されやすくなるのである．

（3）共変モデル

ケリー［Kelley 1967］は共変原理に基づき，内的帰属と外的帰属を説明する共変モデルを提案した．共変原理とは，「ある事象が生じる時に存在し，生じない時には存在しない要因が原因である」という考え方である．たとえば，BさんはAさんがいる時には明るくなり，いない時には沈んだ様子になるとすれば，Bさんの気分に影響する原因はAさんの存在だと推測されるはずである．また彼は行動の原因として，（1）実体（行為の対象），（2）人（行為の主体），（3）時／様態（状況）を指摘し，その原因がいずれに帰属されるかは共変原理によって決まるとした．そして，ケリーは，① 弁別性（行為者の反応はその実体に限ったものか），② 一貫性（行為者の反応はどのような状況でも変わらないのか），③ 合意性（行為者の反応は他の人々の反応と一致しているのか），といった3つの情報を組み合わせることで原因が特定されるとしている．

2　ヒューリスティック

人は毎日「何を食べるか」，「どの服を着るか」など多くのことを判断する．時間があり，判断すべき情報が少なければ判断を間違うことは少ない．しかし実際は時間がなく情報の量が多いなどの制約のため，直感的で簡便な方略を使って判断しやすい．これをヒューリスティックと呼ぶ［大江 2015］．

（1）利用可能性ヒューリスティック

トヴァスキーとカーネマン［Tversky & Kahneman 1974］は，ある事象の頻度

や確率を思い出しやすさ（利用可能性の高さ）によって判断する方略を利用可能性ヒューリスティックと呼ぶ．思い浮かべやすい事象に対しては過大な確率を，逆に，思いつきにくい事象に対しては過小な確率で判断しやすくなる．たとえば，飛行機事故でたくさんの死者が出た直後は，記憶が鮮明なため，その頻度や確率を高く見積もるので，他の交通手段（自動車など）を選択しやすくなるという［Giegerenzer 2004］．しかし飛行機の死亡事故は自動車の死亡事故の発生確率の30分の1以下なので，かえって危険度が増す選択になるといえる．

（2）代表性ヒューリスティック

代表性ヒューリスティックとは，ある事柄が他の事柄の典型例にどれぐらい類似しているか（類似度）を手がかりとして直感的に判断する方略である．たとえばコイン投げを考えてみよう．6回コインを繰り返して投げ，表が出るか裏が出るかを調べた時，（1）．表－裏－表－裏－裏－表，（2）．裏－裏－裏－裏－裏－裏のどちらの系列が起きやすいかという質問に対して，多くの人は（1）の方が起こりやすいと答えることが多い．しかし正解はどちらの生起確率も同じであるため，これは表と裏が半分ずつランダムに発生するはずだという思い込みによって判断してしまうことで起こる．

（3）再認ヒューリスティック

再認ヒューリスティックとは，2つの選択肢がある時，一方を再認できる（知っている）ならばそれを手がかりとして選択するという方略である．たとえば，選挙では政策で判断するよりも，名前を聞いたことがある候補に投票してしまう場合がそれである．選択肢の中に再認できるものがあれば，再認できるものの価値を高く判断しやすい傾向から生じるといえる．従来のヒューリスティック研究では，直感的判断による錯誤が多く確認されてきたが，ギガレンツァーとブライトン［Gigerenzer & Brighton 2009］は適応的合理性という観点から，予想外の情報まで考慮するとかえって予測が不正確になるため，知識がない時に，再認ヒューリスティックを利用することは良い判断方略であり，むしろ正解率が高くなると主張している［及川 2016］．

3 オートマティシティ

私たちの思考過程には意識せずに働く自動過程と意識的な注意を払って統制する統制過程がある．自動過程の多くはほとんど意識されず，意図せずとも働き，統制することが難しい．近年では，この自動過程のプロセスをオートマ

ティシティ（認知の自動性）と呼び，人の認知機構の重要な特性の1つとして多くの研究が展開している［Bargh 1994］．

（1）スキーマ

私たちは様々な対象を認知する時，過去の経験によって獲得した体系的な知識に基いて解釈しようとする．このような知識の枠組みをスキーマという［安藤 1995］．スキーマには，人物，自己，事象，役割など多様なものがあり，たとえば，人物スキーマは「芸術家タイプ」「短気な人」のように，他者の性格や人間一般について持っている概念である．これらのスキーマによって，相手に関する情報を効率的に処理したり，複雑な世界を単純化して理解できるのである（第4章第2節［1］参照）．

（2）スクリプト

また事象スキーマは社会的状況における定型的行動の連鎖に関するスキーマであり，スクリプトとも呼ばれる．たとえば，レストランに入れば，「テーブルに案内される → メニューを受け取る → 何を食べるか決める……」という順序がほぼ決まっており，これがあるために，どのような行動を取れば良いのか，そこで示される行動がどのような意味をもつのかなどを容易に理解できるのである．

（3）推論エラーとバイアス

最近の研究では，人が行う推論や判断は，合理的な規範モデルから逸脱したものであることが明らかになってきた［池上・遠藤 2008］．たとえば，帰属でも自尊心その他の要因によって，いろいろな歪みが生じることが確認されている．たとえば，私たちには行動の原因を外的要因より内的要因に帰属しやすく，このような傾向を「対応バイアス」と呼ぶ［Jones & Harris 1967］．また観察者は行為者の行為を内的属性に帰属し，逆に，行為者は自己の行為を外部や環境に帰属しやすい傾向があり，これを「行為者と観察者のバイアス」という［Jones & Nisbett 1971］．さらに自分が成功した場合，その原因は自分に帰属し，失敗は外部（課題の困難度，運の悪さ）に帰属する傾向があり，これを「自己擁護的バイアス」と呼ぶ．

第2節　自己意識

本節では，人が自分をどのように認識・意識しているのか，その結果として

どのように他者に対して行動しようとするのかについて考えてみたい．

1 自己意識

（1）自己への注目
　私たちはどのくらい日常，自分について意識を向けたり考えたりすることがあるのであろうか．チクセントミハイら [Csikszentmihalyi & Figurski 1982] は，就労者に呼び出し装置を与え，一週間平均45回ほど呼び出した．その結果，自己について意識したり考えたりすることは，自発的である場合を除けば少なく，一般的に不快で，ネガティブな経験であった．なぜ私たちは自己を意識することが少なく，それがネガティブな経験になりやすいのだろうか．

（2）客体的自覚
　ドゥバルとウィックランド [Duval & Wicklund 1972] は，自分自身に注意が向いている時の心理状態を客体的自覚（自覚状態）と呼び，それに伴う行動を説明する「自覚状態理論（客体的自覚理論）」を提案した（図2-1）．人は自分自身に注意が向くと，その状況でもっとも関連が高く重要な自己に関する，適切さの基準が意識される．適切さの基準とは信念，理想など自分にとって重要な基準となるものを指す．多くの場合，現実の自己は，この基準に到達していないため，自覚状態にある人は，その不一致を不快に感じる（負の不一致）．そしてこの不快感を低減するために，注意を別のものにそらして自覚状態を回避しようとするか，それが困難な状況では，適切さの基準に近づけようとする．基準を上回る正の不一致が起こる場合でも，人は上昇志向が強いので，求める基準をさらに上げてしまうため，やはり負の不一致が生じてしまう．たとえば，カーバー [Carver 1975] は，予備テストを用いて体罰の賛成者と反対者を選び，他の人に電気ショックの罰を与える実験を行った．その結果，鏡が置かれている場合，体罰の賛成者は強い電気ショックを，逆に反対者は弱い電気ショックを与えた．これは自覚状態にある人が，自分の信念という適切さの基準に合わせた行動を取ろうとしたことを意味する．

（3）自己を意識する時と自覚状態の回避
　ウィックランドとドゥバル [Wicklund & Duval 1971] は自覚状態を喚起させる方法として，自分の声を聞かせる，鏡を前に置く，カメラを向けることを指摘している．また自分を見つめる他者（観察者）や日記，エッセイを書くことも有効である [押見 1992]．他方で，自覚状態で負の不一致による不快感情を回避

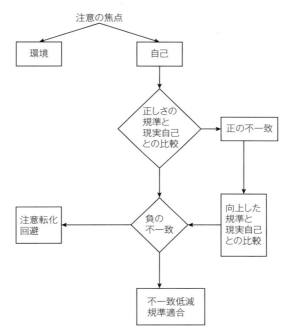

図2-1　自覚状態理論の概念図
(出所) 押見 [1992].

しようとする行動には，たとえば，①外部刺激を避けたり，逆に，②外部刺激へ注意を集中させたり，③身体的運動を行うことなどがある．

2　自己注目の効果
(1) 自己意識特性

　自覚状態とは自己意識の状態を問題とするが，自己意識の特性，すなわち自己へ意識を向ける傾向の個人差もある．フェニングスタインら [Fenigstein et al. 1975] は自己に注意を向けやすい特性を「自己意識特性」と呼ぶ．自己意識特性には，感情や思考，動機など他人が観察できない自己の側面に注意を向ける「私的自己意識」と，自分の容姿や行動など他人から観察できる自己の側面に注意を向ける「公的自己意識」に分けられる．これまでの研究から私的自己意識の強い人は自分の感情や態度に忠実に行動する特徴がある．一方，公的自己

意識の高い人は意見の衝突を避けるなど協調的で円滑な行動を取る特徴があるとされる.

(2) 自己意識理論

バス[Buss 1980]は自己意識特性の観点から,自覚状態を私的自覚状態と公的自覚状態に分ける「自己意識理論」を提出している.私的自覚状態は,自分しか体験できないような私的自己意識に注意を向ける状態であり,公的自覚状態は,他人が直接観察できるような公的自己の側面に注意を向ける状態である.この理論では,人は私的自覚状態が高まると,自分の気持ちや考えに忠実となり,自分の能力や感性を高めようとする自己実現基準に,また公的自覚状態が高まると,他者と協調的でプラスの評価を受けようとする社会的受容基準に基いて行動するようになるという.

(3) コントロール理論

カーバーとシャイアー[Carver & Scheier 1981]は,ウィックランドの理論で問題となった,①必ずしも自覚状態が不快感情を喚起するとは限らない,②注意の転化と不一致の低減との関係の予測性が低い点を修正するために,情報処理の視点から「コントロール理論」を提出している.この理論では目標とする状態(適切さの基準)と現在の状態が比較され,もし両者が一致していれば行動を停止し,不一致がある場合,基準を満たせればそのズレを低減しようとし,満たせなければ注意を転化するように行動が調整されるという.

3 自己意識と対人行動

(1) 自己意識と対人行動

それでは,自己意識のあり方はどのように対人行動に影響するのだろうか.自己への意識が高まると自分の目標や理想,価値観が浮かび上がり,それと合致する行動は促進され,それに反する行動は抑制されるのである.シャイアーら[Scheier et al. 1974]は,実験参加者を教師役,生徒役の女子学生(サクラ;実験協力者)が間違った答えをすると罰として電気ショックを与える実験を行った.その結果,鏡がない場合よりある場合,相手へのショックは小さかった.このことは自分に注意を向けた実験参加者は自分の理想に従って,相手により優しい行動を取ろうとすると解釈できる.

(2) 集団効果と自覚状態

自覚状態から集団効果を分析する研究も報告されている.たとえば,社会的

促進（第8章第1節参照）は，他者の存在が課題遂行を高める効果のことであるが，人は他者が存在すると自覚状態が高まり，作業場面では良い成績をあげる．有能な人間であるべきだという基準が出現してくる．この基準に，自分の状態を一致させようとすれば意欲が高まり，成績が向上する．逆に，自覚状態から逃れようとすれば（回避），意欲が低下するので成績は低減する［押見 1992］．また同調行動（第8章第3節参照）は，集団の中で意見の対立が生じた時，人が他のメンバーの意見に自分の意見，行動を変える現象である．この同調行動は公的自覚状態が高まった時に起こりやすく，私的自覚状態ではむしろ抑制されやすくなる．つまり公的自覚状態は社会的に許容されている自分の姿（社会的受容基準）を人に追及させるが，私的自覚状態は自分に忠実である姿勢（自己実現基準）を人に強めるからである［Froming & Carver 1981; Froming et al.1982; 吉武 1989］．

（3）没個性化

人が自己に意識を向けず，集団や周囲の人々の中に自分を埋没させることを「没個性化」と呼ぶ．この状態では，自分の価値と実際の行動とを調整する自己制御が著しく低下するため，社会規範に反するような行動を起こしやすくなる．こうした状況では周囲の人の過激な行動に感染して，責任感や良心の感覚が低下し，衝動的な行動が多くなる．ビーマンら［Beaman et al. 1979］は，ハロウィーンの夜，子どもたちが仮装して近所の家々を回る機会を利用して，子どもたちが訪ねてきた時に，家人（実験協力者）が「キャンディは1人1個だけですよ」と言って別室に下がり，その言いつけを守るかどうかを観察した．その結果，キャンディの後ろに大きな鏡が置かれている場合，それがない場合より，キャンディを2個以上取っていくルール違反が少なかった．これは仮装していても，鏡によって起こる自覚状態が社会規範を顕在化させることでルール違反を抑制したことを意味している．

> ### ❖ TOPICS 3　自殺防止に鏡効果
>
> 　「46年の開業以来，投身自殺者が51人にも達し，対策に頭を痛めていた札幌市営地下鉄が最も発生件数の多い大通駅南北線ホームに全身が映る大鏡を設置したところ．効果てきめん．取り付けた7月中旬以降，投身事故ゼロが続いている．一件の自殺者が出ると復旧に1時間，作業の人権費と減収で約5000万円の損害とな

> る．鏡の設置は上下ホーム計4枚で100万円だったが，不審な挙動の人が見つけやすいし，心理不安の人も鏡に映るわが身を見て思い止まる様子で対策費としては安かった」．これは朝日新聞の1984年8月26日付朝刊の囲み記事である．鏡がなぜ自殺防止の効果を持つのかは自覚状態理論から説明できる［押見 1992］．自ら命を絶とうと思い詰めた人が，鏡に映る自分の姿を意識することで公的自覚状態が起こり，正しさの基準，つまり自殺はすべきではないことを強く意識させるため，自殺を直前で思い止まらせる効果を期待しているのである．鏡の設置が実際に，自殺抑止にどの程度の効果を発揮したかについては，明確な結論は得られていない．しかし社会心理学が現実世界の問題解決に対して，一定の貢献を果たした重要な発見の1つが自覚状態理論であることは間違いない．

第3節　援助行動

　私たちは他者から様々な援助を受け，逆に，他者に援助を与えながら生きている．援助行動は，協調的な人間関係や安心できる社会を築くうえでも，重要な対人行動の1つである．

1　援助行動とは何か

　援助行動とは，個人あるいは集団が，苦境や困難に直面している他者の状態を改善させるために行う行動である［橋本 2016］．

（1）援助行動研究のきっかけとなった事件

　1964年，ニューヨークでキティ・ジェノベーゼという若い女性が帰宅途中の深夜に暴漢に殺害される事件があった．彼女が助けを求めて悲鳴を挙げたため，付近の住人など38人が気づいたにも関わらず，助けようとしたり，警察へ通報しようとした人がほぼ皆無であった．この事件をきっかけに，なぜ他者への援助が抑制されるのかが大きな関心を呼び，援助行動の研究が盛んに行われるようになった．

（2）責任の分散による説明

　ダーリーとラタネ［Darly & Latane 1968］は，援助が抑制される理由を調べるために実験を行った．実験参加者は，それぞれ個室に入り，学生同士でお互いの悩みについてマイクを通じて討論すると教示された．そして参加者の1人

（実はサクラ）が発作を起こして助けを求めるような音声が聞こえてきた．その結果，発作の音声を聞いていたのが自分だけだと思っていた条件では85％が報告をしたが，3人集団では62％，6人集団では31％しか報告せず，他者の存在によって援助行動が抑制される「傍観者効果」が確認された．ダーリーとラタネはこの効果の理由として，他者が居合わせるために，かえって各人が感じる責任感が分散され，結果的に誰も助けなくなるといった「責任の分散」を指摘している．

（3）多元的無知による説明

もう1つの説明として，多元的無知が挙げられる．たとえば，緊急な事態が起こっていることに気づいたとしても，それが援助を必要とするほど深刻なものであるかどうかが明確でない場合も多い．こうした曖昧な状況では，人は他者の行動を参照しようとする．しかし，そこに居合わせた人全員が同じように深刻な状況と思わなければ，結局，誰も援助しないという抑制の状況が生じる．これを多元的無知という．

2　人はなぜ援助行動を行うのか

そもそも人はなぜ他者を助けるのか？　この問いに対しては様々な仮説が提案されてきた．ここでは代表的な3つの説について取り上げる．

（1）共感―利他性仮説

他者を援助する理由としては，純粋に他者を思いやる心に基づく利他性がある．「共感―利他性仮説」[Batson 2011]は他者への共感や利他性が援助行動を促進するという説である（図2-2）．援助を必要とする他者の知覚と他者の福利の尊重という要因によって共感的配慮が起こり，それが利他的動機を生じさせ

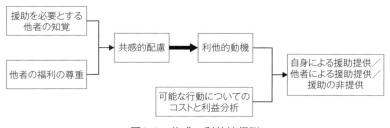

図2-2　共感―利他性仮説

（出所）Batson [2011].

る．さらに利他的動機と援助するかどうかで起こる「可能な行動についてのコストと利益の分析」の比較によって，自分自身で援助するかどうか，他者に依頼するかが決定される．

（2）援助行動に関する社会的規範

援助行動に影響するもう1つの要因は規範である．人は自分の所属する集団や社会の規範を行動の基準として，特に困難な課題に直面した際には自分の役割として何が期待されているのかを考える［大坊・安藤 1995］．たとえば，互恵性規範は互恵性，つまり「人は助けてくれた人を助けるべきだ」，「受けた恩は返すべきだ」という互恵性規範［Gouldner 1960］に根ざしている．また社会的責任規範［Berkowitz & LePage 1972］は，「困っている人を見たら助けるべきだ」という無条件ともいえる相互扶助がその根底にあり，いずれも援助行動を促進する社会規範として位置づけられる．

（3）進化心理学的アプローチ

近年，進化心理学の立場から興味深いアプローチが台頭してきている．合理的な計算に基づかない，純粋な利他心が人間に備わっている理由は，そこから生起する援助行動が人々の遺伝子を残すのに役立ってきたからだという［金児 2007］．つまり他者を助ける純粋な心を持つことが進化のプロセスで形成され，究極的には人々の利益に叶うというのである．たとえば，血縁同士や家族間での協力関係は，お互いに協力しやすいという血縁淘汰説で［Hamilton 1964］，非血縁でも身近な関係では相手を助ければ，将来，お返しの援助が期待できる互恵的利他主義で説明できる［Trivers 1971］．また不特定多数の対人関係では，他人に親切にすると誰か別の人が，その評判を聞きつけて親切にしてくれるという間接互恵性で説明される［Nowak & Sigmund 1998］．

3 援助行動の生起に影響する要因

援助行動の抑制，促進には，援助を要請される人（援助者）や援助を求める人（被援助者），状況の3つの要因の影響が検討されてきた．

（1）援助者の要因

性別では，一般的には，女性の方が援助しやすいが，曖昧な状況では男性の方が援助しやすい．また年齢が高いほど援助を行う割合が多い．若年世代では，援助を交換可能なものとする「交換規範」が高く支持されるが，返報性に基づく「返済規範」は低い．逆に，中年以降の世代では「返済規範」が高く，

「交換規範」が低いとされる（第3章第5節［2］参照）［箱井・高木 1987］．

性格では，共感性が高い人は一般的に，援助しやすいが，これは「共感—利他性仮説」を支持するものといえる．また気分については，良い気分になると他者に援助しやすいことが明らかにされている［松井・堀 1976］．

（2）被援助者の要因

性別では，男性より女性が，年齢別にみると高齢者の方が援助されやすい．これは女性や高齢者には困窮事態に対処する力が乏しいと思われるためである．また被害が悲惨すぎると，かえって援助を受けにくくなる．たとえば，地下鉄車内で人が倒れた時に，血を吐いている場合には吐いていない場合よりも援助されにくい．これは血を見ることで驚きと興奮が高まりすぎたために，援助が抑制されてしまったと解釈される［Piliavin & Piliavin 1972］．

（3）状況要因

一般的に，援助者が被援助者から頼られていると感じるほど，援助する可能性が高まる．ただしあまりに頼られすぎていると感じると心理的反発が生じ，かえって援助しにくくなる．事態の性質では，何が起こっているか把握できないような曖昧な事態では，援助行動が起きにくい．また刺激の多い場所や周囲に多くの人がいると，援助行動が抑制されやすい．都会と郊外を比較すると，都市の住民は郊外の住民よりも「非関与の規範」を持っているために，援助が少ないことが確認されている［Amato & Pearce 1983］．

第4節　攻撃行動

1　攻撃行動とは何か

まず攻撃行動とは「他人を傷つけようとする意図的行動」と定義される［大渕 1993］．攻撃は身体的危害だけでなく精神的危害などを含めるが，意図された行動かどうかという点が重要である．たとえば，医者が手術の過程で患者の身体を傷つけたとしても，故意に危害を加えようと意図したわけではないため攻撃とはみなされない．

2　攻撃性に関する伝統的理論

攻撃性の本質について，これまでの研究を整理すると次の3つの理論に分けることができる（図2-3）．

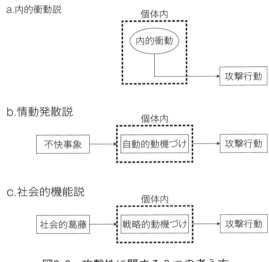

図2-3 攻撃性に関する3つの考え方
(出所) 大渕 [2000].

(1) 内的衝動説

攻撃行動の生得性を重視する立場としては，フロイトら [Freud et al. 1933] の古典的精神分析学と，ローレンツ [Lorenz 1963] の比較行動学がある．これらは，攻撃のための心的エネルギーが個体の中に備わっていると考えるため本能論とも呼ばれる [清水 2016]．いずれも生物学的決定論を基盤とし，「種の保存」や「適者生存」といった機能を果たすものとして位置づけられている．フロイトは人には死の本能があるため，破壊衝動が自己に向かわないように外部に向かって発散し続けなければ自己破壊につながることになるという．したがって，攻撃は人の基本的欲求を満たし，生命を維持する機能であるとする．ローレンツも攻撃が種の保持と進化のために機能しており，生体の内部に攻撃エネルギーが蓄積されると，外的な刺激によって攻撃が誘発されたり，抑制されたりすると主張する．

(2) 情動発散説

情動発散説は攻撃を欲求不満によって起こる，不快な感情の発散であるとみなすものであり，ドラードら [Dollard et al. 1939] の「欲求不満—攻撃説」がその代表である．欲求不満になると攻撃への動機づけが喚起される．ただし攻撃

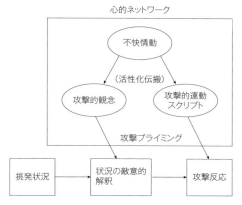

図2-4 認知的新連合モデル
(出所) Berkowitz [1998], 大渕 [2000].

行動で欲求不満を解消させるのではなく，欲求不満で生じた不快感情を発散させることが目的である［荻原1997］．実際に攻撃がなされると，欲求不満による不快感情が低減することで攻撃衝動が低下し，心理的緊張感が発散される．つまりこの仮説では攻撃の道具性より，むしろ情動の発散に焦点があるといえる．

バーコウィッツ［Berkowitz 1998］は，認知的新連合理論を提出している（図2-4）．このモデルでは怒りや憎しみだけでなく，悲しみや哀れみ，暑さや寒さなどで起こる不快情動が生じると，それと関連する攻撃的観念や記憶，自動的な反応スクリプト（本章第1節参照）や攻撃プライミング（第4章第3節［1］参照）が活性化されるので，それらに対応した攻撃反応が自動的に起こりやすくなるとしている．

（3）社会的機能説

社会的機能説では，ある目的を達成する手段として攻撃行動が用いられることを強調する．ファーガソンとルール［Ferguson & Rule 1983］やテデスキ［Tedeschi 1983］は攻撃行動を葛藤状況に対する解決方略の1つとみなしており，不公平な状態が生じた場合には，攻撃により不公平を解消しようとしたり，相手をコントロールしようとするという．大渕［1993］は，攻撃の社会的機能を4つに分類している．①「防衛・回避」は予想される危害を回避した

り，防衛したりするための行動，②「影響・強制」は威嚇や罰によって他者に服従を強いるもの，③「制裁・報復」は不当なことをした人に対する罰や制裁，報復であり，④「印象操作」は攻撃性の高さを相手や周囲に印象づけることである．

2 攻撃性を促進する要因
（1）不快事象
妨害や欲求不満など社会的事象だけでなく，気候や気温のような非社会的な不快事象も人々の攻撃性に影響を与える．たとえば，野球の試合では，気温が高ければ高いほど死球数は多くなる．また騒音や大気汚染によっても人々は攻撃性を強める．不快事象が攻撃性を強めるのは不快感情によって生じた怒りが，攻撃によって改善されると人々が期待しているためである［熊谷 2016］．

（2）メディアによる暴力映像
テレビや映画などマスメディアを通じて暴力場面に繰り返し接することが，特に，子供達の攻撃性を高める可能性については，多くの研究で指摘されてきた［Anderson et al. 2003］．つまり暴力場面に頻繁に接することで「暴力に訴えるのはおかしなことではない」といった認識が生まれて抑制がなくなり，あるいは暴力場面が覚醒水準を高め，挑発に対する攻撃的反応が生じやすくなる可能性が指摘されている．たとえば，ヒュースマンら［Huesmann et al. 2003］は，暴力的なテレビ番組を見る機会が多かった子供ほど，15年後の大人になってからも攻撃性が高いことを報告している．

3 攻撃性を抑制する要因
（1）非攻撃モデル
攻撃的なモデルを観察する人が攻撃的になることは，社会的機能説の研究で確認されている［Bandura et al. 1963; Bandura 1965］．そこで，その逆に，攻撃的に行動しないモデルを観察させれば，攻撃性を弱められる可能性が考えられる．バコンとケプナー［Baron & Kepner 1970］の研究では，自分を挑発した他者に対して電気ショックを与える時，その前に強い電気ショックを与えるサクラがいると実験参加者も強い電気ショックを与え，弱い電気ショックしか与えないサクラがいると，実験参加者も弱い電気ショックしか与えないことが確認されている．

（2）帰属

人から攻撃を受けた時，報復的な攻撃を行うかどうかは，相手に悪意や敵意があるかどうか，つまり攻撃の意図や動機をどのように帰属するかが重要である．たとえば，強い電気ショックを受けた場合でも，敵意に基づいたものではないと推測できれば，相手に強い電気ショックを与えることはない［Ohbuchi & Kambara 1985］．また自分に攻撃的な行動をする他者でも，それにもっともらしい理由（例：急な用事でイライラしている）があれば，その人に対する評価はあまり否定的にならないことが確認されている［Zillman & Cantor 1976］．

（3）攻撃の抑制とコントロール

攻撃と怒りの抑制と制御について，湯川［2004］は，「制御の目標に関する2段階モデル」を提唱している．「第1の制御の目標」は，怒りの感情を攻撃行動で表出することを防ぐか，あるいは適切な社会的ルールに沿った別の形で表現することであり，行動に向けた外的制御である．また「第2の制御の目標」は，怒りをどう抑制するかであり，感情に向けた内的制御である．そして第1目標の外的制御には，「気晴らし」や「何もしないこと」も有効であるが，怒りの感情は解消できないため，第1の外的制御を終えた後，第2の内的制御まで遂行することが要求されるという．

❖ TOPICS 4　報復の目的とは何か

実験参加者は小論文を書き，その内容をもう1人の実験協力者が評価した．その際，「怒り条件」では実験協力者はわざと厳しい評価，「統制条件」では肯定的な評価を与えた．次に実験参加者が実験協力者に質問をして，その答えが間違っていた場合には，電気ショックを与えるように求められた．この時，半数の実験参加者には，「電気ショックを与えるのがあなた自身であることを実験協力者は知っていると告げ（実験参加者条件）」，残りの半数の実験参加者には「本当はあなたが電気ショックを与えるのだが，実験協力者には私（実験者）が与えると言ってある（実験者条件）」と告げた．

その結果，侮辱されて怒りを感じた場合，相手が知らなければ（実験者条件），それほど強いショックを与えないのに対して，相手が知っている場合（実験参加者条件）には，相当強い電気ショックを相手に与えた．このことは電気ショックを与えているのが，実験参加者自身であることを相手に気づかせるとともに，自分が

相手より弱いわけではないことを「見せつける」ことこそが報復の目的であることが理解できる［Worchel et al. 1978; 大坊・安藤 1995］.

📖 読書案内

池上知子・遠藤由美［2009］『グラフィック社会心理学　第2版』サイエンス社.
北村英哉・内田由紀子編［2016］『社会心理学概論』ナカニシヤ出版.
外山みどり編［2015］『社会心理学——過去から未来へ——』北大路書房.

第3章 親密な対人関係

KEY WORDS

社会的交換理論　　親密化過程の段階モデル　　類似性と非類似性　　熟知性と新奇性　　発達段階と友人　　友人の多様性　　恋愛の類型論　　排他性　　愛着理論　　関係規範

はじめに

　社会で生きていくうえで，人は他者と関わらねばならない．他者との関係を構築・維持するには様々な問題が生じることもあるが，同時に多くのものを得ることができる．本章では，そういった「親密な対人関係」における特徴について，社会心理学が実証研究を通して明らかにしてきたことを解説する．

第1節　親密な対人関係とは

　本節では，親密な対人関係について解説するにあたり，必要な知識や前提となる事柄を整理する．まず，親密さの定義を行い，なぜ人が親密な対人関係を築くのか，親密な対人関係から得られるものについて述べる．

1　親密さとは？

　親密な対人関係を捉えるための第1の軸は「好き―嫌い」，すなわち好意の有無である．ハイダー[Heider 1958]はバランス理論の中で，2者の対人関係をユニット（単位）関係とセンティメント（心情）関係で捉えている（第7章第2節[1]参照）．ユニット関係とは同じ集団に所属していたり何らかの共通点があったりするなど，単なる物理的なつながりのことを指す．一方，センティメント関係とは心情的なつながりのことをいう．相手を好意的に評価していれば

プラス（正），そうでなければマイナス（負）の関係となる．

第2に，相手との関係を捉える概念としてコミットメントがある．コミットメントとは，相手との関係にどの程度自分が関わっているか，また，関係をどの程度続けたいかなどの要素からなる概念とされる．好き，嫌いという感情だけではなく，相手との関係をどの程度重要なものと考えているかという側面が強調されている．

すなわち，親密な対人関係とは，好意を持っていることに加えて，その相手との関係を重要で続けたいと考えている状態といえよう．

2 親密な対人関係の動機

人には，他者と関係を築くことでしか得られないものがある．たとえば，誰かと一緒にいると，1人でいる寂しさが和らいで楽しいと感じられる．あるいは，自分の考えに共感してもらえたり，褒められたりすることもある．これらを対人関係における「報酬」と言い，一方が他方に与えるというよりは，親密な2者がお互いに与え合うものとされる．

ティボーとケリー［Thibaut & Kelley 1959］は，相互依存性理論の中で，親密な2者が行動を共にするうちに，互いに影響を与え合い，報酬を生み出すと述べている．フォア［Foa 1971］は，対人関係における資源として，お金，物，情報，サービス（奉仕），地位（評価），愛情の6つを挙げている．親密な対人関係では，これらの資源を報酬として互いに与え合うことができる．

つまり，私たちは何らかの報酬を得るために対人関係を築いていると考えられる．得られた報酬から自分が関係に費やしたコストを差し引いて相手との関係における満足感が決まる．それに加えて，「この関係だったら得られる報酬はこの程度だろう」という個人の基準も考慮される．このように，報酬やコストなどの概念を用いて対人関係をモデル化したものを社会的交換理論という．また，ラズバルト［Rusbult 1983］の投資モデルでは，関係へのコミットメントの査定には，満足感，時間や愛情など資源の投資量，および選択比較水準が考慮される．選択比較水準とは，現在の相手以外の相手から得られると予想される報酬や，現在の相手との関係を終わらせ新しい相手と関係を始めるコストなどを指す．選択比較水準の高さは関係へのコミットメントを低下させる．

アロンら［Aron et al. 1992］は，報酬ではなく「拡張」という概念を用いて，対人関係を築き，維持する動機を説明した．人には，自己を拡張したいという

基本的な動機が備わっており，親密な対人関係は自己拡張の源泉となりうる．たとえば，相手の経験を自分のことのように感じたり，相手の持つ資源を自分のものとして使えたりすることで，自己の拡張が可能となるのである．

また，他者と親密な関係を築くのは進化的に有利な立場に立つためであるという説明もされている．自分が生き残るため，もしくは，自分の遺伝子を残すため，という説である．私たちは1人で生きていくよりも他者と関わって生きる方が得られるものが多くなる．さらに，他者に親切にしておくと自分がピンチになったときにサポートを得られる可能性が高くなる．これを互恵的利他主義（第2章第3節［3］参照）という．そして，自分の遺伝子を残すためには，異性と関係を持たねばならない．この目的のために，できる限りの，あるいは効率よくコストを払って対人関係を築くのである．

❖ TOPICS 5　ネガティブな評価のポジティブな効果

私たちは他者から評価されるとうれしい．評価は報酬となるため，自分のことをほめてくれる人や自分のいいところを見つけてくれる人と仲良くしようと思う．

しかし，ネガティブな評価をする他者に好意を感じることもある．たとえば，自己評価の低い人にとってネガティブな評価は「自分のことを正確に評価している」あるいは「自分と似た評価をしている」と捉えられる可能性がある．そのため，ネガティブな評価をした相手でも好意を持つことがある（Jones & Ratner [1967] など）．

また，ネガティブな評価とポジティブな評価と組み合わせることで，その効果が変化するという研究がある．アロンソンとリンダー [Aronson & Linder 1965] は「ゲインロス効果（損得効果）」の中で，一貫してポジティブな評価を得るよりも，はじめはネガティブな評価をされ，その後ポジティブな評価をされた方が，その評価をした他者のことを好ましく感じるというゲイン（獲得）効果を提唱している．これは，一貫したポジティブな評価よりも，ネガティブな評価をされた後のポジティブな評価の方がより影響力が強くなるため，好意につながりやすいと考えられている．つまり，ネガティブな評価はポジティブな評価を倍増させる効果を持つ可能性がある．このように考えると，ネガティブな評価は，用い方によっては必ずしも相手から嫌われるものではないといえる．ただし，どんなネガティブな評価でもいいわけではないので，その点には注意が必要である．

第2節　親密な対人関係のプロセス

　本節では，親密な対人関係が成立し，維持され，解消されるプロセスを概観する．まず，開始から終わりまでのプロセス全体についてのモデルを紹介する．次に，関係成立までのプロセスと，関係が解消されるプロセスのそれぞれに着目したモデルを紹介する．

1　親密な対人関係におけるプロセス全体のモデル

　レヴィンジャー［Levinger 1980］は，親密な対人関係の形成から解消までを段階的に整理したモデルを提唱した．「Attraction（惹かれる）─ Building（築く）─ Continuation（続ける）─ Decline／Deterioration（衰える）─ Ending（終わる）」の各々の頭文字を取った ABCDE モデルである．まず，相手との関係を開始しようとするきっかけ（A）があり，その後関係を構築するためのコミュニケーションが活発に行われる（B）．そうしてできた関係を維持する（C）なかで死別を迎える（E），あるいは，不満や対立が多くなって（D）関係が終わる（E），というモデルである．

　ナップ［Knapp 1984］のモデルは，関係の確立に向けて「Initiating（開始）─ Experimenting（実験）─ Intensifying（強化）─ Integrating（統合）─ Bonding（結束）」の5段階があり，関係の維持を挟み，関係の崩壊に向けて「Differentiating（分化）─ Circumscribing（境界化）─ Stagnating（停滞）─ Avoiding（回避）─ Terminating（終焉）」の5段階がある，というものである（図3-1）．おおまかな流れは Levinger のモデルと似ており，より細分化されたものとみることができる．まず，関係の確立に向けては，何らかのポジティブな印象に基づき，相手との関係を開始したいという気持ちが芽生える．その相手に対し，自分のことを話したり，相手のことを聞いたりして共通情報を増やし，表面的な関係から個人的な関係に進んでいく．そして，壊れないであろうと思える関係にまで発展し，2人の関係が周囲にも分かるものになる．これが確立までのプロセスである．一方，関係の崩壊に向けては，「私たち」とひとまとまりで考えられていた2人が，次第に個別に考えたり行動したりするようになり，2人のコミュニケーションも減少し，限定的なものになっていく．そして，精神的にも物理的にも離れ，まったく関わりのない人間になる．

図3-1　Knapp [1984] のモデル
(出所) Knapp [1984].

　一般的な親密化のプロセスを最大公約数的にまとめると，概ね上記のプロセスを経るといえよう．ただし，親密な対人関係がこれらすべての段階を必ずしも経験するとは限らない．また，それぞれの段階が明確に区別されず重複するケースもある．

2　関係の形成・確立・深化に関するモデル

　関係の形成については，前項でも見たように，段階を経て次第に親密になるという考え方が主流である．レヴィンジャーとスヌーク [Levinger & Snoek 1972] は，関係水準発展モデルを提唱し，2者の関わりをレベル0から3までの段階に分け，それぞれの特徴を整理している．レベル0は，互いに相手の存在に気づいていない．レベル1は，一方が相手の存在に気づいているが，コミュニケーションがない．ここで，相手に対する印象が良かったり，評価が高くなったりすると，関係開始の動機が高まる．レベル2は，ようやく2者の間にコミュニケーションが生じるが，形式的なものにとどまり，顔見知りと呼べる程度の関係となる．そして，レベル3は個人的な接触をする段階であり，レベル3の中でさらに関わりの深さに応じて3段階に分かれる．2者の共有情報が多くなるにつれて，内面に触れ合うコミュニケーションが多くなる．

　また，マーンスタイン [Murnstein 1977] はSVRモデルを提唱した．このモデルでは，第1に，相手が自分の「刺激 (Stimulus)」としてポジティブなものであれば，第2の「価値 (Value)」を判断する段階に移る．ここで相手と自分との価値観が合えば，第3の互いの「役割 (Role)」を補え合えるかどうかの段階に移る．これらを経て関係が形成されるというものである．

SVRモデルは，もともと夫婦関係を対象としたモデルであるが，友人関係においても同じようなプロセスが指摘されている．下斗米［1999］は，友人関係を対象とした調査から，親密化のプロセスにおいて「自己開示（第1章第2節［1］参照）」「類似性・異質性の認知」「役割行動」の3つが重要であると指摘している．コミュニケーションを通して相手が自分にとって良い刺激となるかを判断し，価値観が似ている（もしくは許容できる）かを評価し，互いのニーズを満たすように役割が担えるかを検討する，というプロセスである．マーンスタインのモデルと比較すると，「自己開示」が「刺激」に，「類似性・異質性の認知」が「価値」に，「役割行動」が「役割」に対応している点が見出せよう．

3 関係解消の危機と崩壊に関するモデル

ダック［Duck 1982］のモデルでは，関係解消のプロセスが「破綻の始まり（breakdown phase）」「個人内の検討（intrapsychic phase）」「2者での検討（dyadic phase）」「周囲への相談（social phase）」「関係の葬り（grave-dressing phase）」の5段階に分けられている．「破綻の始まり」は，一方が相手に違和感や不満を覚え，関係継続に疑問を持ち始める段階のことを指す．次の「個人内の検討」では，検討の対象が「関係」から「個人」へ焦点化され，相手への不満が募り，欠点が際立ってくる段階である．また，相手と他人を比較したり，周囲の人間に愚痴をこぼしたりしながら，関係の解消を自分の中で明確にする．続く「2者での検討」では，いよいよ相手に不満をぶつけたり，関係の解消について話し合ったりすることになる．さらに「周囲への相談」では，関係の解消を周囲の人間に知らしめ，別れを促進させる．ここで周りの人間にも別れが承認されると，最後の「関係の葬り」に移る．ここでは，関係を終わらせ，各々が相手や関係に対する見方を個別に捉え直す．別れのプロセスや原因を見直し，場合によっては相手の好きだったところをネガティブに再評価することもある．また，ローリーとダック［Rollie & Duck 2006］の研究では，この後に「再生（resurrection phase）」段階が加えられている．これは，関係が完全に終わり，2人がそれぞれ個人として，無関係な他者（他人）として生活できるようになる段階である．この段階に到達しないと関係が解消されたのか，されていないのかがわからない状態になったり，精神的に不健康な状態に陥ったりする．

関係が崩壊するには何らかの原因があるため，崩壊に至る前に対策を講じることもできる．ダック［Duck 1982］は，各段階において関係を修復させること

図3-2 Rusbult [1987] の不満に対する行動モデル
(出所) Rusbult [1987].

は可能であるとしており，必ずしも関係を解消する方向のみに進むわけではないという．自分のものの見方や考え方に変化が生じたり，周囲の働きかけがあったりすると，解消に至らず関係を継続できる可能性が生まれる．また，別れを切り出された相手の方が行動を改善することもある．つまり不満が生じたり，対立が起こったりしたときに，いかに対処するかが重要である．

　この点について，ラズバルト [Rusbult 1987] は不満に対する行動モデル（EVLN）を提唱している．このモデルでは対，人関係において問題が生じたときには，「能動的―受動的」という軸と「建設的―破壊的」の2つの軸から4つの対処行動がとられるという．「Exit（別れる）」「Voice（話し合う）」「Loyalty（我慢する）」「Neglect（無視する）」の4つがそれである（図3-2）．この4つの方略には時系列的な順序があり，一般的には「我慢する―話し合う―無視する―別れる」となる．我慢して解決される問題であるならば他の方略はとられず，解決しないときに次の方略に進む．そう考えると，このモデルも一種の段階的な関係の解消モデルと捉えることができよう．

第3節　対人魅力

　対人魅力とは，他者に対して好意を生じさせる要因のことをいう．本節では，対人魅力を「関係の成立前には関係を開始させるきっかけ」となり，「関係の成立後には関係を継続させる（あるいは解消を防ぐ）機能をもつもの」と

し，この2つの視点から研究を紹介する．

1　対人魅力に関わる理論と研究の視点

対人魅力の研究は古典的理論に基づいて説明されるものが多い．その1つに，強化理論［Lott & Lott 1974など］がある．

強化理論は，人は報酬を得ると，その報酬を得るための行動が強化され，行動を継続するようになるというものである．つまり，他者と関係を持つことで何らかの報酬が得られると，その他者との関係をもっと深めたり，続けていきたいと思ったりするようになる．その報酬が魅力の要因となるのである．

しかし，第1節で述べたとおり，対人関係から得られる報酬は多様である．他者のある要素が魅力になるかどうかは，一定の傾向があるものの，自分の状態やそのときの状況によって変化することがある．たとえば，「あばたもえくぼ」という諺があるように，いわゆるネガティブな特徴は魅力とならないと一般的に思われるが，関係が成立した後では魅力となることもある．つまり，関係開始における魅力と関係維持における魅力には異なる側面がある．そこで，次項からは，関係の初期段階と維持段階に分けて魅力の研究を紹介する．

2　関係開始における魅力

関係の初期段階で注目されるのは，その人がどういう人か，すなわち相手の特性である．豊田［2004］は，大学生を対象として好かれる特性24項目を提示し，各々の項目が「男性に好かれる男性」「男性に好かれる女性」「女性に好かれる女性」「女性に好かれる男性」として当てはまる程度を6段階で回答させた．その結果，男女とも，同性に好かれる特性として「友達を大切にする」「信頼できる」「話しやすい」の3項目の平均値が高く，よくあてはまるとされていた．また，外見に関する項目（「容姿がよい」「おしゃれ」「清潔」）は24項目のうち，平均値の高さが14位以下であり，比較的あてはまらないとされていた．すなわち，同性の場合，相手の特性として外見よりも誠実さや親しみやすさが魅力になりやすいといえよう．

次に，自分と相手との関係による要因として熟知性と類似性がある．熟知性とは，自分が相手についてどれくらいのことを知っているかという程度を指す．相手について知るためには，会話などのコミュニケーションが重要となる．そこで自己開示が行われ，共有情報が増えると相手についての好意が増

す．ただし，どんな情報でも魅力になるとは限らない．自己開示の研究では，開示する内容やタイミングについての実験が行われ，一般的には関係の進展にしたがって表面的な開示から内面的な開示へ移るのが適切であるとされている（第1章第2節参照）．また，「相手を知っている」というのは内面だけに限った話ではない．ザイアンス［Zajonc 1968］の実験では，数名の人物の顔写真を繰り返し見せ，その後にその人物の好意度をたずねた．すると，提示回数の多かった人物の写真に対して，より好意度が高かった．この結果は，何度も目にするだけでもその対象に対する親しみがわくことを意味している（単純接触効果）．

　類似性とは，自分と相手との共通点の多さである．著名な研究に，バーン［Byrne 1971］の行った架空の他者パラダイムを用いた実験がある．まず，研究参加者に態度調査（例，学生が結婚することに賛成だ）に回答させた後に，別の他者の回答済み用紙を渡した．参加者は，その回答状況を見て，回答した者についての好意度（例，この人は個人的にかなり好きになれそうな感じがする）を評定した．実は，この回答済み用紙は，回答傾向が参加者と非常に似ているものからまったく異なるものまで参加者ごとに準備された架空の他者のものであった．すると，自分と回答傾向が似ている用紙を渡された参加者ほど，その架空の他者への好意度を高く評定していた．すなわち，態度の類似性が魅力を高めることが示された（類似性―魅力仮説）．

　最後に，魅力には環境・状況による要因も影響する．アメリカで行われたフィスティンガーら［Festinger et al. 1950］の調査によると，学生用アパートの同じ階に住む者同士，特に隣同士の者は友人になりやすかった．物理的距離が近いと顔を合わせる機会が多くなり，会話や行動を共にすることが増えるためである．これは近接性の要因と呼ばれている．他にも，入学時やクラス替え後に出席番号の近い者同士が仲良くなりやすいことなどは，近接性の要因として理解しやすい例であろう．

3　関係維持における魅力

　関係の維持段階における魅力の要因は実に多様であり，相反する見解も多い．たとえば，類似性ではなく「似ていない」ことが魅力になったり，熟知性よりも「よく知らないこと」が好意を生じさせたりするという知見がある．この矛盾は関係の初期段階か維持段階かによって整理できる．関係の初期段階は

お互いに知らないことが多いため,相手についての熟知性が高い方が好意も高かったり,類似性の高さが安心感をもたらしたりする.一方,関係の維持段階では,すでに熟知性が高いため,相手についての新発見ができるような「非類似性」や「新奇性」が魅力になりやすいと考えられる.

「非類似性」については,アロンら[Aron et al. 2006]の実験により検討されている.彼らは,前項で述べたバーンの実験パラダイムを用いて興味の類似性と好意との関連性を検討した.ただし,回答済みの用紙を見せる際に「関係がうまくいきやすいとコンピュータによって判断された相手のものである」という情報を加えた.すると,似ている相手よりも似ていない相手の方が,好意度が高かった.

アロンら[Aron et al. 2000]は夫婦を対象とした実験から,「新奇性」についての検討も行っている.彼らは,実験参加者を,体育用のマットの上で2人で協力して枕を運ぶ「新奇な」活動をする群と,1人ずつボールを運ぶ「退屈な」活動をする群に分けた.すると,退屈な活動よりも新奇な活動を行った群の方が,夫婦関係の満足感や愛情の得点が高かった.つまり,夫婦関係の質の維持には活動の新奇性が重要であるといえる.また,稲増・池田[2009]は郵送調査を行い,20～69歳の男女に友人とよく話す話題とその話題を選択する理由について検討した.その結果,親密性が高いほど,共通の話題とするためよりも知らない情報を共有するために話題を選択していることが明らかになった.すなわち,友人関係の維持においても新奇性への動機が高いと考えられる.

第4節　友人と恋人

本節では,親密な対人関係における研究でよく取り上げられる友人関係と恋愛関係の2つに着目する.まず,概念的な整理に基づき,両者の共通点と差異について述べる.次に,友人と恋人のそれぞれについて,具体的な調査や実験を提示しながら関係における特徴についてまとめる.

1 友人と恋人の区別

友人と恋人に対する感情には重複する部分があるものの,質的に異なる点がある.ルビン[Rubin 1970]は,好意(Liking)と愛(Love)を次のように区別し

た．好意は，①評価が高い，②尊敬でき，信頼できる，③似ているところがある，の3つの要素からなる．一方，愛は，①一緒にいて頼りたい，②助けたい，③誰にも邪魔されず独占したい，という3つの要素からなる．ルビン［1970］や藤原ら［1983］の研究では，友人よりも恋人に対して愛が強いことが示されている．しかし，好意については，恋人より友人に対する方が強いという一貫した結果が得られていない．すなわち，愛は恋人に特徴的な要素であるが，好意は友人にも恋人にも当てはまる要素である．

2　友人関係の特徴

友人関係は人が初めて築く自発的な対人関係であり，人生の全般において重要な意味を持つ．発達心理学では，ライフステージごとに発達課題が挙げられている．たとえば，ハヴィガースト［Havighurst 1953］は，対人関係における発達課題として，乳幼児期には両親や兄弟，姉妹との関係において自分の気持ちの表し方などを学習すること，また児童期には同年代の友達と仲良くすること，さらに，青年期には同性とも異性とも新しい洗練された関係を築く，ということを挙げている．

楠見・狩野［1986］は，中学生・高校生・大学生を対象に自由記述調査と選択式の調査を行い，友人の概念を整理した（表3-1）．各年代に共通して見られた概念として，まじめさや責任感といった「社会的望ましさ」と「明朗性」（または「外向性」）が挙げられた．この2つは年代に関係ない基本的な友人概念といえる．また，大学生においては概念の数がそれまでよりも増えることから，年齢が上がるにつれ，友人を見る視点が複雑に分化することがわかる．そ

表3-1　発達段階ごとの友人概念

	中学生	高校生	大学生
第1因子	援助性と信頼感	思いやりと寛大さ	相互的応答性
第2因子	道徳性	社会的望ましさ	社会的望ましさ
第3因子	社会的望ましさ	明朗性	外向性
第4因子	類似性	親しみやすさ	敬意
第5因子	明朗性	援助性	気楽さ
第6因子			心の温かさ
第7因子			類似性

（出所）楠見・狩野［1986］．

して，中学生や高校生で見られた「援助性」は「相手に助けてほしい」という一方向の概念であったのに対し，大学生では「相互的応答性」という概念に変化した．つまり，友人とは，助けてもらうだけの存在ではなく，相手にも「自分を頼ってほしい」という，双方の価値を認め合うような相互的な関係であることを意味する．

さらに，青年期は大学進学や就職に伴い，それまでとは環境が大きく変わることが多く，このことが友人関係にも影響を及ぼす．ローズ［Rose 1984］は友人関係の崩壊について検討し，その大きな要因として物理的距離を挙げている．過去5年間で友人を失った経験がある者は，高校生で13.5%であるのに対し，大学生では57.4%にものぼる．すなわち，大学進学に伴い，高校時代の友人との物理的距離が大きくなったことにより，大学時代にそれまでの親密な友人関係が崩壊する可能性が高くなる．

和田［2001］は，大学入学以後に知り合った友人を新友人，大学入学以前からの親しい友人を旧友人とし，両者の比較を試みている．その結果，新友人と旧友人とは相補的な機能をもっていた．旧友人とは頻繁には会えないが，心のつながりができており，自己開示や言いたいことが言い合える関係を期待していた．一方，新友人とは心のつながりが十分にできていない分，よく会い，協力や一緒に行動することを期待していた．大学での友人関係は，大学入学前の友人と入学後の友人とでは求めるものが異なり，多様なのである．

3 恋愛関係の特徴

恋愛はいくつかのタイプに分類できることが知られている．リー［Lee 1977］は，本節の［1］で述べた好意が強いような恋愛を「storge（ストーゲ）：穏やかな愛」，独占的な愛が強いような恋愛を「eros（エロス）：美への愛」，そしてゲームのように楽しむことを重視した恋愛を「ludus（ルダス）：遊びの愛」とした．さらに，それらを三角形に布置し，それぞれの要素を混合した3要素を加えた．それぞれ，storgeとerosの混じった「agape（アガペ）：利他的な愛」，erosとludusの混じった「mania（マニア）：強制的な愛」，ludusとstorgeの混じった「pragma（プラグマ）：実利的な愛」，の3つである（図3-3）．リーの分類は，各要素を混ぜて新しい要素を生み出すことを，色を混ぜて新しい色を作ることになぞらえて，恋愛の色彩理論と呼ばれている．なお，この配置には重要な意味があり，対極にあるもの同士はまったく逆の様相を呈

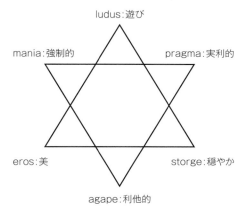

図3-3 Lee [1977] の色彩理論
(出所) Lee [1977].

する恋愛の組み合わせとなるため，相互に相手の恋愛タイプを理解しにくいことを示している．

松井 [1990] は大学生を対象に調査を行い，恋愛関係特有の行動を関係の進展に沿って模式図で整理した．まず，大学生の恋愛行動は「開示行動」「共同行動」「性行動」「葛藤行動」の4つのカテゴリに分類される．さらに，その4つのカテゴリの行動が第1段階から第5段階までに分けられ，関係の進展によって各々が深まっていくという．たとえば，第1段階の終わりに「プレゼントする（共同行動）」があったり，第2段階の終わりに「用もないのに会う（開示行動）」があったりと，次の段階へ進むための行動がある．また，一緒に買い物をしながら（共同行動）手や腕を組んだり（性行動），部屋を訪問した（共同行動）後にキスや抱き合う（性行動）などの行動があったりと，同じ段階でどのような行動が並行して行われるのかがわかりやすく示されている（図は松井 [1993] を参照）．

大坊 [1992] は，大学生を対象に友人と恋人の行動特性を比較した．その結果，会う頻度は友人の方が多かったが，1日の総接触時間や電話の回数・通話時間などは恋人の方が多いことを確認している．

これらの研究から，恋愛関係における特徴として「排他性」と「性的行動」が指摘できる．もちろん，この2つの要素が友人関係や他の対人関係では見ら

れないとは言い切れない．しかし，友人関係は恋愛関係と比較してオープンな側面が多い．また，「性的行動」は一般的に恋愛関係において適切だと考えられている．そのため，この2つの要素は恋愛関係に特有のものといえよう．

恋愛関係における「排他性」とは，2人のみで行動したい，2人のみで行動すべき，というものである．排他性の高さは，束縛や独占欲，嫉妬感情にも通じる．増田［1994］の調査によると，排他性が関係の継続に及ぼす影響は男女で異なるという．女性は，自分と相手の排他性が共に低い場合に関係の存続可能性が低かった．つまり，排他性の低さが関係に関わろうとする意志（コミットメント）を弱めることにつながる．一方，男性は，自分の排他性が低く相手の排他性が高い場合に存続可能性が低かった．つまり，自分が適正と思う程度以上に束縛されると，窮屈に感じて関係を続けたくなくなる可能性が高まると解釈できる．

「性的行動」については，高坂・澤村［2017］が，大学生を対象にした調査から検討している．その結果，性行為をする理由として，「自己の欲求」「愛情の確認」「相手からの要望」「周囲からの圧力」「支配・独占」「雰囲気」の6つが挙げられた．その中で，男性は「自己の欲求」や「周囲からの圧力」が，女性は「相手からの要望」の得点がそれぞれ高かった．しかし，性行為の満足度，および関係の満足度を高めるのは「愛情の確認」であった．すなわち，自分と相手の愛情を確認するために性行為をすることが，関係を良好に保つのに大切なのである．

❖ TOPICS 6　浮気なこころの皮肉なメカニズム

恋人や配偶者がいる人にとって，自分以外の魅力的な人物の存在は危険である．できれば目を向けてほしくないと思う．しかし，誰かのことを「見ないで」と抑止されると，かえってその人の印象が強く残るという．デウォールら［Dewall et al. 2011］はこの現象を「禁断の果実仮説」と呼び，実験的に検討した．

実験はつぎのような手続きで進められた．まず，実験参加者に魅力的な異性と平均的な異性の2枚の写真を縦に並列して同時に提示した．次に，写真が消え，どちらかの写真が提示された位置にアルファベットのEかFの文字が出現し，出現した文字を素早くキーボードで入力することが求められた．このとき，実験群の参加者には平均的な異性の写真の方に8割文字が出現し，統制群の参加者には

2枚の写真に同じ割合で文字が出現した．写真は種類によって上下の位置が固定されていたため（例えば上が魅力的な異性で下が平均的な異性），実験群の参加者は平均的な異性の方に多く注意を向け，魅力的な異性からは注意が逸らされるようになっていた．この試行を162回行った結果，統制群と比較して実験群の参加者には次の3つの傾向が見られた．① 現在の恋愛関係における満足度やコミットメントが低下し，② 魅力的な異性が記憶に残り，③ その後も魅力的な異性に注意を向けやすくなった．つまり，禁断の果実仮説が支持されたのである．

ただし，これは魅力的な異性への注意を「外的に」抑制したときに起こると解釈される．魅力的な異性を見ないと自ら選択した場合は上記のような傾向が見られないと考察されている．恋人の浮気心を抑制するためには，結局自分に注目させるようにするのがよいのであろう．

第5節　対人関係に関する研究の広がり

親密な対人関係に関する研究の多くは，1対1の関係に焦点を当ててきた．しかし，人は複数の対人関係に同時に関わっており，異なる対人関係同士が関連を持っていたり，影響を与え合ったりすることも考えられる．そこで，本節では複数の対人関係に関わる理論や研究を取り上げる．最後に，よりよい対人関係の構築のためのまとめとして規範についての研究を紹介する．

1　複数の対人関係にわたる理論や研究の展開

「愛着理論」は，複数の対人関係に関して発展してきた理論体系の1つである．ボウルビィ［Bowlby 1969; 1973］は，子どもの発達において養育者との関係の重要性を次のように述べている．人は生まれてしばらくの間，1人で自立して生きてはいけず，庇護してもらう存在が必要である．そのため，養育者に対して近接性を求め，愛着関係という絆を育む．その中で，養育者が応答的で信頼できる人物かどうか，あるいは，自分が養育されるに値する人間なのかを判断していく．こうして自己と他者に対する期待や信念が形成されるという．

この自己や他者に対する信念は大人になってもその人の中に根付いている．自己への期待や信念を「関係不安」，他者への信念や期待を「親密性回避」という．この2つの要素の高低により，対人関係における愛着スタイルは4つに

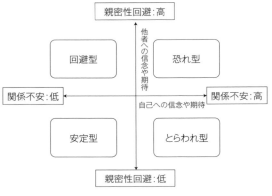

図3-4　Bartholomew & Horowitz [1991] の青年期の愛着スタイルとその特徴
(出所) 金政 [2006] より引用.

分類される [Bartholomew & Horowitz 1991] (図3-4). 愛着スタイルは恋愛関係をはじめ, 友人や職場における人との付き合い方にも影響を及ぼすという. また, 子どものときの主な愛着対象は養育者であるが, 大人になってからはそれが恋人や夫婦に移行する. すなわち, 親密な対人関係を築くことは, 新たな愛着対象を見つけることともいえよう.

次に, 個人が持つ複数の対人関係についての研究として, ソーシャルキャピタルに着目したものがある. ソーシャルキャピタルは, 「社会関係資本」などと訳され, コミュニティ内での信頼と規範に基づくネットワークを指す [Putnam 2000など]. ソーシャルキャピタルの機能として, 同じコミュニティに属する者とコミュニケーションをとることで, 様々なサポートが得られることが挙げられる. 芳賀ら [2016] の研究によると, 教員, クラス, 仲間といった大学内でのソーシャルキャピタルの豊かさは, 満足感や充実感といった精神的な健康につながっていた. それぞれ, 教員は大学に対する満足感に, 仲間は抑うつの低さに, クラスメートは人生の満足感に関連していた. つまり, ソーシャルキャピタルは, 関係の種類によって異なる心理的機能を持つといえる.

2 対人関係のよりよい構築・維持に向けて

　クラークとミルズ［Clark & Mills 1979］は，親密な対人関係におけるルールとして交換規範と共同規範の2つを挙げている．交換規範とは，いわゆる give & take（互恵性）の考えに基づき，報酬とコストの比率が自分も相手も同程度になることを求めるものである．一方，共同規範とは，give & give の考えに基づき，相手との一体感から，見返りを求めずに相手に報酬を与え続けることを求めるものである．親密な対人関係においては，この2つの規範のうち共同規範が理想的と考えられることが多い．

　しかし，宮崎［2015］によると，現実には友人や恋人関係において常に共同規範が遵守されているわけではなく，人は相手の応答性に応じて規範を調節するという．たとえば，自分が相手から大事にされていないと感じたことを思い出すと，共同規範を弱めるのである．

　共同規範が守られる関係は理想的であるが，相手の応じるままに際限なく報酬を与えることが難しい場合もある．さらに，現実には報酬を与える相手が複数いることも考えられる．これらを含めた未検討の課題について，今後も研究を重ねる必要があろう．

📖 読書案内

奥田秀宇・大坊郁夫［1996］『対人行動学研究シリーズ3　親密な対人関係の科学』誠信書房．

和田実・増田匡裕・柏尾眞津子［2016］『対人関係の心理学――親密な関係の形成・発展・維持・崩壊――』北大路書房．

第4章　対人認知

KEY WORDS

印象形成　　中心特性と周辺特性　　連続体モデル　　重要他者効果　　好悪感情
暗黙裡の人格観　　認知的複雑性　　IAT（潜在的連合）　　手がかりとしての顔

はじめに

　人は社会的動物と称されるように，他者との交わりの中で生き，そして生かされている．つまり，充実した生活を送るには他者と円滑な人間関係を築くことが大切であり，そのために私たちは自分と係わる人に対して常に関心を寄せている．たとえば，初対面の相手であっても，人は容貌や体型などの外見，学歴や職業などの社会的背景およびその人のちょっとした言動など，些細な手がかりを基に巧みに相手の人物像をつくりあげる．
　このように，観察しうる様々な情報から，パーソナリティ，意図，欲求など他者の内面に潜む特性や心理過程を推測する働きを対人認知という．この対人認知過程のうち，特に人間関係の初期に他者の断片的情報を基に印象をつくりあげる段階を印象形成と呼ぶ．

第1節　対人認知のプロセス

1　印象形成の古典的研究

　印象形成について最初に実験したのは，アッシュ［Asch 1946］である．彼は，「1人の人物の性格特性」として，以下のAおよびBのリストを別々の人に順次読み聞かせ，その印象を尋ねた．

Aリスト：知的な―器用な―勤勉な―あたたかい―決断力のある―実際的な―用心深い
Bリスト：知的な―器用な―勤勉な―つめたい―決断力のある―実際的な―用心深い

　その結果，両リストは4番目に提示される「あたたかい」「つめたい」が異なるだけなのに，Aリストを提示された人のほうが極めて肯定的な印象を形成した．さらに，アッシュはAリストの「あたたかい」を「ていねいな」に，Bリストの「つめたい」を「雑な」に置き換えて同様の実験を行ったところ，両者の印象に大きな差はみられなくなった．このことから，彼はすべての性格特性が均等な重みづけで印象形成に寄与するのではなく，全体的印象の核になり，その他の情報をまとめ上げ大きな影響をもつ中心特性（例．あたたかい―つめたい）と，そのような機能を持たない周辺特性（例．ていねいな―雑な）があることを見いだした．

2　対人認知モデル

　1980年代に入ると情報処理的アプローチから対人認知を理解しようとする動きが起こり，印象という結果ばかりでなくその形成プロセスにも注目するモデルが提案された．フィスクとニューバーグ[Fiske & Neuberg 1990]の連続体モデル（図4-1）では，人種や性別などの社会的カテゴリーにあてはめて他者を判断するカテゴリーベースと個々の情報が詳細に吟味・統合されて人物像が形成される断片情報ベースという2つの処理過程を想定した．そのうえで，カテゴリーベース処理を先んじてこの両者を連続体と考え，その人物との相互作用や正確さへの動機づけなどにより段階的に断片情報ベース処理に移行すると仮定した．この連続体モデルでは，人が"認知的倹約家"で可能なかぎり少ない時間と努力で対人情報を処理したがること，また新しい情報は既有知識と比較照合しながら理解するしかないため，まずはカテゴリーベースで他者を理解すると考えられている．しかし，フィスクらはカテゴリーベースあるいは断片情報ベース，いずれかの処理が選択されるのではなく，対人関係が続く限り必要に応じてこれらの作業が繰り返し営まれ，印象が更新されていくと考えている．

　たとえば，このモデルを説明するために「初めて担当医に会った」場面を想像してほしい．その先生が「女性」なので（初期カテゴリー化），あなたはその人の言動が女性らしいかどうか照合し始める（確証的カテゴリー化）．そこで，

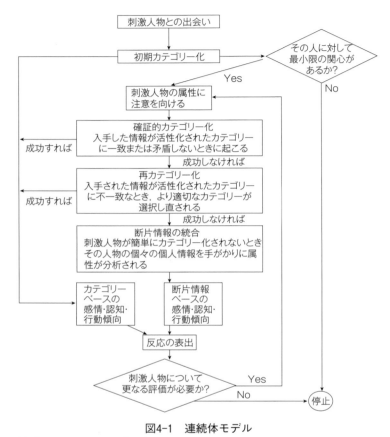

図4-1 連続体モデル

(出所) Fiske & Neuberg [1990].

「大きな声でビシッと患者を注意する」など女性らしくない情報がみつかると，今度は「医者」だからと考える（再カテゴリー化）．ところが，その人は普段は冷静なのに，休憩中に屋上でアニメを読み，それに感動して泣いている姿をたまたま目撃したあなたは，「医者らしくないな！ この人は一体どんな人だろうか？」と考え直し，その後は逐一その人の言動をみて，その人物像を探ろうとするだろう．

第2節 対人認知における自己の役割

1 セルフ・スキーマ

人は自分というフィルターを通して他者を見ることがある．マーカス［Markus 1977］によると，セルフ・スキーマとは個人の過去の経験から抽出された自分の諸属性に関する知識であり，個人の社会経験の中で遭遇する自己関連情報を組織化・解釈する際，認知的枠組みとして機能するとされる．

このセルフ・スキーマが対人認知に果たす役割についてフォングら［Fong & Markus 1982］は，実験参加者の中から外向スキーマ群，内向スキーマ群およびこの次元でどちらにも属さないアスキーマ群を抽出したうえで，他者を知るための情報処理方略の相異を検討した．その結果，外向スキーマ群は刺激人物を知るために外向的質問を，内向スキーマ群は内向的質問をより多く選択すること，さらに外向スキーマ群と内向スキーマ群はアスキーマ群より，刺激人物の自己スキーマに関連する（外向―内向）次元の評価に関してより確信を持つことが明らかにされた（図4-2，図4-3）．

これらのことから，人はセルフ・スキーマに関する情報に感受性が高く，その次元により緻密かつ豊富な知識を高度に組織化しているため，他者の印象を形成する際，セルフ・スキーマは①何に注意すべきかを示唆し，入力された

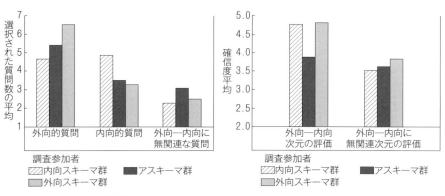

図4-2　質問選択数　　　　　　　　　図4-3　確信度

（出所）いずれも Fong & Markus［1982］．

人物情報がその特性次元に関連するかどうかを的確に識別し，② この情報を既存知識と関連づけ統合し解釈可能性を高める．さらに③ 推測するルールを提供し，豊富な知識を基に情報の不完全さや欠落を補償する．その結果，セルフ・スキーマに関連する他者の特性評価において，スキーマ群はアスキーマ群よりも他者の情報を効率的かつ精緻に処理し，一貫性の高いしかも有意味な人物像を形成することができる［Markus et al. 1985］．

2 暗黙裡の人格観

人はだれでも他者を理解する素朴な自分なりのパーソナリティ理論を持っている．これは，各自が自らの人生経験から作り上げたパーソナリティについての信念体系で，それほど整合的でなくまた明確に表現できるものではないために暗黙裡の人格観［Bruner & Tagiuri 1954　参照］と呼ばれている．この人格観には，たとえば「知的な」人なら「冷静」にちがいないなど個々の性格特性の関連性について自分なりのルールが含まれている．そのため，人は他者の断片的な情報からでも，この暗黙裡の人格観に照らし合わせて様々な解釈や補足を行い，素早くその人物像を形成できるのである．

1960年代以降から，この暗黙裡の人格観のうち人々が共通に持っている部分について，その構造を明らかにしようとする研究が盛んになった［Rosenberg et al. 1968; 林ら 1983a; 大橋ら 1983b］．その中で，ローゼンバーグら［1968］は人が持つ暗黙裡の人格観が「社会的望ましさ」と「知的望ましさ」の2次元からなることを明らかにした．また，林［1978a・b］は，過去の結果を分類・整理して「対人認知の基本3次元」（「個人的親しみやすさ」「社会的望ましさ」「力本性」）を提唱した（ただし林［1978a］では，「力本性」ではなく「活動性」が抽出されている）（図4-2）．

なお，いずれの次元にウエイトを置くかは個人差や状況に拠り異なる．たとえば，廣岡［1984］はゼミ・コンパ・デートおよびこのような状況設定なしの場面を比較し，架空人物についてどの次元が重視されるのかを検討した．その結果，「個人的親しみやすさ」はどの状況においても比較的重視されるが，「社会的望ましさ」はゼミの場面で，「力本性」はコンパの場面で特に重視されることが明らかになった．人は，他者を見る時や状況に応じて，必要とされる特性や次元に注目して印象を作り上げている．

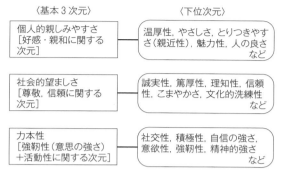

図4-4 対人認知の基本3次元

(出所) 林 [1978a], 林・大橋・廣岡 [1983a], 大橋・林・廣岡 [1983b] より作成.

第3節　対人認知に影響を及ぼす要因

1　重要他者効果

　大好きな母親と似た人に出会った時，初対面の人でもなぜか懐かしく，その人も母親と同じような性格を持つと感じた経験はないだろうか？

　これは，親や恋人など自分にとって大切な重要他者については，自己と同じく豊潤でよく整った人物像が形成されており，新しく出会った人のちょっとした手がかり（例，言動，態度，顔の特徴）が似ていると，その初対面の人に重要他者の特性を当てはめて推測したり，重要他者への評価や感情をそのまま適用するためである．たとえば，重要他者に類似した刺激人物について，実際にはその刺激人物情報ではないのに重要他者と一致する肯定的記述をその人物のものと誤って再認する．しかもこの現象はプライム操作が無い時でも同様に起こることから，重要他者の人物像は慢性的に利用しやすくなっていることがわかる [Andersen et al. 1995]．なお，先行刺激を処理することで後続刺激の処理が促進されることをプライミングといい（ただし，場合によっては抑制されることもある），その操作を行うことをプライム操作という．

　ただし，重要他者は必ずしも好ましい人間関係の中で育まれてきたものばかりとは限らない．ベレンソンら [Berenson & Ansersen 2006] は，親から身体的

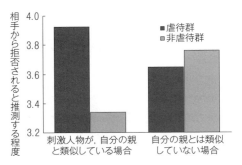

図4-5 虐待経験と親との類似性が刺激人物への「拒否期待」評定に及ぼす効果
(出所) いずれも Berenson & Ansersen [2006].

　かつ心理的虐待を受けた女子大学生 (以下, 虐待群) は虐待経験がない人 (以下, 非虐待群) より, 親と類似した刺激人物についてより信頼できず, 嫌いで, 冷淡と判断し, かつその人物から自分はより拒否されると推測した (図4-5).
また, 状況に関する情報が無い場面 (プライムなし) では, 虐待群は親と類似した刺激人物情報を呈示されると非虐待群より強い精神的不安感を抱いたが, 刺激人物の緊張とイライラ感が増しているなど脅威が加わる場面 (対人脅威プライム) では, 虐待群の精神的不安感はむしろ減退した (図4-6). これは, 虐待群は生育歴の中で親が爆発しないかぎりネガティブ気分を表出しないことを学習しているから, あるいは親のイライラ感が増した時は同調せず自分の感情を分離する対処法を身につけているからなどの解釈がなされている. いずれにせよ, このことは重要他者との関係の良し悪しが, その後出会う類似した他者への情報処理の方向づけに影響を与えることを示している.

　ただし, 近年では重要他者効果を含め「自己」と「他者」そしてその「関係性」は密接に関与して関係性スキーマを構成し, 上記3つのうち1つでも鮮明になると関係性スキーマ全体が活性化すること [Baldwin 1992], そしてこの関係性スキーマは, 他者に関する推論, 記憶, 評価および他者への接近 - 回避行動など様々なプロセスに影響を与えることが示されている [Andersen et al. 2012].

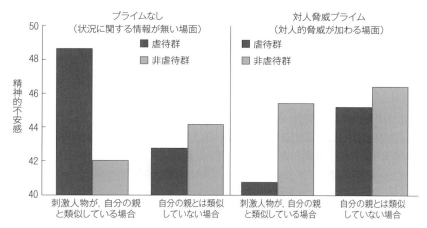

図4-6 虐待経験，親との類似性および場面設定が精神的不安感に及ぼす影響
(出所) いずれも Berenson & Ansersen [2006].

2 好悪感情

相手が好きな場合と嫌いな場合では，その人に対する見方は大きく異なると思われる．フェルグソンら [Ferguson et al. 1983] は好きな他者，嫌いな他者，好きでも嫌いでもない他者および実験参加者自身について，様々なパーソナリティ特性語があてはまるか否かを判断させた．その結果，参加者自身と好きな他者については，好ましい特性語のほうが好ましくない特性語より判断時間が短くなる傾向が示された．このことは，自己および好きな他者に関しては，好ましい情報が常に取り出しやすいように人物像がつくられていることを意味している．

また池上 [1991] は，参加者に親密性が著しく異ならない好きな他者，嫌いな他者，好きでも嫌いでもない他者を想定させ，それぞれの人物について評価的情報（＝パーソナリティ特性語，例「明るい」）と事実的情報（例「背の高い」）に関する判断を求め，判断時間や再生率を比較して，好悪感情が対人情報構造化に及ぼす影響を検討した．その結果，好きな他者は判断時間が最も早くかつ再生率が高く，この傾向は好ましい特性語で著しかった．このことは，好きな他者には豊潤でよく統合された人物像が形成され，しかもそれは好ましい側面で顕著であることを示していた．ところが，嫌いな他者や好きでも嫌いでもない他

者については，このような一様な結果は示されなかった．この点につき，池上は人には快適な社会的関係を求める心理があり，他者に対して基本的に好意的な認知を行うように動機づけられているため，好きな他者については好ましい情報をいつでも効率よく取り出せるよう整った構造になっているが，嫌いな他者については好ましくない情報を想起するという単純な情報処理が抑制されるからではないかと考察している（TOPICS 7 を参照）．

❖ TOPICS 7　情報の非対称性（PNA 現象）

対人認知研究では，ポジティブ情報とネガティブ情報が印象形成に与える効果が必ずしも対照的でないことが数多く報告されており，この非対称性を PNA 現象（Fositive-Negative Asymmetry）と呼ぶ．

ネガティブ情報が対人認知により大きな影響をもつというネガティビティ・バイアスは，以下のように説明される．① 通常ネガティブ情報はポジティブ情報に比べ頻度が少なく情報としての価値が高いため，人はこの情報により注目し深い処理を行う「頻度―重み仮説」[Fiske 1980]．② たとえば不道徳的行動は不道徳な人しか行わないが，道徳的行動は道徳的な人も不道徳的な人も行うため，不道徳的行動は印象により大きなインパクトを持つなど，基準からの逸脱度に応じてバイアスが生じる「期待―対比仮説」[Skowronski & Carlston 1987]．いずれにせよ，ネガティビティ・バイアスが生じる理由として，（a）人には世の中は良いところだと信じる普遍的な認知傾向（パレアナ仮説）[Boucher & Osgood 1969] があり，ネガティブ情報はこれに反するため目だったり過大評価されたりする，（b）他者のネガティブ情報に注目することは，将来予期される不愉快な相互交渉や危害を避ける [Hamilton & Zanna 1972]，など様々な解釈がなされている．

一方，ポジティブ情報が対人認知により大きな影響を及ぼすというポジティビティ・バイアスについては，前述したフェルグソンら [Ferguson et al. 1983] や池上 [1991] に加え，蘭 [1990] は，人には他者に対して基本的に好意的かつ肯定的に認知する傾向（＝パーソン・ポジティビティ）があると説いている．彼は，ハイダー（Heider）のバランス理論（第 7 章第 2 節 [1] 参照）を参照し，人は 3 者関係において均衡状態を好み，かつ不均衡状態でもできるだけ多くの好意的関係を選好することを挙げた．いずれにせよ，ポジティビティ・バイアスが生じる理由として（a）人には他者を否定的に評価すべきではないという規範意識があるため

ネガティブ感情の影響が制限される［Forgas & Bower 1987］．（ｂ）人がポジティブな情報や感情に合わせて情報処理するのは，人間が自分を取り巻く社会的環境を肯定的に認知し，これに能動的に働きかけようとするメカニズムが存在するため［池上 1996：p.176］など，ここでも様々な解釈がなされている．

　以上のように，自分を守る個体防御からネガティビティ・バイアスが，人や社会への積極的参与からポジティビティ・バイアスが生じるという対人認知の複雑さがみられた．しかし，これら一見矛盾する２つの認知傾向が，実は人間が適応的に生きていくためには必要不可欠である．

第4節　対人認知の個人差

1　認知的複雑性

　認知的複雑性とは，対人認知の際に活用する特性概念の分化度を表す概念［Bieri 1955］で，認知的複雑性が高い人ほど他者を多様な次元から捉えることができ，葛藤情報をうまくまとめ統合された印象を形成する．池上［1983］は，特性語を組み合わせた複数の刺激人物の印象を分析し，認知的複雑性低群（単純な人）は，刺激人物情報が増大しても常に好ましい特性が多いか少ないかで印象を形成する．これに対し，認知的複雑性高群（複雑な人）は，情報の次元が増すに従い刺激人物の多面的関係を総合的にとらえ，刺激人物の対人的特性（例，感じのよい）と知的特性（例，理知的でない）を同時に考慮し，たとえ価値的に相反する特性が同人物内でみられても，それらをうまく位置づけ，全体的にまとまった印象を作り上げることを実証した．

　さらに，山本・岡［2016］は認知的複雑性の個人差が，ステレオタイプ抑制による逆説的効果（対人認知の際にステレオタイプ使用を抑制すると，その後の事態において抑制されたステレオタイプが却って判断に浮かびやすくなる現象）に及ぼす影響を検討した．その結果，認知的複雑性低群は高群に比べ，逆説的効果が生じやすいことが示された．これは，認知的複雑性が低い人はステレオタイプ次元で他者を捉えやすく，ステレオタイプを抑制すると認知的単純さから，そのステレオタイプと逆の反ステレオタイプを使用してしまう．反ステレオタイプはステレオタイプと表裏の関係にあり関連性が深いことから，ステレオタイプも並行して思考上に浮かびやすくなり，抑制されるとその後の事態で却って使用され

やすくなると考えられた．これに対し，認知的複雑性の高い人は，ステレオタイプを抑制してもそれとは関わりが薄い別の次元のものを想起するため，逆説的効果が生じにくくなると考えられている（第5章第3節［3］参照）．

2　潜在レベルの個人差

近年，潜在（自動的かつ非意識的）レベルの認知を扱う研究において多用されているのがIAT（Implicit Association Test）である．IATは，呈示される刺激語をカテゴリーに分類する速さを指標とし，カテゴリー間（対象概念〈例，花と虫〉と属性〈例，快―不快〉）の連合の強さを比較する方法で，それにより当人には明確に意識されにくい潜在的態度を測定するものである．ハーゲンバーグら［Hugenberg & Bodenhausen 2003］は，黒人への潜在的偏見が強い白人参加者は，刺激人物が黒人の場合のみ脅威的な表情をより早期に検出することを明らかにした．また，唐牛・楠見［2009］は，女性―依存というジェンダーステレオタイプに関する潜在的連合が強い人ほど，依存関連刺激に接触後女性刺激人物の印象を尋ねられると，女性刺激人物の依存性をより高く見積もることを明らかにした．このことは，当該特性次元情報への事前接触が対人判断に及ぼす効果に対し，個人がもつ潜在的態度が強く関与することを示している．

近年行われたIAT予測的妥当性に関するメタ分析（過去に独立して行われた複数の研究データを収集・統合し，統計的手法を用いて解析する「分析の分析」のこと，ちなみにこの研究では122の研究データが用いられた）では，IATによる潜在的連合の測定が多くの社会的行動を予測するのに有効であり，特に測定しようとする内容が人種差別や偏見など社会的にセンシティブなものであるほど，その有用性が高まることを明らかにしている．これは，質問紙調査が社会的望ましさの影響を強く受け信頼性が損なわれるのに対して，IATはそのような自己呈示の影響を受けにくいためであると解釈されている［Greenwald et al. 2009］．たとえば，図4-7をみると，各行動に対する予測の妥当性を示す予測的妥当性（r）の変動は，IATよりも質問紙調査（顕在的指標）の方がずっと大きい（図の黒の棒（顕在的指標）の長さは，白色の棒（IAT）よりも激しく変化している）．また，2つの研究領域（「人種（白人 vs 黒人）」領域と「その他の集団間の行動」領域）では，顕在的指標よりIATの相関係数（r）の方が大きくなり，IATの予測妥当性が高いことがわかる．

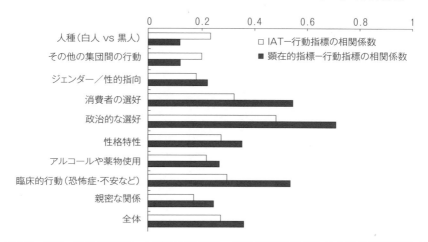

図4-7 IAT―行動指標間および顕在的指標―行動指標間の重み付き平均相関係数 (r)
(出所) Greenwald, Poehlman, Uhlmann & Banaji [2009] より一部改変.

❖ TOPICS 8 対人認知における顔の影響

顔が対人認知に及ぼす影響については，① 顔から性格を推測する過程に関する研究と，② 顔が対人情報処理に及ぼす影響過程に関する研究の2つに大別することができる．

①については，対人魅力の分野でよく取り上げられる「外見的に魅力的な女性は好ましい性格特性を持つ」という美人ステレオタイプ（Beauty is good）がある．ただし，顔が魅力的な女性は活動的でエキサイティングな社会的指向性を持つが，内的な高潔さは欠如していると評定されがち [Bassili 1981] であることも報告され，美人ステレオタイプの効果は必ずしも一貫したものではない．また，林［1978b］は相貌特徴と性格特性の関連性についても，前述した暗黙裡の人格観（例，目元の鮮明さは親しみやすい人と見なされやすい）が存在するとしている．さらに，トドロフ [Todorov 2017 : pp113-22] は，顔以外ほとんど対人情報がない事態でも人は即座に出会った他者の印象を作り上げるとし，デジタル顔画像を用いてこの即時的な顔に基づく対人判断を検討したところ，それらは基本的2次元（信頼性と支配性）にプロットできるとした．

上述した顔からの性格推測は正確であろうが不正確であろうが顔に基づく判断

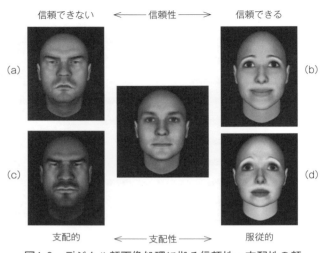

図4-8 デジタル顔画像処理に拠る信頼性・支配性の顔
（注）中心のニュートラルな表情をしたオリジナル顔は，複数人物の合成写真である．Todorov [2017] は，これを基に顔の形状や皮膚表面のきめ細やかさなどを操作して（a）〜（d）を創った．
（出所）Todorov [2017:112;119;122] より作成．

は評定者間で強い合意（いろいろな人が，ある相貌に対して同じパーソナリティを推測する）が認められる [Oosterhof & Todorov 2008]．これは，その推測において人々が共通する方略を持っているからである．たとえば，悪役の魔女は大抵わし鼻で吊り上がった目をしているなど，メディアでは表現したい役柄の特性を具体化するために外見を活用する．つまり，人は幼い頃から文化に共通する顔と性格の推測パターンを知らず知らずに学習し暗黙裡の人格観として蓄積しているため，ある種の相貌からは類似した性格を推測するようになる．ただし，対人関係の深化に伴い量的にも質的にも相手をより正確に判断できる情報が入ると，この顔による印象は取捨選択されていく．

　次に，②についてはレヴィッキ [Lewicki 1986] が先駆的な研究をしている．かれは，実験参加者の半数に複数の女性顔写真と性格記述文を提示した．その際，髪の長い女性達の文章には共通して「親切である」という言葉が記載されていた（参加者はその関連性に気づいていない）．その後，全員に別人物の顔写真を提示し親切か否かを尋ねたところ，髪の長さと親切さの関連性を学習した参加者は，学習しなかった参加者に比べ判断に学習内容と照合する過程が加わるため反応時間が

長くなった．これは，人が顔と性格の関連性を意識せずに学習しても，後続の情報処理にそれを活用していることを巧みに示している．

近年，上記同様に情報処理的アプローチから顔の役割を明らかにする研究が盛んである．たとえば，リビングストンら [Livingston & Brewer 2002] は，顔に基づく印象はより自動的で，それは民族カテゴリーに対する評価というより，顔の特徴そのものが引き起こす感情反応に由来することを明らかにした．またブレイアら [Blair et al. 2002] も，身体的特徴は直接ステレオタイプ的特性を活性化させるとし，アフリカ人的特徴が強い顔を持つ人はそうでない人より，アフリカ系アメリカ人のステレオタイプ的特性を有しがちであると判断されることを示した．さらにドッチら [Dotsch, Wingboldus & Knippenberg 2011] は，潜在的に偏見の強い人は，ネガティブなステレオタイプ特性を推測させる顔を持つ人に対して，ネガティブなカテゴリーに当てはめて人を判断する（例，犯罪者的特徴を持つ顔の人は，よりステレオタイプ的ネガティブ特性をもつとみなされやすい）ことを示した．これらの研究は，顔という身体的特徴が，ステレオタイプ的認知や感情を促進させることを示唆している．

📖 読書案内

山本真理子・原奈津子（共著）[2009]『他者を知る』（セレクション社会心理学6）サイエンス．

バナージ・グリーンワルド [2016]『心の中のブラインドスポット——善良な人々に潜む非意識のバイアス——』（北村英哉・小林知博訳）北大路出版．

第5章 偏見とステレオタイプ

KEY WORDS

ステレオタイプ化　思考の節約　真実の核　カテゴリー化　外集団均質性効果　錯誤相関　顕現性　仮説検証型の情報処理　自動的活性化　抑制のリバウンド効果　ステレオタイプ内容モデル　敵意的セクシズム　好意的セクシズム　スティグマ　ステレオタイプ脅威　帰属の曖昧性　切り離し　脱同一視

はじめに

　自分の性別や年齢あるいは外見のせいで，初対面の相手から勝手なイメージで判断されて困ったことはないだろうか．社会には，特定の集団や属性などに関連づけられ単純化されたイメージが数多く存在している．このようなイメージはステレオタイプと呼ばれ，古くから社会心理学の研究テーマの1つとなってきた．本章では，このステレオタイプの特徴や形成のメカニズム，偏見や差別とのつながりについて紹介する．

第1節　ステレオタイプ・偏見・差別

1　ステレオタイプ

　「ブラジル人はサッカーがうまい」「イタリア人は情熱的」など，人を分けるカテゴリーに結びつき，そのカテゴリーに含まれる人の多くが持っていると信じられている特徴を，ステレオタイプ（stereotype）と呼んでいる．ステレオタイプは極端に単純化されたイメージとして社会に広く普及しており，日本語の紋切り型，定型，固定観念，予断，思い込みといった言葉に対応している．ステレオタイプという言葉を普及させたリップマンは，ステレオタイプを利用す

ることで私たちは世界を単純化し迅速に判断できると述べ，これを「思考の節約」と表現した［Lippnann 1922］．

　私たちは毎日，数多くの人に会い，大量の情報の中で様々な判断を瞬時に下さなければならないが，そのための認知資源（注意・意識・時間）には限界がある．初対面の相手から1つ1つ情報を聞き出さなくても，ステレオタイプを使用すれば，「ブラジル人ならサッカーがうまいだろう」といった形で相手の行動を予測することができる．

　しかし，ブラジル出身者全員がサッカーを得意としているわけではないように，ステレオタイプの内容がいつも特定の個人を正確に予測するわけではない．それどころかまったく根拠のない不正確なステレオタイプが信じられている場合もある．また，ステレオタイプが偏見や差別と結びつき，思い込みで判断された側が大きな不利益を被る問題もしばしば生じている．

2　ステレオタイプ・偏見・差別

　ステレオタイプの中には，単純なイメージのみで存在している場合と，否定的評価や感情を伴っている場合がある．この否定的な感情や評価を含んだ場合を，「偏見（prejudice）」と呼んでいる．たとえば「最近の若者はわがままだ」というステレオタイプに，「だから嫌いだ」「信用できない」と否定的な感情がついた場合は偏見である．これらがさらに強くなると，「若者は雇わない」「若者には部屋を貸さない」など，特定のカテゴリーに含まれる人を排除・攻撃する行動となって現れる．ある社会集団の成員に対して，選択して行う否定的行動を「差別（discrimination）」と呼んでいる．

3　「真実の核」という考え方の罠

　「多くの人が信じているステレオタイプであれば，その中に少しは真実の要素があるのではないか」と考える人もいるかもしれない．こういった考え方は「真実の核」と呼ばれている．ステレオタイプ研究が開始された当初は，ステレオタイプの正確性に関する注目も高かったが，現在ではあまり中心的なテーマではなくなっている．その理由の1つは，ステレオタイプは一般的に内容が漠然としており，正確性の判断自体が非常に難しいことにある．さらに別の理由として，どのようなステレオタイプであっても，特定の個人を判断する際にそれを用いて頭から決めつけること，すなわち「ステレオタイプ化」には問題

があるという点である．どのような人でも，自分の個性が無視されて，画一化された「その他大勢」と同じイメージで判断されれば，不快な気持ちになるだろう．「ステレオタイプに真実が含まれているか否か」「そのステレオタイプは正確か否か」ということと，ステレオタイプ化されて個人が判断される際に生じる問題とは，切り離して考えなければならない．このため近年のステレオタイプ研究は，個別のステレオタイプの正確性を問うことよりも，ステレオタイプや偏見が，なぜ人の心の中に形成されて維持され続けるのか，どのように対人関係や社会に影響を与えているのかについて多くの労力を割いて検討している．

❖ TOPICS 9　ステレオタイプの低減・変容の実験例

　上瀬ら［2002］は，視覚障害者と晴眼者がメールを交換しながら協同作業をする実験を行い，両者が抱くステレオタイプの変容を分析している．この研究ではお互いに面識のない晴眼者4人と視覚障害者1人とが混在した実験グループを10グループ作成し，各グループ内でメールを5日間交換しながら「携帯電話利用のマナーブック」を作成するようもとめた．視覚障害者の人は，画面の文字を読み上げる音声ソフトを用いて，実験に参加している．1つのグループ内の構成は，図5-1に示すようになっている．事前情報条件の参加者には，視覚障害者がメンバーにいてそれがだれかをコミュニケーション前に知らせる．途中情報条件の参加者には，視覚障害者がメンバーにいてそれがだれかを実験途中（3日目終了後）に知らせる．事前偽情報条件の参加者には，視覚障害者がメンバーにいてそれがだれかをコミュニケーション前に知らせるが，そのメンバーは実際には晴眼者である．統制条件の参加者には，参加者に視覚障害者がいることは知らせない．

　各参加者には視覚障害者一般の印象を尋ねる質問紙を実験前後に実施して，この一般の印象がどの程度否定的か回答の合計得点を算出した（図5-2）．その結果，途中情報条件では視覚障害者一般に対する印象変化が目立ち，実験前後で否定的イメージが多く低下したことが示されている．途中情報条件の参加者は，グループ内の視覚障害者を3日目まで晴眼者と思い込んで相手に一定のイメージを形成した後で，その人が視覚障害者だったということを知る．この条件の参加者は，自分が接した相手のイメージと，自分が視覚障害者に対して抱いていたイメージとの差を強く意識し，その隔たりを修正するために視覚障害者一般に対するイ

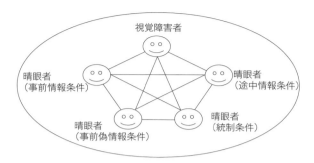

図5-1　実験グループ

（出所）上瀬［2002］より引用．

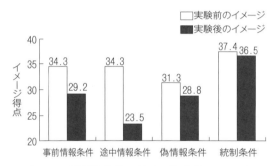

図5-2　視覚障害者に対する否定的イメージ

（出所）上瀬［2002］より引用．

メージを肯定的に変化させたものと考えられる．一方，事前情報条件の参加者も，視覚障害者と共同作業を行ったのだが，あらかじめ相手の障害が提示されていた場合には，ステレオタイプが変容しにくいということが示されている．相手に注意を払っても，当初抱いていたステレオタイプに一致するような仮説検証型の情報処理がなされた可能性もある．

　ステレオタイプを変容させるためには，自分自身の中にあるステレオタイプとその現実とのギャップを意識することが重要である．そのことが，変容を動機づける一因になると考えられる．

第2節　認知傾向とステレオタイプ

1　カテゴリー化と効率的な認知処理

　私たちは目の前にあるものをみて，その特徴をもとに対象をカテゴリーに振り分けて認識し，意味を理解している．たとえば目の前にある金属でできた小さな丸い輪は，「指輪」というカテゴリーに入るものとして認識されることで，「指にはめる」という使い方につながる．目の前のありとあらゆるものがカテゴリー化されて認知される．その過程で，混沌とした対象が主観的に整理され，単純化され，意味をもつものになっていく．

　カテゴリー化は図5-3のような過程をたどるものとして理解できる．図5-3（a）では，様々な大きさの円が散在しており，この状態を記憶に残したり説明することは難しい．しかしこれを（b）のように並べ替えたらどうだろうか．「大きい円が3つと，小さな円が5つある」と認識すれば，この図を思い出すことは容易になる．大きさによって円をカテゴリー化したことによって，整理された認知に至るのである．（b）は大きさに基づいて対象をカテゴリー化した例であるが，ふだんの生活で私たちは，人間に対しても自動的に様々なカテゴリー化を行っている．たとえば馴染みの喫茶店に入った人が，「今日は男性が多いな」と感じたとする．これはその人が，一瞬でその場にいる客を性別カテゴリー化で分類し，状況を把握した例である．

　さらに私たちの頭の中では（b）のような認識が，自動的に（c）のような形に変化していく．ここでは「大きい円は皆大きく，小さい円は皆小さい」「大きい円と小さい円の違いが大きい」ものとして，差異と類似の強調が生じている．これは，「カテゴリー間差異の認知的強調」「カテゴリー内差異の縮

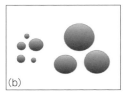

図5-3　カテゴリー化による認知の変化

（出所）筆者作成．

小」とも表現される.

　タジフェルとウィルクス [Tajfel & Wilkes 1963] は，カテゴリー化による知覚の強調化の実験を行っている．実験参加者は少しずつ長さの異なる 8 本の線分をランダムに何度も見せられ，それぞれの長さを回答していった．この時，「線分ラベル条件」の参加者は，8 本のうち短い方の 4 本に A というラベル，長い方の 4 本に B というラベルが付いた形で提示された．「長さ無関係条件」の参加者は，長さに無関係に A あるいは B のラベルが付いた形で提示された．「ラベルなし条件」の参加者は，ラベルのついていない線分が提示された．実験が終わった後で，タジフェルとウィルクスは，各条件の参加者が回答した長さが，実際の線分の長さとどの程度ズレていたか計算した．その結果，「線分ラベル条件」では，実際よりもズレが大きかったことが示された．あまり長くない線分でも長線グループに入っていたことで実際よりも長く見え，逆にあまり短くない線分でも短線グループに入っていたことで実際よりも短く見える現象が生じたのである．ここでも差異と類似の強調が生じていることがわかる．他方，「長さ無関係条件」「ラベルなし条件」ではこのような傾向はみられなかった．

　人についてカテゴリー化が行われる場合は，自分が含まれる「内集団」と，自分が含まれない「外集団」という視点が生じ，外集団の成員に対しては，内集団成員と比べて，集団内のばらつき（変動性）を実際よりも小さくとらえがちであることも知られている（外集団均質性効果）．また，内集団の価値を高めたいという自己高揚動機から，内集団がより良いものとして認知されるようなステレオタイプ化を導きやすい．このように考えると，カテゴリーで人を分けること自体が偏見やステレオタイプのもとになること，そして誰もが人をステレオタイプ化して捉える可能性があることが理解できるだろう．

2　錯誤相関

　ステレオタイプ形成の背景を説明する現象として，錯誤相関がある．錯誤相関とは，複数の目立つ刺激が同時に生起した場合，両者の間に実際には関係がない（あるいは関係がとても弱い）にもかかわらず，関係が誇張されて認知される現象である．ハミルトンとギフォード [Hamilton & Gifford 1976] は，「A 集団のジョンは，友人を見舞いに病院に行った」など様々な登場人物（A 集団所属あるいは B 集団に所属）の様々な行動（望ましい行動あるいは望ましくない行動）を記した

表5-1　実際に提示された文章の数と実験参加者の回答の平均

(a) 実際に提示された文章の数

	望ましい行動	望ましくない行動
A集団	18個	8個
B集団	9個	4個

(b) 参加者が回答した文章の数の平均値

	望ましい行動	望ましくない行動
A集団	17.5個	5.8個
B集団	9.5個	6.2個

(注) 提示刺激 (a) では望ましい行動と望ましくない行動の比率はA, B集団ともに9：4であったが，参加者の回答 (b) では少数派のB集団の望ましくない行動が過大視された．
(出所) Hamilton & Gifford [1976].

　短い文章を39個作成し，実験参加者に示す実験を行なった．すべての文章が提示されたあとで回答者は，「A集団が望ましい行動をした文章の数」「B集団が望ましい行動をした文章の数」「A集団が望ましくない行動をした文章の数」「B集団が望ましくない行動をした文章の数」を回答するように求められた．実際に提示された39個の刺激文は**表5-1**(a)，参加者の回答の平均値は**表5-1**(b)である．

　ここで注目されるのは，少数派集団（Bクラス）の少数事例（望ましくない行動）が，実際よりも多くあるように判断された点である．これは少数事例と少数派成員がともに目立ちやすいので，同時生起した事例が記憶に残りやすく，想起されやすいため，実際より大勢に感じられることが原因と考えられている．このような目立ちやすさを，社会心理学では「顕現性」と表現している．新奇なもの，期待に反するもの，数が極端に少ない（あるいは極端に多い）ものなどが，顕現性の高いものである．顕現性が高いものは相対的に目立つので注意を引く．その結果，重点をおいた情報処理がなされやすくなり，その発生頻度や確率が過大視される．

　錯誤相関の現象は，一般的にマイノリティが否定的なイメージを抱かれやすいことの説明を可能にする．たとえば，日本にいる外国人が何か事件を起こすと，「外国人による事件」ということで注目され，「外国人は問題を起こしやすい」と否定的な印象を持たれてしまう．しかし，日本人が同様の事件を起こしていても，（外国人の時ほどは）注目されない．錯誤相関の研究知見は，実際には根拠がないところにステレオタイプが形成されてしまう事例とその心理的過程を示すものと位置づけられる．

3 仮説検証型の情報処理

ステレオタイプは，一度形成されると変えることは難しい．人間の情報処理が，「当たっている」ところを探して確認しようとする仮説検証型の特徴をもつためである．「若者はわがままだ」というステレオタイプをもった人は出会った若者の「わがまま」な部分を探そうとし，わがままに見えるところだけに注目し（選択的な知覚）し，そこだけを記憶する（選択的な記憶）．その結果「やはり若者はわがままだ」とステレオタイプが確証されていく．

選択的な知覚と記憶について示した実験として次のようなものがある［Cohen 1981］．実験参加者は「印象形成の研究」と説明され，女性の日常を映したビデオを見る．ビデオを見る前に，半分の参加者には彼女が「図書館司書」だと伝え，もう半分の参加者には「ウェイトレス」だと伝えておく．ビデオ映像の中には，司書のステレオタイプと一致する要素と，ウェイトレスのステレオタイプに一致する要素が含まれている．参加者は，ビデオ視聴直後，4日後，7日後に，そのビデオの内容を正確に覚えていたかをテストされた．その結果，司書群の参加者は司書ステレオタイプに一致する特徴を，ウェイトレス群の参加者はウェイトレスステレオタイプに一致する情報を，それぞれ一致しない情報よりも，直後・4日後・7日後ともよく覚えていた．

また，ダーリーとグロス［Darley & Gross 1983］は，曖昧な情報がステレオタイプを強化することを示している．この実験において，実験参加者は，1人の少女の日常を撮影したビデオを見て，少女の学力が何年生くらいかを判断するよう求められる．実験は2要因（学力の予期　ビデオの内容）で構成されている．第1の要因は学力の予期で，実験参加者は肯定的予期条件と否定的予期条件いずれかに振り分けられる．肯定的予期条件では，ビデオの前半に流れる映像やナレーションによって少女が郊外の中流家庭の子どもだと示す（アメリカでは，このような社会背景の子は学力が高いというステレオタイプがある）．一方否定的予期条件では，少女が都市の貧しい地域の子どもだと示す（アメリカでは，このような社会背景の子は学力が低いというステレオタイプがある）．第2の要因はビデオの内容である．実験参加者の半分は，ビデオの前半（少女が遊んでいるところ）だけをみて少女の学力の判断をする．しかし残りの半分はビデオの後半（少女が学校で授業に参加している）も見て学力の判断をする．後半の授業シーンでは，少女は問題に答えられたり答えられなかったりと，学力は曖昧に描かれている．実験の結果，判断された学力は，条件ごとに図5-4に示すようになった．前半のみをみ

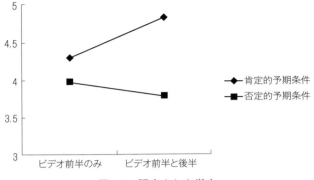

図5-4 評定された学力

(注) 縦軸は学年を示している．
(出所) Darley & Gross [1983].

た場合には，肯定的予期条件も否定的予期条件も，学力の判断に大きな違いはなかった．しかし，後半まで見た場合には，肯定的条件の人の方が，否定的予期条件の人よりも少女の学力を高く判断した．この実験は，曖昧な情報が多く提示された場合には，かえってステレオタイプが確証されてしまいがちなことを示している．

> ❖ TOPICS 10　血液型ステレオタイプの変容実験
>
> 　心理学では，様々な検証研究の結果に基づき（たとえば松井［1991］，縄田［2014］），ABO 式血液型と性格との関連を否定している．しかし日本では，「A型の人は真面目」など，血液型で性格が違うと考えている人が多く存在しており，このような思い込みを血液型ステレオタイプと呼んでいる．血液型ステレオタイプは娯楽として無自覚に利用される側面が強いが，否定的なイメージを勝手に付与されて迷惑を被っている人も多い．
>
> 　血液型ステレオタイプの否定的側面をふまえ，上瀬・松井［1996］は，血液型性格判断を否定する内容の講義を大学生に実施して，血液型性格判断を信じる程度の低減を試みる実験を行っている．講義では血液型と性格の関連には科学的根拠がないことや，この考え方が差別につながることを説明し，講義の前後で血液型性格判断についての考えに変化がみられたかを測定した．その結果，血液型性格

判断を信じる程度（信念強度），特定の血液型が嫌いだとする程度（否定的感情）
は，講義前と比べると，講義直後には低下することが明らかとなった．しかし，
3カ月後に再び調査すると，否定的感情は低いままだったが，信念強度は少し戻
る傾向があった．この実験結果は，講義のような啓蒙的活動がステレオタイプ変
容に一定の効果をもつことを示すと同時に，その効果を維持することの難しさも
示したものといえる．

第3節 ステレオタイプの自動的活性化

1 自動的活性化

　人間の思考や行動を支える情報処理は，意識的に統制されながら進行する過程（統制過程）と，意識の統制が及ばない過程（自動過程）と，2つにわけて考えられている（第2章第1節［3］参照）．ステレオタイプ化が生じるか否かは，この2つの過程のどちらが優勢かによって変わってくる．

　私たちは，妥当性を批判的に検討できない幼少期に，養育者や周囲の環境から，様々なステレオタイプを知識として学んでいく．これらの文化的ステレオタイプは，幼い頃から繰り返し提示され繰り返し活性化されるために，次第に環境内に特定の手がかりが存在するだけで自動的に頭に浮かぶようになる．しかし，その一方で，人は成長していく過程で，ステレオタイプ化や偏見を否定する価値観も身につけていく．「ステレオタイプや偏見を使わずに人を判断しよう」という意識が，自動的なステレオタイプ化を回避させるよう情報処理を統制していく．しかし，統制のための認知資源が十分にない時（忙しい時，あるいは別のことを考えている時など）は，意識的な統制が及ばないため，自動的なステレオタイプ化が生じやすい（自動的活性化）．

　ディバイン［Devine 1989］は，次のような実験で，ステレオタイプの意識的な統制と自動的活性化の関係を明らかにしている．まず研究1では，実験参加者に，人種ステレオタイプに関する知識の量を測定した．ここでは本人がそれを信じているか否かではなく，単純に社会におけるステレオタイプがどのようなものかを知りたいと説明して，知っているステレオタイプ（ステレオタイプに関する知識）を書き出してもらった．その一方で，参加者の人種偏見の強さも測定しておいた．その結果，ステレオタイプに関する知識の量と偏見の強さは

無関係であることが示された．このことは，否定的な文化的ステレオタイプを知識として保持することが，偏見を示すことには直接結びつかないことを示している．続く研究2では，白人参加者に黒人関連の閾下刺激（黒人やバスケットボール）を提示する実験を行った．閾下刺激とは，画面に文字や絵が映し出されても，その投影時間が数百分の1秒といったあまりに短い時間ではそれが何であるのかは人には認識できない刺激のことである．しかし何を見たかが判断できなくてもその言葉や映像が意識下で影響を与え，その後に提示された閾上判断（認識できる刺激の判断）にも影響をおぼすことが知られている．閾下刺激を先行して提示する実験手続は，閾下プライミング（subliminal priming）と呼ばれる（第4章第3節［1］参照）．黒人関連の閾下刺激提示の後で，ある人物の写真を閾上刺激で示して印象を尋ねると，その人物が攻撃的だと判断する傾向がみられた．アメリカでは黒人に対して攻撃的というステレオタイプが普及している．このため黒人に関する閾下刺激を示されたものは，脳の中で攻撃的という知識が活性化してしまう．しかし見たものが何だったか参加者には意識できないため，脳で活性化された攻撃的イメージが次に画面に映された人物の印象として判断されてしまったものと考えられている．さらに，この閾下刺激の影響は，事前の測定で「人種偏見が低い」と判断された人にも同様にみられた．これは，個人的信念が偏見的でない人も，ステレオタイプが活性化したことに気づかない場合は，相手をステレオタイプ化してしまうことを示している．

2 自動的活性化の危険性

ステレオタイプの自動的活性化は，深刻な問題にも発展する．コレルら［Correll et al. 2002］は，白人を対象にしてテレビゲーム風の実験を実施し，次々と切り替わる画面の中で，登場した人物（ターゲット）が銃を持っていたら右手の「撃つ」ボタンを押し，持っていなかったら左手の「撃たない」ボタンを押すよう求めた．ターゲットは，白人あるいはアフリカ系アメリカ人であった．図5-5は，20回の試行中，実験参加者が何回間違ったボタンを押したかを示している．図が示すように銃を持っていたのに「撃たない」ボタンを押した場合が多いのは白人ターゲットの画面，銃を持っていないのに「撃つ」ボタンを押した場合が多いのはアフリカ系アメリカ人ターゲットの画面であった．この結果も同様に，黒人に対する攻撃的ステレオタイプの存在を示している．

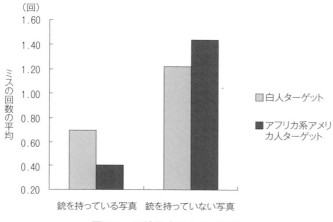

図5-5　20試行中のミスの回数
(出所) Correll et al. [2002].

3 意識的な抑制とリバウンド効果

　マクレーら[Macrae et al. 1994]は，ステレオタイプ抑制のリバウンド効果を明らかにしている（前章第4節参照）．実験では，参加者にスキンヘッドの男性（アメリカでは攻撃的といったイメージが共有されている）の写真を見せ，その人の典型的な1日を記述する課題を2回行った．実験参加者は2つの条件に分けられている．半数はステレオタイプ抑制条件で，第1課題で「ステレオタイプで判断しないように」と指示される．第2課題では別のスキンヘッドの男性の写真を見て典型的な1日を記述するが，今度は特に制限はかけられない．残り半数の参加者は統制条件で，第1課題でも第2課題でも，特に何も言わずにその人物の1日を記述するように指示される．その結果，統制条件では第1課題と第2課題において記述の変化はみられなかった．一方，抑制条件では，第1課題ではステレオタイプに基づく記述が少ないが，第2課題では統制条件よりもステレオタイプ化された記述が多くみられた．これは，ステレオタイプを抑制しようとする意識が，「今，自分は使ってない」ことを確認するためステレオタイプについて考える情報処理過程を活性化してしまい，抑制が取れた後にむしろステレオタイプが活性化されやすくなってしまったものと考えられている．

第4節　集団間関係と否定的感情

1 ステレオタイプ内容モデル

　ステレオタイプの内容とそこに付与される否定的感情（偏見）は，集団間関係と大きく関連している．対人認知においては，暖かさと能力という2つの次元の判断が大きな意味をもつ．フィスクら［Fiske, Cuddy, Glick & Xu 2002; Cuddy, Fiske & Glick 2007］のステレオタイプ内容モデルでは，様々な集団のイメージを，この2次元に配置している．たとえばアメリカの大学生の場合，暖かさと能力の高い人たちとして「白人の学生（内集団）」をイメージする．また，暖かさが高く能力が低い人たちとして「老人」，暖かさが低く能力が高い人たちとして「金持ち」，暖かさと能力の両方が低い人たちとして「ホームレス」をイメージすることが示されている．さらにこの2次元の組み合わせのどこに位置するかによって，抱かれる感情も異なると説明している（図5-6）．濃い矢印の方向が抱かれやすい感情の方向，薄い矢印の方向が結びつきやすい行動の方向を示している．たとえば暖かさと能力の高い人たちには賞賛の感情が抱かれ，その人たちと自分との関係を促進させる（積極的あるいは消極的）行動を起こしやすい．

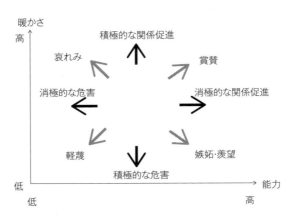

図5-6　対人認知の次元と付与される感情の関係
(出所) Cuddy, Fiske & Glick [2007].

2 現代的な偏見とセクシズム

現代では偏見を表明することは社会的に望ましくないという規範が普及しているため，偏見を抱いていてもそれを隠している人が多い．これは現代的偏見，あるいは回避的偏見として説明されている．たとえば，現代の日本では性別に基づいて人を差別することは良くないこととされ，あからさまな形で女性を攻撃したり，差別したりする人は昔と比べて少なくなっている．しかし，その反面，「最近の女性は自己主張しすぎる」「もう十分，男女平等になっている（これ以上，女性が社会に進出する必要はない）」「女性を優遇する政策には反対」といった形で，隠された形，あるいは新しい形で「現代的な性差別主義」が維持されているとの指摘がある．

グリックとフィスク［Glick & Fiske 1996］は，性差別主義を，敵意的セクシズムと好意的セクシズムの2種類に分けている．敵意的セクシズムとは，「女性はあまりにも簡単に気分を害しすぎる」など，女性に対するネガティブな態度を示す形である．一方，好意的セクシズムとは，「女性は，男性から大事にされ，守らなければならない」「女性は人の世話をすることに長けている」など，一見すると差別とは無関係にみえる（あるいは褒めているようにみえる）態度である．好意的セクシズムも，「（女性は守られる存在であるから）仕事より家庭を守ることを第一に考えるべき」「（女性は人の世話をすることに長けているので）リーダーではなく補助的な立場にとどまるべき」など，性役割の固定化を合理化する理由に用いられてしまうため，性差別的態度と考えられている．これまでの研究から，敵意的セクシズムをもつものほど好意的セクシズムも高いことが示されている．

第5節　スティグマと対処方略

1 スティグマとは

特定の民族出身であることや特定の身体的な特徴をもつなど，ある属性をもつことを理由に他者から否定的ステレオタイプを抱かれたり偏見の対象となる場合がある．人々の社会的価値を低下させる望ましくない属性を指す言葉として，「スティグマ（stigma）」がある［Goffman 1963］．現代のスティグマの概念を提出したのはゴフマン［Goffman 1963］である．どのような属性がスティグマになるかは時代・文化・状況などによって変わる．たとえば太っていることは近

年の日本ではあまり好まれないが、食事を十分とれない時代や地域にあっては、太っていることは富や健康の象徴ともなる魅力となる。また、国籍、性別、外見、学歴など、個人のあらゆる属性が、場面が違えばスティグマとなる可能性をもつため、誰もが否定的ステレオタイプや偏見の対象になりうる。

スティグマによってもたらされる苦境の性質や程度は、その特徴によって異なる。苦境の性質に大きく影響するとされるのが、スティグマの可視性と制御可能性である [Crocker, Major & Steele 1998]。可視性とは、その属性が目に見えるか否かである。たとえば肌の色や身体的な障害は可視性が高いため、初対面の相手にその属性をもとに判断されやすい。一方、病気や犯罪歴等は可視性が低いため、他者に知られないよう隠蔽することができる。しかし隠蔽する場合にはそれを守るために自身の言動を常にモニターしなければならない負担があり、また親しくなった相手にそれをいつ明示するかといった別の苦しみが生じることが知られている。

一方、制御可能性は、そのスティグマが本人に制御できるか否かである。一般的に、制御可能と思われているスティグマをもつ人は、制御不可能と思われているそれをもつ人より、他者からより否定的な評価が下されやすい。しかし実際には、スティグマの制御可能性は明確に判断できないことも多い。制御できない要素が多いにもかかわらず、「本人が努力しないから、そのスティグマを負っている」と判断され、苦しむ人が多い。

2 スティグマの影響

社会的スティグマは偏見を向けられたり、差別を経験するなどの苦境につながるが、個人の内面にも否定的な影響を与えることが知られている。

たとえば「ステレオタイプ脅威」という現象がある。これは、自分たちがステレオタイプに関連づけて判断され扱われるかもしれない、ステレオタイプを確証してしまうかもしれないという恐れのことを指している。たとえばスティールとアロンソン [Steele & Aronson 1995] は、黒人と白人の実験参加者にアナグラム課題（語句の文字配列を替えて意味のある語句にする）を実施した。この時、半分の参加者には「この課題で知的能力を判断する」と説明し（診断条件）、残りの半分には「知的能力は関係ない」と説明し課題を行う（非診断条件）。実験の結果、診断条件の黒人のみ、テストの成績が悪くなっていた。ここでは、診断条件の黒人は自分が「黒人だから成績が悪いという一般的なステ

レオタイプを確証してしまうかもしれない」という恐れ（ステレオタイプ脅威）から，成績が悪くなると考えられている．ステレオタイプ脅威の現象は，女子学生が数学のテストで実力を発揮できない理由の1つと指摘されている．実際，女子学生に「このテストの成績は，性別には関係ないことがわかっている」と説明してから数学のテストを実施すると，何も説明せずに実施した時と比べて良い成績を挙げることを示した研究もある．

　また，帰属の曖昧性という現象も，スティグマをもつ人の内面に否定的な影響を与える．人は自分や他人の行動をみると，その結果や他者からの評価などを手がかりにして，成功・失敗の原因はどこにあるかを考えていく．しかしスティグマをもつ人は，現代的な偏見の特徴も関係して普段から他者から偽りの評価を下されることが多く，自分自身を正確に評価することが難しくなっている．クロッカーら [Crocker, Voelkl, Testa & Major 1991] は，実験参加者（白人あるいは黒人）が隣の部屋にいる初対面の相手（白人）から，評価される場面を用いた実験を行っている．白人参加者の場合，相手から否定的な評価をうければ自分についての自己評価が下がり，肯定的な評価をうければ評価が上がった．黒人参加者の場合，自分の人種が相手に伏せられている状況では，相手からの否定的評価で自己評価が下がり，肯定的評価で自己評価が上がった．しかし自分の人種が相手に知られている状況では，相手から否定的な評価を得た場合には自己評価が上がり，肯定的な評価の場合には下がった．クロッカーらは，黒人参加者は，ふだんから人種に関連して白人から実際より否定的に判断される，あるいは「偏見的でないように振る舞おう」とした白人から実際より肯定的に判断されるなどの経験をしている．このため人種が知られている場合には，「人種のせいで否定的な評価を下された」「人種のせいで肯定的な評価を下された」と考え，自己評価を逆の方向に変化させたと考察している．

3　対処方略

　スティグマによる自尊心低下を抑制するため，人は様々な対処方略を用いている．たとえば，同じような立場の人と支え合う，あるいは成功した仲間と自分を重ねることで誇りをもつなどで，これは内集団への同一視と言われている．また自己のおかれた状況やスティグマに関する事柄が，視点を変えれば社会の役に立っていると考える「価値付け」の方略も知られている．

　また，切り離しあるいは脱同一視といった対処方略もある．切り離しとは，

特定領域の成功・失敗と自尊心の結びつきを一時的に切り離して考える傾向のことを指している．何か失敗をした際に，その領域が自分にとって重要と考え，失敗の原因が自分にあると考えると自尊心は低下する．しかし失敗しても，自分にとってその領域で成功することに関心がない，あるいは「今回の失敗は自分のせいではない」と考えるなら，落ち込みを回避できる．たとえば学業で成功することが重要だと考えている学生は，テストで悪い得点をとった場合，自尊心が低下する．しかしこの時，「勉強不足だった」「今回のテストは，自分にとってあまり重要ではない」と一時的に自分の価値とは切り離すことができれば，落ち込みは少なくてすむ．しかし何度も同様のことが続くと，「学校の成績なんて関係ない」と長期的に自分の価値と切り離しをしてしまうことがおき，成績は上がらなくなってしまう．長期的な切り離しは，脱同一視と呼ばれる．

さらに「○○グループの人は勉強ができない」などと偏見が強い状況では，そのグループ全体が学業と自己の価値とを長期的に切り離す脱同一視が起きやすく，「自分たちの価値は学業とは関係ない」と，脱同一視が集団規範になりやすいことも指摘されている．このような集団では，学業成績を上げようとするメンバーは「規範を破る人」として集団から排除されやすい．

📖 読書案内

上瀬由美子［2002］『ステレオタイプの社会心理学』サイエンス社．

第6章 感情とコミュニケーション

KEY WORDS

ジェームズ・ランゲ説　キャノン・バード説　情動の2要因説　対人コミュニケーション・チャネル　表情　感情表出的視座　行動生態学的視座　視線　プロクセミックス　パーソナル・スペース　ジェスチャー　感情の社会的共有　情動伝染　気分一致効果　感情情報機能説

はじめに

　人は「うれしい」「悲しい」など日々様々な感情を経験し，それを家族や友人をはじめとする周囲の人に伝えている．私たちにとって感情は身近な存在である．本章では，感情とは何かについて，感情の古典的な理論を紹介する．また，感情を他者に伝える上で重要な表情，視線，ジェスチャーといった非言語的コミュニケーションを取り上げ，その機能や役割を解説する．さらに，感情が私たちの社会的行動にどのような影響をもたらすかについても紹介する．

第1節　感情とは？

1　感情を表す用語

　感情は，広義には経験の情感的，あるいは情緒的な面を指す用語である．感情に関連する用語には3つあり，「感情」，「情動」，「気分」が使い分けられる．「感情」は狭義には，快─不快を両極とする中間状態を指す．「情動」は，一時的でかなり強い感情のことで，急激な表出行動や身体反応の変化を伴うものである．「気分」は，数日から数週間の単位で持続する弱い感情のことである．ただし，これらの用語の区別は必ずしも厳密なものではない．本章で主に扱うのは，一時的で強い感情に相当する「情動」である．しかしながら，原則

として広義の「感情」の語を用いることとし，心理学の中で「情動」，「気分」の語が一般的である箇所については各用語を用いることとする．

2 ジェームズ・ランゲ説

感情はどのように生じると考えられてきたのだろうか．感情の主観的経験（うれしい，悲しいといった個人が抱く気持ち）とその反応との関係を考えるとき，私たちはふつう「悲しいから泣く」とか「恐いから逃げる」のように，感情を経験することによって身体反応が生じると考える．しかしながら，ジェームズ[James 1884]は，「泣くから悲しい」のであり，「逃げるから恐い」のだと主張した．つまり，ある刺激によって生じた身体反応（骨格筋や内臓の活動，表情や声などの変化）を知覚したものが感情だというのである．同じ頃，ランゲも同様の主張をし，この考えは「ジェームズ・ランゲ説」として広く知られることになった．

3 キャノン・バード説

キャノン[Cannon 1927]は，ジェームズ・ランゲ説を批判し，独自の理論を提唱した．彼はジェームズ・ランゲ説への批判として，内臓を大脳から切り離しても感情反応が起こること，内臓の動きは緩慢であり感情よりも時間的に先行して反応するとは考えにくいことなどをあげている．キャノンの説によると，通常は大脳新皮質によって抑制されている視床が，ある刺激によって解除された場合に，視床が興奮する．続いて，この視床の反応が，大脳新皮質へ伝達されることで感情の主観的経験が生じ，内臓や骨格筋に送られることで身体反応が生起する．つまりこの説では，感情の主観的経験と身体反応は同時かつ独立に生じると考える．後にバード[Bard 1928]がこの主張を発展させた論文を発表し，「キャノン・バード説」と呼ばれるようになった．

4 情動の2要因説

シャクターとシンガー[Schachter & Singer 1962]は，感情の主観的経験は身体の生理的覚醒に対して認知的解釈をした結果であると主張した．この考えは，情動が生じるのに生理的覚醒と認知的解釈の2つが必要であると主張することから，「情動の2要因説」と呼ばれる．彼らはこの説を確かめるために，エピネフリン注射を用いた実験を実施した．エピネフリンは生理的覚醒をもた

らす薬物であり，注射されると心拍や血圧の増加を引き起こす．実験参加者は，エピネフリンを注射され，この薬物の効果について正しく説明を受ける条件と，何も説明を受けない条件に振り分けられた．次に，参加者は待合室で過ごすように言われ，そこには陽気にふるまうサクラか，イライラと怒りを表出するサクラのいずれかが居合わせていた．その後，参加者にどのような感情が生じたか尋ねたところ，エピネフリン注射について説明を受けなかった参加者には，居合わせたサクラと同様の喜びまたは怒り感情が生じていた．つまり，エピネフリン注射によって生じた自身の生理的覚醒を，周囲の人が表出する感情によるものと解釈したと考えることができる（第1章第1節[2]参照）．

❖ TOPICS 11　吊り橋の上では恋に落ちやすい？

　私たちは，恐怖によって感じるドキドキを，恋心に勘違いすることがあるようだ．このことは，ダットンとアロン[Dutton & Aron 1974]が行った通称「吊り橋実験」により確かめられている．ダットンとアロン[Dutton & Aron 1974]は，研究の実施のために，カナダのブリティッシュコロンビア州にあるキャピラノ吊り橋を用いた．この吊り橋は，川からの高さが約70m，長さが約140mで，誰でも渡っている間は恐くてドキドキしてしまうような橋である．この吊り橋に男性のハイカーが訪れたとき，美人の女性実験者が話しかけ，心理学の調査への協力をお願いした．調査への回答が終わった後，女性実験者は名前と電話番号を書いた紙を渡し，実験結果について詳しく聞きたい場合は電話をかけてくるように男性ハイカーに伝えた．なお，比較のために頑丈な固定橋においても，同様の調査を行った．

　ハイカーに依頼した調査の内容は，1枚の絵から物語を作ってもらうものであり，その内容に基づき，回答者の性的興奮が5点満点で評価できる仕組みになっていた．その結果から，吊り橋の方が固定橋よりも性的興奮の得点が高いことが示された．また，女性実験者に後日電話をかけてきた人数を比較すると，吊り橋で声をかけられた人の方が固定橋で声をかけられた人よりも多かった．このことから，吊り橋にいた男性の方が女性実験者をより魅力的に感じていたと考えられる．

　この実験結果は，情動の2要因説により説明することができる．吊り橋にいた男性ハイカーは，吊り橋によって恐怖によるドキドキ（生理的覚醒）を生じてい

た．そこに，美人の女性実験者が声をかけたことで，吊り橋の恐怖によるドキドキを，目の前の美人への恋心によるものだと錯誤帰属してしまったのである．遊園地，スポーツなどドキドキ感が生じやすい状況に異性がいると，恋が芽生えるのかもしれない．

第2節　感情のコミュニケーション

1　感情を伝えるチャネル

　感情を他者に伝えたいとき，私たちは言葉で表現するだけではなく，表情やジェスチャーなど様々な手段を用いる．重要な試験に合格したときは，「やった！」とか「うれしい」と言葉に表すだけでなく，にっこりしたり，声が高くなったり，ガッツポーズをしたりと体でも喜びを表現するだろう．対人コミュニケーションにおいて気持ちを伝えたり，読み取ったりするときに使われる手がかりをチャネルと言う．コミュニケーションは，チャネルの違いに応じて分類される［大坊 1995］（図6-1）．言葉の意味や内容に関わるものは言語的コミュニケーション，表情，視線，ジェスチャーなど言葉以外の手段によるものは非言語的コミュニケーションと分類される．

2　コミュニケーションの機能

　パターソン［Patterson 1983］は，コミュニケーションの機能について以下の5つをあげている．1つ目は情報の提供であり，意図的にメッセージを相手に伝えるという基本的機能を指す．これは，何らかの知識を言葉で伝えたり，顔の表情で感情を伝えたりすることを指す．2つ目は相互作用の調整であり，コミュニケーションを円滑に進める働きのことである．会話中に話し手と聞き手の間で視線をやり取りすることで，発話の交代がスムーズにいくといった例があげられる．3つ目は親密さの表出であり，相手への好意や愛情，関心の程度を表出する機能である．4つ目は社会的コントロールの実行であり，地位や社会的勢力に対応するコミュニケーション（相手を説得したり，従わせようとする）によって，他者への影響力を働かせる．5つ目はサービスや作業目標の促進である．これは，医師や美容師が職務上他者に触れるといった，本質的には対人的とはいえない，非言語的な関与行動に基づく機能である．普段交わされるコ

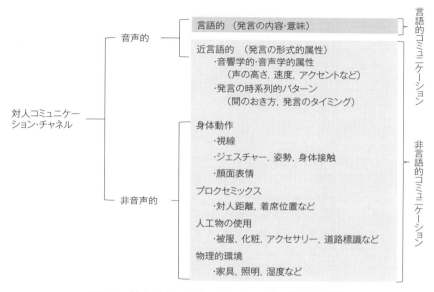

図6-1 対人コミュニケーション・チャネルの分類
(出所) 大坊 [1995] を一部改変.

ミュニケーションは，以上のどれか1つの機能を果たすというより，複数の機能を担っていることが多い．

第3節 感情コミュニケーションの中心：表情

1 表情が表すもの

「顔色をうかがう」，「顔に書いてある」など顔に関する慣用句は，私たちが他者の感じていることや考えていることを読み取るために，顔の情報を用いることを示唆している．顔の表情は他者にどのようなメッセージを伝達するのだろうか．表情研究の歴史の中では，表情には嬉しいとか悲しいといったその人の気持ち，すなわち感情が素直にあらわれるという考えが支持されてきた(感情表出的視座)．感情表出的視座に立つエクマン [Ekman 1972] は，感情には少なくとも6つの基本感情(驚き，幸福，嫌悪，悲しみ，怒り，恐れ)があり，それぞれが特定の出来事によって引き起こされ，特定の表情表出のパターンが生じるこ

とを主張した．たとえば，まずい味の食べ物を食べてしまったとか，不快な臭いを嗅いだというような出来事によって嫌悪の感情は喚起され，鼻に皺を寄せ上唇を上げるといった表情表出パターンが生じる．エクマン［Ekman 1972］は，基本感情を表出した表情写真から，異なる文化圏の人々が感情を正しく読み取ることができることを示し，基本感情と表情との結びつきは，人に生物学的に備わったプログラムであり，文化普遍的であることを主張した．

一方で，表情は個人の感情を反映したものではなく，他者に社会的メッセージを伝えるものだとする見方もある（行動生態学的視座）．フリッドルンド［Fridlund 1994］は，表情が個人の社会的動機（攻撃，服従，親和など，これから起こそうとする一連の行動意図）を他者に伝達する社会的なツールであると考えた．イックとラッセル［Yik & Russell 1999］は，7つの表情を実験参加者に呈示し，各表情が表しているものを，社会的メッセージ，もしくは，感情メッセージの選択肢の中から判断させた．その結果，実験参加者は，各表情（たとえば，"驚き表情"）に対して，感情メッセージ（"とても驚いている"）だけでなく，社会的メッセージ（"信じられない"）も適切にラベリングできることを見いだした．この結果から，表情は個人の感情状態を反映するだけでなく，社会的動機の伝達にも重要な役割を担っているといえる．

2 対人場面における表情表出

日常を振り返ってみると，私たちは常に生じた感情をストレートに表情に表すわけではない．エクマン［Ekman 1972］は，他者がいる状況で感情を表出するときには，表示規則が働くことを指摘した．これは，実際に抱いている感情にかかわらず，ある場面でどのような感情を感じているように見せるべきか（あるいは，見せないべきか）についての規則である．

フリーセン［Friesen 1972］は，文化による表示規則の違いについて初めて実験的に検証を行った．フリーセン［Friesen 1972］は，日本人またはアメリカ人に対して，嫌悪感情を喚起する映像を1人で視聴する条件と，実験者からのインタビューを受けながら見る条件を設け，両者の表情表出の違いを観察した．彼の考えによれば，映像を1人で見ているときには，誰からも影響されないため真の感情が顔に表れる一方，実験者がいる状況では，表示規則の影響を受けた表情が表出される．実験の結果，映像を単独で視聴した場合には，日本人，アメリカ人ともに，不快な感情が顔に表れた．ところがインタビュー中では，

アメリカ人は単独の場合と同様に不快な表情を示したのに対し，日本人は快表情を表出したのである．これは，日本人では人前で不快な感情を表出すべきでないという社会的規範により，笑顔によるマスキングという表示規則が働いたためと解釈することができる．

　私たちはコミュニケーション相手との関係によっても，表情表出を調整する．他者との関係性は，表情の調整を導く重要な社会的要因の1つである [Wagner & Lee 1999]．特に，笑顔は対人関係の影響を受けやすく，友人の存在によって促進されることがくり返し確認されている．山本・鈴木 [2005] は，友人関係のペア，未知関係のペア，単独のいずれかの条件において，実験参加者に快感情または不快感情を喚起する映像の視聴を求めた．快・不快のいずれの感情喚起映像を見ているときにも，未知関係や単独の実験参加者と比べて友人関係では，笑顔の表出が促進されることが見いだされた．不快な感情状態にあるときにも，友人の存在によって笑顔の促進が見られることから，笑顔は快感情の伝達だけでなく，親和性を表したり，不快感情を鎮めるといった役割も果たしているといえる．

❖ TOPICS 12　ボーリング・ゲームで見せる微笑みの原因とは？

　表情表出の研究は，本文で述べた実験的な手法のみならず，日常場面での観察によっても行われる．日常場面における表情表出については，クラウトとジョンストン [Kraut & Johnston 1979] のフィールド研究が面白い結果を示している．クラウトとジョンストン [Kraut & Johnston 1979] は，ボーリング・ゲームを楽しんでいる人々の表情を観察し，彼らがボーリングのピンに向かって投球の結果を見ているときと，投球後に一緒にプレイしている友人の方を振り返ったときの笑顔の頻度を比較した．ピンに向かっている場面では，他者との社会的な関わりは小さく，友人の方を振り返ったときには大きいと考えられることから，この方法により笑顔の表出と他者との関わりの程度との関係を調べることができる．その結果，スペアやストライクといった良い成績を出したときであっても，ボーリングのピンに顔を向けているときには人々はあまり笑顔を表出しなかった．一方，友人の方を振り返ったときには笑顔が多く表出されたのである．したがって，笑顔はボーリングがうまくいったことによる嬉しさから表出されるというより，他者との社会的な関わりの中で表出されるということができる．

> また，フェルナンデス・ドルズとルイズ・ベルダ [Fernández-Dols & Ruiz-Belda 1995] は，より強力にポジティブ感情を喚起する場面としてオリンピックの表彰式をとりあげ，金メダリストの笑顔の表出を観察している．その結果，メダルを受け取り観客に視線を向けるという他者との社会的な関わりのある場面では笑顔が多く生起するが，表彰台の後ろに立っているときや，国旗掲揚の場面など，他者との社会的な関わりが少ない場面では，ほとんど笑顔が生じないことが見出されている．このように，他者の存在によって表情表出が影響を受ける現象は「聴衆効果（audience effect）」と呼ばれている．これらのフィールド研究からも，コミュニケーションにおいて表情が重要な役割を果たすことが伺える．

第4節　様々な非言語コミュニケーション

1 視線

「目は口ほどにものを言う」ということわざにもあるように，目は他者の感情を知る上で重要な手がかりとなる．目の瞳孔は，関心のある対象を見たときに拡大する．ヘスとポールト [Hess & Polt 1960] は，赤ん坊や成人のヌードを含む20枚のスライド写真を実験参加者に見せ，瞳孔の大きさを測定した．その結果，男性は女性のヌード写真を見ているときに，女性は赤ん坊や男性のヌード写真を見ているときに，瞳孔が拡大することが示された．

コミュニケーション相手に対する視線は，以下の3つの機能を持つ [Kendon 1967]．1つ目は感情や対人的態度の表出機能である．関心や好意を持っている相手に対しては，視線がよく向けられることが知られている．2つ目は，情報収集機能であり，コミュニケーション相手に視線を向けることで，相手の感情や態度を読み取ることができる．3つ目は会話の流れの調整機能であり，会話中の視線は話し手と聞き手の交代の際に重要な役割を果たす．

さらに，人の目は形態そのものが，コミュニケーションに有利にできているようである．人と霊長類の目の形態的特徴を比較したところ，人の目が最も横長であり，強膜（白目にあたる部分）が広く露出していること，人のみが白色の強膜を持つことが明らかとなっている [Kobayashi & Karashima 1997]．このような形態的特徴により，人では視線方向の変化が検出されやすくなり，意図伝達のシグナルとして用いやすくなったと考えられる．

第6章 感情とコミュニケーション

2 プロクセミックス

　プロクセミックスとは，他者と接する際の距離の取り方や，電車や教室でどこに座るかを決めるなどの，人の空間利用に関する行動のことである．空いている電車の車内では，座席の端から席が埋まっていき，その次に中央が埋まるといったように，すでに座っている人となるべく間隔を保って着席することが多い．これは自分自身のパーソナル・スペースの中に他人が侵入することを避けているためである．パーソナル・スペースとは，これ以上他人に近づいてほしくないと感じる，私たちの体を取り巻く目に見えない空間領域を指す．パーソナル・スペースは，前方に大きく後方に小さい卵形をしている．

　私たちは相手との対人関係に応じて，適切な距離でコミュニケーションをとっている．ホール［Hall 1966］は，日常生活の中で使われている対人距離を4つに分類した（図6-2）．最も短い密接距離（0〜45cm）は，お互いに触れあうことができ，夫婦や恋人のような非常に親密な間柄でのみ許される．第2の個体距離（45〜120cm）は，相手の表情が読みとれる距離であり，友人同士のコミュニケーションに利用される．第3は社会距離（120〜360cm）で，ビジネス上の集まりなど，公的な人間関係で使われる．最も遠い公衆距離（360cm以上）は，個人的な関係は成り立ちにくく，講演や講義，演説など一対大勢の場面に適している．以上のように，最適な対人距離は，相手との親密性やコミュニケーションの性質によって異なる．

3 ジェスチャー

　ジェスチャーはその機能によりいくつかに分類されるが，そのうち代表的なものとして表象（emblems）や例示（illustrators）があげられる．表象とは，言語と同じように特定の意味を持つジェスチャーである．たとえば，親指と人差し指で円を作り，その他の3本の指を軽く伸ばした「OKサイン」がこれに含ま

図6-2　対人距離の分類

（出所）Hall［1966］を基に筆者作成．

れる．このようなジェスチャーは，文化差が大きく，国によってまったく違った意味を持つ場合がある．前述した親指と人差し指で円を作るジェスチャーは，アメリカや日本では「OK」や「良い」ことを意味するが，フランスでは「価値がない」ことを意味するし，ギリシアでは「侮蔑」のサインとなる．こういった違いのために，外国人同士のコミュニケーションにおいては誤解が生じることがある．

例示は，話題にしているものを指さしたり，ものの動きを示すために手を右から左に動かしたりするといった，会話の内容や流れと密接に結びついたジェスチャーである．これは，表象とは異なり単独では特定の意味を持たないが，メッセージの内容を補足したり強調したりする役割をもつ．

第5節　感情の影響

1　感情の社会的共有

うれしいことや腹が立ったことなど感情を生じた後に，誰かに話したくなったことはないだろうか．このような感情経験を言葉を介して他者に語る行動のことを，感情の社会的共有と呼ぶ．リメイら[Rimé et al. 1998]の調査によると，感情経験の約80％が当日のうちに他者に語られる傾向がある．また，社会的共有は1回限りで終わるというより，くり返し，複数の人に対して，行われることがわかっている．日本においても余語と尾上[Yogo & Onoue 1998]が調査を行い，幸福，悲しみ，怒り，恐怖，嫌悪，愛，不安，恥，罪悪のいずれの感情経験も，高い確率で他者と共有されることが明らかとなっている．

社会的共有は他者との絆を深めるのに役立つ．ローレンソーら[Laurenceau et al. 1998]は，他者とのコミュニケーションにおいて，感情や事実，情報を話した量や，相手との親密性の記録を，2週間にわたる日記法により集めた．その結果，感情の社会的共有は事実や情報を語ることに比べて，対人関係における親密性を高めることが明らかとなっている．

一方，感情経験を話したいと思っても，他者に話すことができない場合や，話さないようにする場合もある．感情経験が他者に語られないのは，どのような理由によるのだろうか．この点について調べた山本・余語・鈴木[2004]の研究では7つの理由が見つかっている（表6-1）．「明確化の困難さ」と「意識化の回避」は自分の中で感情を処理できていないことを表している．残りの理由

表6-1 感情経験の開示を抑制する理由

1	自己保護
	例）その出来事や感情を人に話すのが恥ずかしかった
2	明確化の困難さ
	例）その出来事で生じた自分の感情をうまく言葉で言い表せなかった
3	意識化の回避
	例）その出来事や感情を忘れたかったから
4	否定的な他者反応の予防
	例）人に自慢しているように思われるのが嫌だった
5	対人関係悪化への懸念
	例）その後の人間関係への影響を心配した
6	他者への配慮
	例）その出来事や感情を話すと聞き手に不快感を与えると思った
7	話題の社会的価値の低さ
	例）自分にとっては重要な出来事であるが，人にとっては大したことでないと思った

(出所) 山本・余語・鈴木 [2004].

は，対人関係を意識した社会心理学的な理由である．リメイ [Rimé 2009] も，恥や罪悪といった感情やトラウマティックな経験は語られにくいこと，周囲の人に拒否される可能性がある場合に感情の社会的共有が妨げられることを指摘している．

2 情動伝染 (emotional contagion)

私たちは喜んでいる人を見ると自分自身も嬉しい気持ちになり，悲しんでいる人を見ると自分も沈んだ気持ちになる．このような，他者の特定の感情表出を知覚することによって，自分自身も同じ感情を経験することを情動伝染という．ハットフィールドら [Hatfield et al. 1994] によると，情動伝染の生起メカニズムには2段階のプロセスが存在する．第1段階は，互いの表情，発話，身体動作などの行動の同調や類似化である．とりわけ，他者の表情を見た人が，鏡のようにそれと同じ表情を自らの顔に表すことを表情模倣と呼ぶ．この現象について藤村ら [Fujimura et al. 2010] は，快表情または不快表情を実験参加者に呈示している際の顔面筋活動を記録し，快表情では大頬骨筋（口角を上げるときに働く筋肉）の活動が，不快表情では皺眉筋（眉をしかめるときに働く筋肉）の活動が見られたことを報告している．また，呈示された快表情の強度が強いほど，大頬骨筋の活動が強くなることも見いだしている．

第2段階は，身体的なフィードバックによる感情喚起である．この主張は「顔面フィードバック仮説」［Tomkins 1962］により説明することができる．この説によると，顔の表情が変化すると，その顔面筋の動きが大脳新皮質にフィードバックされ，その表情と結びついた感情が体験される．つまり，笑顔を作れば楽しい気持ちになり，眉をしかめれば不快な気持ちになるということである．ストラックら［Strack et al. 1988］は，実験参加者にペンをくわえさせることで，意識せずに顔面筋を動かすようにしむけ，マンガに対する面白さを評価させた．このとき，ペンを横方向に歯でくわえることで笑顔になっていた参加者は，口をすぼめてペンをくわえていた参加者よりも，マンガをより面白いと感じることが明らかとなった．情動伝染に関する以上のプロセスをまとめると，感情を表出している他者を目にすると，その他者と類似した表情や身体動作が生起し（第1段階），その動きが大脳新皮質にフィードバックされることで（第2段階），他者と同様の感情を経験するのである．

　情動伝染には個人差もあるようである．ドーティ［Doherty 1997］は，この個人差を測定するために情動伝染尺度を開発している．日本では木村ら［2007］がこの邦訳版を作成し，「愛情伝染」，「怒り伝染」，「悲しみ伝染」，「喜び伝染」の4つの要素を見いだしている．これらの情動伝染の個人差と精神的健康との関連を検討したところ，怒り伝染と悲しみ伝染は精神的健康の悪さと関連するが，喜び伝染は精神的健康の良さと関連することが明らかとなっている．したがって，情動伝染には負の側面もあるといえる．情動伝染は他者との感情の共有にとって重要なプロセスであるが，他者のネガティブ感情が伝染しやすいと，自身の精神的健康を悪化させてしまうのである．

3　気分一致効果

　気分一致効果とは，特定の気分が生じると，その気分と同じ感情価を持つ情報の記憶や判断，行動が促進されることをいう．バウワーら［Bower et al. 1981］は，催眠法によって実験参加者を幸せな気分か悲しい気分に誘導し，ある物語を読ませた．翌日，その物語の内容を想起してもらったところ，幸せな気分に誘導された参加者は物語のポジティブな内容を，悲しい気分に誘導された参加者はネガティブな内容を多く思い出した．また，気分一致効果は，社会的判断や社会的行動においても見られる．たとえば，ポジティブな気分にあるときには他者の印象を好意的に評価するが，ネガティブな気分にあるときには非好意

的に評価すること［Forgas & Bower 1987］や，ポジティブな気分を生じているときには，援助行動が生起しやすいこと［Carlson et al. 1988］が指摘されている．

　気分一致効果はどのように生じるのだろうか．その生起メカニズムに関して，シュワルツ［Schwarz 1990］は感情情報機能説を提唱している．この説によると，人は判断や行動を行う際の手がかりとして自己の気分を用いるために，実際には別の原因によって生じた気分を，異なる対象に錯誤帰属してしまうという．この点に関してシュワルツとクロア［Schwarz & Clore 1983］は，晴れの日と雨の日に人生の幸福感や満足度を尋ねる調査を行い，天気の良し悪しとそれに対する気づきが回答に影響するかを検討した．その結果，気分の原因が天気にあると気づいていない回答者では気分一致効果が認められたが，気分の原因が天気であると気づいている回答者では認められなかった．前者では，天気によって生じた気分を錯誤帰属することによって，気分一致効果が生じたと考えることができる．

　一般に，気分一致効果はネガティブな気分よりもポジティブな気分において現れやすいようである．クラークとアイセン［Clark & Isen 1982］は，このような違いが生じるのは，気分維持修復動機のためであると主張した．すなわち，ポジティブな気分のときには人はその状態を維持しようと動機づけられるが，ネガティブな気分のときにはその状態を修復しようと動機づけられるのである．この考えと符合する研究結果として，ポジティブ感情により援助行動が促進されるのは，援助することによって気分が悪化しない場合に限られることが見いだされている［Isen 1987］．

📖 読書案内

大坊郁夫［1998］『しぐさのコミュニケーション——人は親しみをどう伝えあうか（セレクション心理学14）——』サイエンス社．
濱治世・鈴木直人・濱保久［2001］『感情心理学への招待——感情・情緒へのアプローチ（新心理学ライブラリ17）——』サイエンス社．
大平英樹編［2010］『感情心理学・入門』有斐閣（有斐閣アルマ）．
渋谷昌三［1990］『人と人との快適距離——パーソナル・スペースとは何か——』日本放送出版協会．

第7章 態度変容と説得

KEY WORDS

態度　バランス理論　認知的不協和理論　心理的リアクタンス　単純接触効果　説得　スリーパー効果　精緻化見込みモデル　ヒューリスティック-システマティック・モデル　計画的行動理論

はじめに

　人がなんらかの選択や決定をしてある行動に移る際には，対象に関する知識や感情，信念，価値観など様々な心理的状態が介在する．社会心理学では，人の行動に介在するそれら様々な心理的状態のことを総称して態度と呼んでいる．この章では，態度がどのような心理的プロセスをたどってつくられ，変容していくのかについて社会心理学における態度や説得に関する代表的な理論や研究を紹介する．

第1節　態度とは

1　態度の意味

　態度（attitude），という言葉は，日常生活においても「あの人の態度に好感がもてる」，「先生や先輩に対する態度に気をつけなさい」などよく耳にする．態度の意味について，広辞苑では次のように記されている．「情況に対応して自己の感情や意志を外形に表したもの．表情，身ぶり，言葉つきなど．また事物に対する固定的な心のかまえ，考え方，行動傾向を指す」（『広辞苑』第六版, 2008年）．このような広辞苑の意味を参考にすると，態度とは，観察可能な人の行動パターンや振る舞い方のことを意味しているといえる．

　しかし心理学における態度の意味はこれらの一般的なものとは異なる．心理

学で幅広く引用されているのはオルポート［Allport 1935］による定義である．彼は態度について「関連するすべての対象や状況に対する個人の反応に対して直接的かつ力動的な影響を及ぼす，経験に基づいて組織化された，精神的および神経的状態のことである」（『心理学辞典』1999年）と定義している．このオルポートの定義を参考にすると，態度とは行動への準備状態であり，ある問題や対象に対してどのように反応しようとするのかを意味している．

社会心理学における態度の研究は，態度を対象と評価の学習された結びつきと考える強化論（Sherif & Cantril［1945］, Doob［1947］, Newcomb［1950］）や，人間の認知プロセスを重視する認知論的な立場からの研究（Krech & Crutchfield［1948］, Festinger［1957］）に見られるように，いくつかの異なる立場からの研究が展開されている．これまでの態度に関する研究では共通して，ある問題や対象に関する「良い，悪い」，「好き，嫌い」，「望ましい，望ましくない」などの一般的な評価に基づく意思決定などを含めた心理的状態が介在しており，それらを総称して態度と呼んでいる．

2 態度の成分

態度とは，対象に対する評価，感情，信念などを含んだ心理学的な概念である．カッツとストットランド［Katz & Stotland 1959］は，態度は「認知的側面」，「評価的側面」，「行動的側面」の三要素によって構成されている（図7-1）と指摘している．

認知的側面とは，対象がどのような性質や特徴をもっているのかに関する自

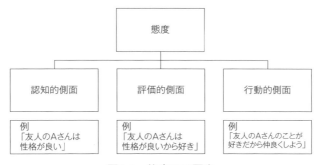

図7-1　態度の三要素

（出所）Katz & Stotland［1957］を基に筆者作成．

分の知識や信念である．たとえば「友人のAさんは性格がよい」などである．評価的側面とは，それぞれの対象のもつ性質や特徴についての好き嫌いという感情である．たとえば「友人のAさんは性格が良いから好き」などである．行動的側面とは，対象に対して接近するか回避するといった行動の意図である．たとえば「友人のAさんのことが好きだから仲良くしよう」などである．

そして友人のAさんのことが好きであれば，良い評価をし，接近しようとする行動をとるなど，これら3要素はどれか1つを変化させると他の要素もそれに伴って変化するため，相互に密接に関係性が保たれている．

3　態度の機能

態度がどのような働きをもっているかについて，カッツ［Katz 1960］は（1）知識機能，（2）功利的機能，（3）自我防衛機能，（4）価値表出機能を指摘している．

知識機能とは，個人が身の回りの環境を理解し，瞬時に効果的な対処を可能にするために判断の枠組みを与えてくれる機能のことである．たとえばある商品を買うかどうかの選択において，その商品に関する性質や特徴などの知識をもっているからこそ，瞬時に効果的に判断することができ，行動することが可能になる．

功利的機能とは，自分の置かれた環境や状況に対して適応しようとする機能のことである．たとえば集団のなかでは，自分の意見を抑えて同調行動をとるなど，人は置かれた環境や状況に適応するために快や報酬を優先しようとしたり，苦痛や罰を回避しようとする．

自我防衛機能とは，内的な葛藤と外的な危険から，自我を守ろうとする機能のことである．たとえば好きな人に告白をして失敗したとき，その失敗の原因が自分にあると考えると自我の脅威（自己嫌悪に陥る）となるので，相手の見る目がなかったからだと相手に原因を転嫁することで，自分を守ろうとするなどである．

価値表出機能とは，周囲に対して自身の信念や価値観を表明しようとする機能のことである．たとえば環境問題について関心が高い人はゴミの分別促進を強く主張することで，周囲に対して自分の信念や価値観を理解してもらえるだけでなく，自分の信念や価値観を再確認したり，「自らの信念を追求している自分は素晴らしい」など自尊感情（第1章第5節［1］参照）を高めることができ

る.

　以上のような態度の4つの機能を考慮すると，同じ態度であってもその意味することは，その人がどの機能を重視するのかによって異なることが理解できる.

第2節　態度形成

1　バランス理論

　それでは態度はどのように形成されるのだろうか．人が対象について態度を形成するプロセスを説明する理論として認知的斉合性理論［工藤 2010］がある．認知的斉合性理論とは，人は認知の一貫性を保とうとすることを前提として，人々の社会的行動を説明しようとする理論である．認知的斉合性理論の代表的な理論として，バランス理論と認知的不協和理論がある（第3章第1節[1]参照）.

　バランス理論とは，ハイダー［Heider 1958］によって提唱された態度理論で，均衡理論，P-O-X理論とも呼ばれる．この理論は自分（P）と他者（O）などの二者関係や，自分（P）と他者（O）と事物や対象（X）といった三者関係を人がどのように認知するかを扱うものである．人は自分を含む様々な対人関係においてバランスを求める欲求や傾向があり，バランスが崩れた不均衡状態が生じてしまうとなんとかして均衡状態へ戻そうと動機づけられるという．これを自分（P）と友人（O）と映画A（X）の関係の例で説明すると，たとえば休日に友人と映画を見に行くことになったとしよう．そこであなたと友人の両方が映画Aのことが好きだった場合（図7-2(a)），あなたと友人，映画Aとの各々の関係つまり（P−O），（P−X），（O−X）はすべてポジティブな状態（＋の状態）となり，この場合，3つの関係の各々の符号（＋），（＋），（＋）の積は＋になるのでバランスのとれている均衡状態となる.

　しかしながらあなたは映画Aのことが大好き（＋）だが友人は映画Aのことが大嫌い（−）だった場合ならどうだろうか（図7-2(b)）．あなたが友人に映画Aの面白さをどれだけ説明しても，友人は映画Aを観ることに強く反対するであろう．この場合それぞれの関係は，あなたと友人はネガティブな状態（−の状態），あなたと映画Aはポジティブな状態（＋の状態），友人と映画Aはネガティブな状態（−の状態）となり，3つの関係の符号の積は−になるので，不

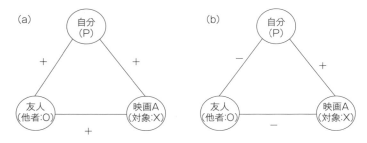

図7-2 バランス理論による態度形成の説明

快でバランスがとれない不均衡な状態になる．したがってこのような場合は，このバランスの崩れた状態をなんとかしてバランスのとれる状態にしようと，あなたが映画Aを見るのを諦めて別の映画を観に行くとか，その日は映画を観るのをやめるなど態度や行動を変化させようという作用が働くことになる．

バランス理論の特徴は，態度形成において自分と対象の関係だけでなく，他者の存在も影響を及ぼすことを示している点である．すなわち人は態度の形成において対象だけでなく，他者との関係についても意識，考慮しながら態度を形成しているのである．

2 認知的不協和理論

認知的不協和理論とは，フェスティンガー［Festinger 1957］によって提唱された理論である．彼は日常に起こる様々な出来事に対して，それらの間に生じる矛盾や対立する認知要素（事実や知識，行動など）を不協和と呼び，このような不協和は不快な緊張状態をもたらすため，これらの要素の一方を変化させたり，新しい要素を加えたりして不協和を低減しようとすると主張した．

たとえば，タバコの問題を考えてみよう．喫煙者がタバコと肺がんのリスクに関する記事を読んだとする．喫煙者が「タバコは体に悪い」という認知と，「タバコを辞めることができない」という認知は不快な緊張状態を喚起させ，互いに不協和な関係にある．このとき喫煙者にとっては，タバコをやめるべきかどうかという選択にさらされることになる．このような場合，「喫煙者でも肺がんにならない人もたくさんいる（新しい認知要素の付加）」，「現代は医学も日々進歩しているから肺がんになっても治療すれば大丈夫（不一致の重要性を低める）」など自分にとって都合のよいように情報を解釈することで，自分のな

かで起こる不協和を解消しようとする．

> ### ❖ TOPICS 13　自分の選択は正しかったと思う心理
>
> 　認知的不協和理論は消費者の心理や行動にも広く適用できる．エールリッヒら [Ehrlich, Guttman, Schonbach & Mills 1957] の研究では，最近新しく車を購入した人たちと3年以上前の古い型の車に乗っている人たちのそれぞれに対して，最近どんな車の広告を読んだのかを調べている．その結果，新しく車を買った人たちの特徴として，自分が買った車の広告を多く読む，なかでも自分が買った車の長所が掲載されている広告を多く読む傾向があることが見出された．
> 　エールリッヒは，この問題を認知的不協和理論から分析している．多くの人にとって新しく車を購入することはかなりの経済的負担を伴うため，購入を決断することは大きな意思決定が必要になってくる．同時にこのように重大な意思決定をした後には，自分の選択は正しかったのか（この車を選んでよかったのか），もしかすると自分の選択は間違ってしまったのか（他の車を選んだ方がよかったのではないか）という不協和が生じることが多い．しかしながらたとえ不協和が生じてもすぐに別の車に買い替えることはできないことから，新しく車を買った人はその不協和を解消するために，自分の買った車の長所だけが掲載されている広告を繰り返し見ることで，自分の選択は正しかったという確信を強めて不協和を解消しようとするのである．
> 　これは車の広告に限ったことではなく，重大な決定であるほど，選択肢の相対的魅力が拮抗しているほど不協和が大きくなることを意味している．つまり人は自分で選択して購入したものについて，その選択は正しかったと自分に言いきかせるために，購入した製品の良いところばかりに目がいきやすくなったり，他の製品と比較して自分の購入した製品は優れていると思い込みたくなるのである．

3　心理的反発のメカニズム

　認知的不協和が起こる背景について考えてみると，喫煙者に禁煙を説得する場合でも本人がタバコをやめようと思っていても他者から「タバコをやめなさい」と強引に説得されると，かえって喫煙者の強い反発を招くことも多い．
　このように相手を高圧的に説得しようとすると，かえって相手からの反発を引き起こしてしまうことはブーメラン効果と呼ばれている．これは禁煙の例に

限らず，たとえば子どもに「すぐに宿題をしなさい．文句を言わず言う通りにしなさい」と有無をいわせず強制しようとすると，子どもはかえって反発をし，ますます抵抗しようとする場合も同じである．他者から何か強要されると，どうして反発が強くなるのかについては，自分の行動を自分でコントロールしているよりも他者によってコントロールされているという感覚が強くなることから，それが反発という反応や行動につながるためである．

　ブレームとブレーム［Brehm & Brehm 1981］はこのような反発のメカニズムを，心理的リアクタンス理論で説明している．彼らは，人は「自由に行動できる」ことを信じており，自分の自由を制限するような脅威（妨害や説得）に直面するとその自由を取り戻そうとする動機が生じると考え，それを心理的リアクタンス（心理的反発）と呼んでいる．心理的リアクタンスは，自分にとって制限される自由が重要であるほど，またその量が大きくなるほど，より強くなる．つまり心理的リアクタンスが強くなると自分の自由を回復しようとして，他者からの説得や強制に対して，抵抗したり，攻撃したりする行動が多くなるのである．

4　接種理論

　確固とした態度はどのようにしてつくられるのだろうか．マクガイアー［McGuire 1964］はこれを実験で確かめている．一般にあることがらについて弱いメッセージを受けとった後に，さらに強い説得を受けた場合，繰り返し説得されることでより説得効果は強くなると考えられる．しかし彼の実験では，最初の弱い説得が予防接種のように免疫をつけるための，強い説得に対する十分な抵抗力が形成されることで，ほとんど説得の影響を受けなくなることを見出している．このような現象は接種効果と呼ばれている．つまり人は「次に強い説得がくるぞ」という予告にさらされると，メッセージの内容が正しいかどうかを十分に吟味し，ときには反論に備えた準備をするなど，積極的な自衛反応を見せるのである．

第3節　説得とは

1　説得の意味

　それでは態度はどのようにして変化するのだろうか．社会心理学では人々の

態度を変容させようとする試みの1つに説得 (persuasion) がある．広辞苑によると，説得とは「よく話して納得させること」(『広辞苑』第六版，2008年) と記されている．

心理学における説得の意味について，今井 [2006] は「説得とは，受け手の抵抗や反対が予測される問題 (テーマ) について，主として言語的メッセージを受け手に対して意図的に効果的に提示し，受け手の自由意志を尊重しながら，その問題 (テーマ) に対する受け手の態度と行動を送り手の望む方向に変えようとする社会的影響の一種である」と定義されている．

また『説得心理学ハンドブック』[深田 2002] では，説得の特徴について次のような6項目があげられている．(a) 説得はコミュニケーションである．(b) 説得は主として言語によって行われる．(c) 説得は社会的影響行為あるいは社会的影響過程である．(d) 説得の目的は受け手の態度と行動を変化させることにある．(e) 説得は送り手が意図的に行う行為である．(f) 説得は非強制的な行為である．このような説得に関する定義や特徴を参考にすると，説得とは，ある問題 (テーマ) に対して，送り手の望むように受け手の態度や行動を変えるために，主に言語的なコミュニケーションを通して，意図的，非強制的に受け手に働きかける社会的行為を意味していると考えられる．

2 説得の送り手の要因とスリーパー効果

説得という行為には送り手，メッセージの内容 (論拠：受け手の理解を促す情報や根拠)，受け手などの要素が関係してくるが，特に信憑性，つまり送り手が受け手にどの程度信用されているのかが重要になってくる．信憑性は専門性 (送り手が専門的知識を持っているか) と信頼性 (送り手が誠実に情報を伝えているか) の2つの要素からなる．

たとえば「おすすめの映画」についての説得をするとき，映画評論家の肩書きをもつ送り手とスポーツ評論家の肩書きをもつ送り手とでは，受け手に対してどちらの意見がより説得力をもつだろうか．おすすめの映画の説得であれば専門性の高い映画評論家の方が説得力に勝ることは容易に想像がつく．また送り手の信頼性については，よく「○○さんのすすめる商品だから信用できる」ということがある．これは送り手の意図が正当であると信頼されているからである．すなわち説得は，送り手の専門性や信頼性が受け手の応諾に大きく影響することを意味する．

しかしながら送り手の説得力の効果について，ホブランドとウェイスの実験 [Hovland & Weiss 1951] では興味深い結果が示されている．ホブランドらは信憑性の高い送り手と低い送り手のそれぞれの説得の効果についての実験を行った結果，信憑性の高い送り手の方が低い送り手よりも，実験直後の説得効果が大きいことが確認された．ところが4週間後に再度，同じ被験者に同じテーマについて意見を尋ねたところ，前者の説得効果は低下していたのに対して，後者の説得効果は高まっていた．

このように時間の経過とともに，信憑性の低い送り手の説得効果が高まっていく現象はスリーパー効果と呼ばれている．ホブランドらはスリーパー効果の起こる理由として，人はメッセージの内容は覚えていても誰からの情報だったのかという情報源を忘れやすくなるため，メッセージ自体の影響を受けやすくなるからであるとしている．このスリーパー効果に基づけば，テレビのCMなどのようにある程度短く限られた時間のなかで受け手を説得させる場合には，専門家などの説得が大きな効果を示すと考えられるが，時間的に余裕がある場合では，専門家でなくても受け手に説得の効果が起こりうるといえる．なお説得の送り手の好感度が高いと同じ効果が認められるが，これは説得のテーマに対する受け手の関心度が低い場合などに限定されるという指摘もある［O'Keefe 1990］．

3 説得におけるメッセージ提示の効果

説得の効果は，メッセージの提示の仕方によっても違ってくる．たとえば会社内での喫煙禁止についての提示を例にあげると「喫煙は発ガン性が強く危険なので，社内では禁止にするべきだ」というように禁止のメッセージだけをストレートに主張する場合と，「喫煙は確かにストレスの解消に役立つが，しかし発ガン性が強く危険なので社内では禁止にするべきだ」というように反対意見（リラックスできる，ストレスを解消できるなど）を組み込んで説明する場合などである．社会心理学では前者のように主張する内容のみのメッセージを一面提示，これに対して後者のように反対意見も組み込むメッセージのことを両面提示（二面提示）と呼んでいる．

このような一面提示と両面提示では，どちらの提示をする方が，受け手に対する説得効果が強くなるのかについて，オキーフとフィゲ［O'Keefe & Figge 1999］ではメタ分析（複数の研究結果を統合し，精度の高い分析をする統計手法）を用

いて両者の効果の比較検討をしている．その結果によると，両面提示の方が一面提示よりも送り手に対する説得効果が大きいことが示されている．彼らはその理由として，両面提示の場合，対象に対する良い面と悪い面の両方の情報が提示されていることから，受け手にとって送り手が中立（公正）な立場をとろうとしていることが明確になる点を指摘している．また受け手からするとその判断の際にも反対意見の内容がどうして望ましくないのかの理由についても理解しやすいことなども説得効果を高める要因として考えられている．ただし，常に両面提示の方が一面提示より説得効果が高いとはいえず，一般的には，① 受け手の元の立場が説得方向と反対である，② 主張に不利な情報があることを受け手が知っている，③ 受け手の教育水準が高いときには両面提示が効果的であることが確認されている．

> ### ❖ TOPICS 14　恐怖感情と説得効果
>
> 　病気の予防や交通事故の防止などでは，よくメッセージの受け手に恐怖感情を喚起させることで説得を試みる方法がとられる．たとえば喫煙者の真っ黒な肺のレントゲン写真を見せたり，スピードの出し過ぎによる悲惨な交通事故の現場写真を見せることなどである．それでは恐怖感情を喚起させることは説得効果を高めるのだろうか．
>
> 　これまでの研究を概観すると，受け手に対して恐怖感情を喚起させるほど説得の効果も大きいことや［深田 2002］，受け手が問題解決の手段を理解できていれば，強い恐怖を喚起する方法は効果的である［Cho & Witte 2004］など，説得メッセージの受け手に対して，恐怖感情を喚起させることは説得効果を高めることを支持する結果が示されている．
>
> 　しかし，常に恐怖感情を喚起させるメッセージを伝える方が良いとはいえず，恐怖が強すぎると受け手は説得を回避し，効果が低下してしまうことも報告されている．これらの結果を整理して，パーロフ［Perloff 2003］は，送り手は受け手に対して恐怖感情を喚起させるだけでなく，① その問題の対処法も提示すること，② その対処法をとることによるベネフィットと対処法をとらなかった場合のコストについて提示すること，③ 受け手の欲求，価値観を考慮することなども必要であると指摘している．つまり説得を受け入れなかったときに予想される危険性や恐怖感情に訴えるだけでなく，その対処法やメリット・デメリットについて

も伝えることや，受け手の意見や感情を考慮することも重要であることがわかる．

第4節　説得のプロセス

1 精緻化見込みモデル

　人は説得によって，どのように態度を変えるのだろうか．ここでは説得のプロセスに関する代表的なモデルとして，精緻化見込みモデル（ELM：Elaboration Likelihood Model）とヒューリスティック-システマティック・モデル（HSM：Heuristics versus systematic information processes）を紹介する．

　精緻化見込みモデルとは，ペティとカシオッポ［Petty & Cacioppo 1986］によって提唱されたモデルであり，彼らは人の態度変容の過程は対象について詳細に検討しよう（精緻化）とする動機づけの程度と認知的能力の有無が影響すると考えている．ここでの動機づけの程度とは，説得メッセージの内容（たとえば勉強，仕事，健康など）にどの程度関心があり，考えようとする意欲があるかを意味している．これに対して認知的能力とは，その人に説得メッセージを処理する能力があるか（たとえば知識，情報処理能力など）を意味している（図7-3）．

　説得メッセージについて，動機づけや認知的能力が高い場合は，中心ルートによる態度変化が起こる．この中心ルートに入った場合は，説得メッセージの内容についての理解，検討，意思決定（賛成，反対）などが行われる．同時にここでは説得的メッセージの内容について精査，吟味され，その過程で，どのような認知的反応（好意的か非好意的な考え）がどの程度，生じるかによって態度変容の方向が決まる．

　これに対して説得メッセージについて，関心度が低く，また動機づけも低く，考える能力に乏しい場合は，周辺ルートによる態度変化が生じる．この周辺ルートでは，説得メッセージの内容について注意が払われず，周辺的手がかり（送り手の専門性や好感度など）に基づいて短絡的に判断される．つまり説得メッセージの内容よりもメッセージの送り手が自分にとって魅力があるか，専門的な知識をもっているかなどによって態度変容が起こるのである．

　中心ルートと周辺ルートの違いによる態度変容の特徴について整理すると，中心ルートを経た態度は，メッセージの内容について精査，吟味された上での判断であることから，強固であり，持続性も強く，行動の予測力も高い．これ

第7章 態度変容と説得　105

に対して周辺ルートを経た態度は，メッセージの内容よりも付随する手がかりを基に判断することから，軟弱であり，持続性も弱く，行動の予測力も低い．したがってこのペティらのモデルでは，人の態度や行動を持続的に変化させる

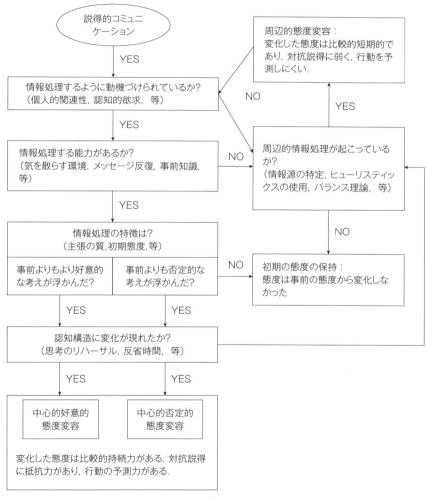

図7-3　精緻化見込みモデル

(出所) 田中 [2008].

には，説得メッセージの受け手が中心ルートで処理できるような説得の仕方が効果的であると考えている．

2 ヒューリスティック-システマティック・モデル

ヒューリスティック-システマティック・モデルとは，チェイキンら [Chaikin, Liberman & Eagly 1989] によって提唱されたモデルである．彼らはこのモデルにおいて，人はそもそも正しい判断をしたいと動機づけられていることを前提としていて，説得メッセージの送り手は受け手が正しい判断ができるような支援をすることが重要だと考えている．そして，正しい判断を支援する際のプロセスとして，ヒューリスティック処理とシスティマティック処理をあげている．

ヒューリスティック処理とは，精緻化見込みモデルの周辺ルートに対応しており，限定された情報処理プロセスのことである．ここでのヒューリスティックとは簡便な判断方法のことを意味している（第2章第1節[2]参照）．日常生活では，ある問題（テーマ）について自分できちんと調べてその判断を下すよりも「みんなが言うから正しい」，「専門家が言うから正しい」，「インターネットに載っているから正しい」など，簡便な判断方法を用いることも多い．人は概して「認知的倹約家（できる限り少ない時間と労力で情報を処理したがること（第4章第1節[2]参照））」と言われたりもするが，ヒューリスティックを用いることで判断を下す際の労力や時間を節約することができる．したがって自分にとってそれほど重要でないテーマであったり，またそこでの判断が自分にとって大きな損失を被る可能性の低い場合には，ヒューリスティック的な判断を用いることは効果的である．

これに対してシスティマティック処理とは，判断を下すために豊富な情報を集めて精査，検討するような包括的で分析的な情報処理プロセスのことである．この処理は，主にヒューリスティックによる簡便な判断方法では判断の自信がもてない場合や，判断の際にもっと掘り下げた検討をしたいという場合に用いられる．またこの処理を選択する，しないについては，「正確な判断をしたい」，「納得のいく答えが欲しい」，「ある目標を達成したい」など，動機づけによるところが大きいと考えられている．そして，このように動機づけの高さによって精査，検討が促進されるという点を踏まえると，システィマティック処理は先述したペティらの中心ルートと非常に近い概念であるといえる．

説得メッセージ
論拠の質, 数.
与え手に関する情報（信憑性, 魅力性）.
提示回数, 与え手の人数など.

受け手は, 説得メッセージを処理しようと動機づけられているか？
自我関与度, 個人的責任度, 認知欲求度が高いほど動機づけは高くなる.

受け手に説得メッセージを処理する能力はあるか？
メッセージを理解する際に妨害要因がない, メッセージが繰り返し提示される, 事前知識がある, メッセージ内容が容易であると処理能力は高くなる.

はい　　　　　　　　　　　　　　　いいえ

システマティック処理
受け手は説得メッセージの妥当性（正しさ）を評定するため, 説得メッセージの内容をよく吟味, 検討して自分の判断を下す.

ヒューリスティック処理
ヒューリスティック（簡便な判断方法）に基づいて説得メッセージの妥当性を判断する.
（例）
専門家の言うことならば正しい.
多くの人が賛成しているならば正しい.

説得メッセージに対する受け手の動機づけや能力が高いほど, ヒューリスティック処理よりもシステマティック処理が生じやすくなるが, 双方の情報処理は同時に生じうると想定されている. また, システマティック処理がヒューリスティック処理の影響を受けるというように, 両者が相互に影響を及ぼすこともある.

図7-4　ヒューリスティック・システマティック・モデル
（出所）今井［2006］.

　以上のようなヒューリスティック処理とシスティマティック処理の違いによる態度変容の特徴について整理すると, ヒューリスティック処理に基づいた判断は, 簡便な判断方法であることから, 間違った判断を下すリスクも高くなっ

たり，判断に対する自信も不安定（反論されると態度を変えやすい）になりやすかったり，態度と行動の一致が見られにくい．これに対してシスティマティック処理に基づいた判断は，間違った判断を下すリスクも低くなり，判断に対する自信も安定しやすく（反論されても態度を変えにくい），態度と行動の一致が見られやすい．しかしシスティマティック処理においては，判断を下すまでの労力や時間を要したり，動機づけに左右されやすくなったり，能力や知識のある，なしに左右されやすくなる．

このチェイキンらのモデルでは，説得メッセージの内容が受け手にとって，関心の高いテーマである場合は，システィマティック処理をとる傾向が見られやすく，逆に関心の低いテーマである場合は，ヒューリスティック処理をとる傾向が見られやすいことが指摘されているなど，受け手の態度や行動を変化させるには，説得メッセージの内容が大きな影響を及ぼすことを示している．なおこのヒューリスティック－システマティック・モデルと精緻化見込みモデルは非常に類似しているが，精緻化見込みモデルでは中心ルートと周辺ルートを互いに排他的であると考えているが，ヒューリスティック－システマティック・モデルは2つのプロセスが同時に並行して生起することもあると考える点に違いがある．

3 計画的行動理論

態度は行動を予測するものと考えられているが，これまでの研究では態度と行動は必ずしも一貫せず，両者の間にいくつかの要因が存在することが明らかとなってきた．態度は意図に影響を及ぼす要因の1つであり，規範や他者からの期待など他の要因も含めて検討しようとするモデルとして，アイセン[Ajzen 1991]による計画的行動理論（Theory of Planned Behavior）がある．彼は人の行動意図を規定する要因として「態度」，「主観的規範」，「コントロール感」の3つをあげている．このモデルでは態度が直接，行動を予測するのではなく，意図を通じて行動を導くことを仮定している．

態度とは，ある行動をとる際の結果に対する予期（見込みと価値）であり，その行動に対してどの程度ポジティブ，またはネガティブな態度をもっているのかということである．つまりポジティブな態度をもっているほど，その行動をとる確率も高くなると考えられる．主観的規範とは，その人にとっての重要な他者（家族，恋人，友人など）がその行動をとることをどの程度その人に期待し

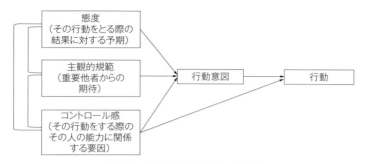

図7-5 計画的行動理論の概要
(出所) Ajzen [1991] を基に筆者作成.

ているかということである．つまり他者からの期待が大きいと認識しているほど，その行動をとる確率も高くなると考えられる．コントロール感とは，その行動をする際のその人の能力に関係する要因である．つまりその行動をとるにあたって，たとえば時間的余裕，経済的余裕，知識，技術などの能力を身につけているほど，その行動をコントロールできる確率も高くなると考えられる．

　このような計画的行動理論は，健康関連の行動（禁煙，運動，ダイエット，健康診断の受診など），社会的ジレンマ状況での協力行動，消費者行動など，様々な行動においてモデルの妥当性が検討されている．

📖 **読書案内**

池田謙一・唐沢穣・工藤恵理子・村本由紀子 [2010]『社会心理学』有斐閣．

今井芳昭 [2006]『依頼と説得の心理学——人は他者にどう影響を与えるか——』サイエンス社．

第8章 個人と集団

KEY WORDS

社会的促進　社会的ジレンマ　リンゲルマン効果　社会的手抜き　集団凝集性　リーダーシップ　コミュニケーション構造　集団極性化　集団浅慮　ブレーン・ストーミング　集団規範　同調　マイノリティ・インフルエンス

はじめに

　人は，家族という集団からはじまり，学校に通いはじめると学級・クラスという集団，友人という集団，大人になると職場など，様々な集団の一員として活動したりする．人が他者との関わりを持たずに生活することや，まったく集団に所属せずに生活をしていくことは考えられない．人は，集団に所属することで，1人ではできないことが可能になったり，安心感を得たりすることができる．しかし，その一方で，集団のルールに縛られて窮屈な思いをしたり，集団での活動がうまくいかずにストレスを感じてしまうこともある．さらに，集団であるがために過ちを犯してしまうこともある．集団は，その中にいる個人の心理状態や行動に様々な影響を与えるのである．本章では，個人が他者と一緒にいる，集団に所属して活動することに関わる問題について紹介する．

第1節　他者が存在することの影響

1　社会的促進と社会的抑制

　同じ活動でも1人で活動をするときと，誰かと一緒に活動をするときで，人のパフォーマンス（成績）に違いはあるのだろうか．人は何か活動をするときに，誰かがそばにいることや一緒に活動をすることによって，良い影響または

悪い影響を受け，パフォーマンスに差が生じることが知られている．

　トリプレット［Triplett 1898］は，競輪選手の走行記録から，1人で走る場合よりも誰かとともに走っている場合のほうの記録が良いことに気がつき，他者がいるときにパフォーマンスが高まったのだと考えた．彼はこの仮説を確かめるために，子どもたちに釣り糸を巻くリールを用いたリール巻き課題を実施した．結果として，1人でリール巻き課題を行うときよりも2人で一緒に課題を行った方が，リールを巻きとるのが速いことが明らかになったのである．このように，作業時に他者が存在することで個人のパフォーマンスが高まる現象は社会的促進（social facilitation）と呼ばれる．一方，他者が存在することによって個人のパフォーマンスが低下してしまう現象は社会的抑制（social inhibition）と呼ばれる．

　では，どのような場合に他者の存在が個人のパフォーマンスに促進をもたらし，抑制してしまうのだろうか．オルポート［Allport 1920］が行った実験によると，1つの単語から単語を連想していくような難易度の低い課題では1人よりも他者とともに作業を行った方がパフォーマンスが高まったが（社会的促進），哲学者の議論に対する反論を求めるような難易度の高い課題では議論の質が低下（社会的抑制）することを示した．

　また，ザイアンス［Zajonc 1965］は，学習の動因理論から，促進または抑制となる場合について説明している．動因理論によると，他者の存在が行為者の動因水準（心理的緊張）を上昇させ，それにより優勢反応が強化される．つまり，行為者にとって慣れた（習熟した）課題を行っているときは，他者の存在が正反応を強化するためパフォーマンスを促進する．一方で，慣れていない（習熟していない）課題をしているときは他者の存在が誤反応を強化するため，パフォーマンスを抑制させることになる．この動因理論を検証したマイケルズら［Michaels et al. 1982］の研究では，ビリヤード場で上手なプレイヤーの台と下手なプレイヤーのいる台それぞれで，観られているのがわかるように4人のサクラを配置した．実験の結果，観察者がいるときに上手なプレイヤーのショットを決める確率は71％から80％に上がり，下手なプレイヤーのショットを決める確率は36％から25％に下がったのである．

　なお，ここまで説明してきたとおり，促進・抑制現象は，他者が一緒に課題をせずとも，ただ単に傍らに他者が存在するだけでも生起する観衆効果（audience effect）が知られており，他者が同じ作業を行う場合の共行為効果（coaction effect) と同様の結果をもたらすことが明らかになっている.

❖ TOPICS 15　集団間代理報復における内集団観衆効果

　一方の集団の成員が他方の集団の人に危害を加えたとき，被害者と同集団の成員が，加害者と同集団の成員に対して，直接は無関係であるにもかかわらず報復行動を行うことがある．このような現象は，戦争，民族紛争，宗教間の対立をはじめとする集団間の紛争で生じるものであり，集団間代理報復（intergroup vicarious retribution）と呼ばれる（図8-1）．

　縄田・山口［2011］は，自らのふるまいを内集団成員から見られることが，代理報復へと及ぼす影響を小集団実験で検討した．この実験では，連続で実施する一対一の対戦ゲーム状況での勝者から敗者へ与える罰金によって，攻撃行動の操作と測定が行われた．実験の結果，自らの与えた罰金額が内集団成員へと伝わる条件では，伝わらない条件よりも，外集団成員へ与える罰金額が高くなった．さらに，内集団成員が外集団成員から危害を受けたと分かる危害明示条件のみで，内集団の観衆がいることによって内集団からの賞賛期待が高まり，報復動機づけが高まる結果，外集団へ与える罰金額が高くなるという影響過程が示された．つまり，内集団成員から代理報復を見られているときには，自らが賞賛されると期待するため，より強い代理報復がなされたのである．この研究から，内集団成員から見られるという集団内過程によって，集団間紛争が激化していく可能性が示唆されている．

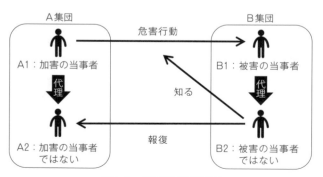

図8-1　集団間代理報復

（出所）縄田・山口［2011］．

このような代理報復は，やられたらまた誰かがやり返すという報復の連鎖が起こっていくため，集団間の紛争が激化してしまう．また，集団に属していることによって個人の攻撃行動が促進されることを示唆する現象ともいえる．

2　リンゲルマン効果と社会的手抜き

前項で述べた社会的促進・抑制は，個人のパフォーマンスについての議論であったが，集団全体で課題に取り組む場合はどうなのであろうか．

人は，集団で課題を行う際に，大勢のメンバーが課題に取り組んでいるため，自分1人くらい手を抜いても構わないと考え努力をしなくなることがある．たとえば，自分の班が掃除当番なのにも関わらず掃除をさぼる人を見たことはないだろうか．このようなことが意識的なのか無意識的なのかに関わらず努力量が低下することを社会的手抜きという［Williams & Karau 1991］．

リンゲルマン［Ringelmann 1913］は綱引きの実験を実施し，綱を2人で引くときは1人で引くときの約93％，3人のときは約85％，8人では49％しか力を出さなくなる，つまり人数が増えるほど，1人あたりに発揮される力が減少してしまうことを明らかにした．このような現象はリンゲルマン効果と呼ばれている．また，ラタネら［Latane et al. 1979］は，実験参加者に出来るだけ大きな声を出させる実験を実施し，1人あたりの声の大きさは1人のときよりも複数で大声を出せた場合に減少することを示した．社会的手抜きが起こる理由には，集団になると個人の努力量が評価されにくくなること，失敗しても自分だけが責任を問われずにすむこと，最少の努力量で成果の恩恵を受けようとすること（フリーライダー：ただ乗り効果）などがあげられる．

ただし，その集団で行う課題の成果が自分にとって重要であり，集団に所属する他者が信頼できないとき，人はその他者の不足分を補うように，かえって努力量を増大させる社会的補償が起こることも指摘されている［Williams & Karau 1991］．

3　社会的ジレンマ

個人が掃除をさぼったために集団の掃除の労力が増える，個人が迷惑駐輪をしていくために通行ができなくなってしまう，処分代をうかせるために個人が山に不法投棄をして山が汚染されてしまう，快適性を求めて夏場に個人が冷房

を使いすぎて電力不足となってしまうなど，個人が利益や利便性を追求した結果として社会全体の利益や資源が損なわれることがある．例にあげたような社会全体の不利益は，個人個人が自分だけの利益を追求せず，協力していけば起こることのない事態である．このように，個人の利益と集団・社会全体の利益が競合・対立状態にあることを社会的ジレンマ（social dilemma）といい，その基本的なメカニズムは，「囚人のジレンマ」ゲーム（図8-2）で説明されている．

社会的ジレンマの構造は以下の3点である [Dawes 1975]．

① 個人には，社会利益を重視した「協力」行動か，自己利益を重視した「非協力」を選ぶことができる．
② 個人にとっては，「協力」行動を選択するよりも，「非協力」を選択したほうの利益が高くなる．
③ 全員が「非協力」行動を選択した場合の結果は，全員が「協力」行動を選択した場合よりも悪い結果になる．

社会的ジレンマとして有名なものとして，ハーディン [Hardin 1968] の共有地の悲劇（The tragedy of the commons）がある．中世ヨーロッパでは，村には共同で利用する牧草地があり，誰でも自由に自分の家畜を飼うことができた．この家畜の放牧で個人が利益をあげる方法は，家畜の数を増やすことである．そこで，誰もが自分の利益を求めて，同じように自分の家畜の数を増やし続けると，やがて村全体の家畜の食べる牧草の総量が，自然が補給する牧草の量を越えることになる．その結果，誰もが自分の家畜を失うという，悲劇的な結末を

		囚人A	
		黙秘（協力）	自白（非協力）
囚人B	黙秘（協力）	A・Bともに懲役2年	Aは懲役1年Bは懲役15年
	自白（非協力）	Aは懲役15年Bは懲役1年	A・Bともに懲役10年

共犯者である2人の囚人AとBが，別々に取り調べられる．もし，一方だけが自白すると，自白した方は懲役1年に減刑され，自白しなかった方は懲役15年の刑を受ける．ともに自白すれば2人とも懲役10年の刑となる．2人とも黙秘すれば，ともに懲役2年ですむ．

どちらも黙秘（協力）をすればどちらの刑期も短くなるのだが，2人とも自白（非協力）してしまう．

図8-2　囚人のジレンマゲームの例

（出所）山岸 [1990]．

迎えることになる．

　冒頭に例として述べたとおり，社会的ジレンマは集団や地域社会の問題，そして地球規模の様々な問題の核心となるメカニズムである．

第2節　集団をまとめる力

1　集団凝集性

　集団によっては非常にまとまりのある団結の強い集団もあれば，そうでない集団もあるだろう．まとまりの良い集団は，メンバー同士のコミュニケーションが活発であるとともに課題の遂行もスムーズにいく．また，何か問題が生じてもお互いが強く結びついていることで，集団から離脱することなく，その問題を解決しようともするだろう．このような集団のまとまりのことを集団凝集性といい，フェスティンガーら［Festinger et al. 1950］によって「集団成員に集団にとどまるように作用する心理学的な力の総量」と定義されている．

　集団凝集性は，メンバーが集団に対して感じる魅力の程度であるとも考えることができる．集団凝集性を高める要因としては，以下の3つが代表的なものとしてあげられる．まず1つ目は，集団目標の明瞭度である．メンバーの間で1つの具体的な目標を共有することができれば，比較的容易に集団としてまとまることができる．大学のスポーツサークルを例にあげると，全国大会出場という目標を設定することで，集団はまとまるのである．しかし，特に大学のサークルでは，競技思考の人と，純粋にそのスポーツを楽しみたいだけというメンバーが共存することが多い．このような場合，純粋にそのスポーツを楽しみたいだけというメンバーの排除や離脱に繋がらないように注意する必要がある．

　2つ目は，集団加入の困難度による効果である．一般に，集団に成員として所属するのが困難なほどその集団に所属する魅力が高くなる．たとえば，ある集団に加入するにあたっていくつもの入団テストや，難しい試験や面接，手続きを経なければならない場合などには，そのために必要となった練習や勉強の労力や心理的な負担に見合っただけの利益がその集団に所属することで得られるであろうと期待する．実際にはそのような利益が得られていなかったとしても，それでも集団に所属する価値があるのだと考えることで，納得しようとする（認知的不協和の解消；第7章第2節［2］参照）．

3つ目は，集団間の競争状況であり，集団が他の集団と競争・葛藤状況にあると凝集性は高まる．部活でのライバル校との試合や企業が競合関係にある他社と同じような商品を展開することになった場合を想像するとわかるとおり，一致団結して戦おうとし，まとまりが強くなるのである．

2 リーダーシップ

部活やサークル，職場などの集団には，公式と非公式にかかわらず，メンバーに大きな影響を与える中心的な存在はリーダー（leader），メンバーに影響を及ぼす過程やそのスタイルはリーダーシップ（leadership）と呼ばれる．また，リーダーに従うその他のメンバーはフォロワー（follower）と呼ばれる．リーダーシップ研究では，いくつかの異なる視点から研究が行われてきた．

リーダーは他の人とは違う優れた特性を持っており，すべてのリーダーはその特性を共有しているという考え方をリーダーシップ特性論という．たとえばストッグディル[Stogdill 1974]は，知能が高い（思考力，判断力，記憶力など），素養（学識や経験など）を持っている，責任感が強い（信頼や自信など），参加性が高い（活動性，社交性，協調性など），地位が高い（社会的・経済的地位など）などの5つの特性をリーダーが持っているとした．しかし，たとえば同じ米国の大統領で優れたリーダーシップを発揮したと評される複数のリーダーを分析した場合，その特性は一貫していないため，特性だけでリーダーシップは規定されないとの指摘がなされている．

また，リーダーシップの機能面に着目した三隅[1984]は，リーダーシップの機能には，① 集団の目標達成や課題解決への働きを促進する行動であるP（performance；課題達成）機能と，② 集団を維持し凝集性を高める行動であるM（maintenance；集団維持）機能があるとするPM理論を提唱した．三隅[1984]は，リーダーが行うP機能とM機能それぞれの強さから，リーダーシップを4つに分類している（図8-3）．

これらの機能が強い場合には大文字（P・M）で，機能が弱い場合には小文字（p・m）で表記される．集団の課題達成・生産性においてはPM＞Pm＞pM＞pmの順に高く，集団凝集性や満足度においてはPM＞pM＞Pm＞pmの順に高くなることが明らかになっている．

PM理論ではPM型が最も望ましいと考えられていたが，その後の研究で状況によってリーダーシップの効果が異なることが明らかにされた．フィード

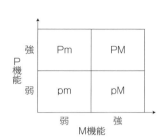

図8-3　三隅［1984］のリーダーシップ類型

（出所）三隅［1984］．

ラー［Fiedler 1967］の条件即応モデルでは，リーダーの特性を Least Preferred Co-worker（LPC；仕事を一緒にする上で，最も苦手な人）という概念を用いた検討がなされている．リーダーとフォロワーの関係が極めて良好な状況下とその反対の悪い場合には低 LPC の課題志向型リーダーがより高い有効性を発揮し，その関係が中程度の状況では高 LPC の人間関係志向型リーダーがより高い有効性を発揮するとされる．近年では，リーダーとフォロワーの関係以外の様々な条件を考慮した検討がなされている．

3　集団のコミュニケーション構造

　集団のコミュニケーションには色々なパターンがあり，そのコミュニケーションのパターンによって課題遂行の効率性などに違いがある．リービット［Leavitt 1951］はメンバー間で交わされるコミュニケーションの経路（課題解決に必要な情報の伝達経路）によって集団構造を捉えるともに，課題解決の効率さを比較している．

　リービットは，「車輪型」「鎖型」「Y型」「円型」の4パターンの集団に作業をさせ，集団を構成する成員間のコミュニケーションの特徴を研究した（図8-4）．なお図中の〇は，メンバーの位置，また各メンバー間に引かれた線は双方向のコミュニケーションができることを示している．実験の結果，一番作業効率が良かったグループは「車輪型」であり，一番効率が悪かったグループが「円型」であった．しかし，成員の満足度が一番高かったのが「円型」，一番低かったのが「車輪型」であった．車輪型は中心に位置する者がリーダーとなり情報を全部集めて処理することになる．このようなタイプのコミュニケーショ

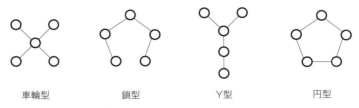

車輪型　　　　鎖型　　　　Y型　　　　円型

図8-4　リービットの用いたコミュニケーション構造の実験条件
（出所）Leavitt [1951].

ンは仕事の効率をよくする一方で，上下関係が発生することになり，下に位置することになる人たちは不満を抱えることになる．また，円型は全員が平等であるため，そのような不平不満は出にくくはなるが，情報伝達の効率性は低くなってしまう．そして鎖型，Y型はこの2つの中間にあたり，完全に平等でも上下関係もないため，派閥が生まれる可能性が高いと考えられている．

第3節　集団からの影響

1　集団規範

集団内で共有される判断の枠組みや思考様式などは集団規範（group norm）と呼ばれる．この集団規範には，校則や社訓などのように明文化されているものがあるが，暗黙のルールとして共有されているものが多い．

集団規範の形成と個人の判断に影響を及ぼす過程について，シェリフ [Sherif 1935] は，次のような実験を行っている．実験では参加者に対して，暗闇の中で光点を凝視すると，実際は動いていないのにも関わらず，揺れ動いているように見えてしまう知覚の運動現象を用いて，何インチ動いたように見えるかを回答させた．最初は1人だけで光点の移動距離を報告させ，その後は集団で移動距離を繰り返し報告させた．最初はバラバラな数値を回答していたが，実験を繰り返すうちにつれて集団の回答する数値は同じ数値に収束していったのである．同じ数値に対する判断への自信は，時間が経過してから個別に判断を求めても揺らぐことは少なかった．最初は異なっていたメンバーの意見が1つにまとまったことで，その判断は集団の規範となりメンバーたちはそれに従ったのである．

形成された集団規範の測定方法には，ジャクソン［Jackson 1960］のリターン・ポテンシャル・モデルがある．このモデルは，横軸に特定の行動の程度を示す次元，縦軸にはその行動に対するメンバーの是認・否認の程度を示す評価の次元でグラフを描くことで，集団規範を定量的に測定することができる（図8-5）．このグラフの頂点は最大リターン点と呼ばれ，集団がもっとも理想としている行動を示す．リターン・ポテンシャル曲線が是認の領域にある行動次元上の範囲は許容範囲と呼ばれ，どの程度の行動までが規範に合ったものとして受容されるかを示す．是認の総和（許容範囲内の各測定点から曲線までの高さの合計）と否認の総和（許容範囲外の各測定点から曲線までの高さの合計）の差はポテンシャル・リターン差と呼ばれ，その規範が威嚇・禁止で作られるか促進・支持で作られているかを示す．値が大きければ規範が支持的で，小さければ威嚇的であることを意味する．さらに，行動次元上の各測定点から曲線までの高さの絶対値を合計した値は規範の強さを表し，値が大きいほど規範が強く，集団からの圧力も大きいことを示す．

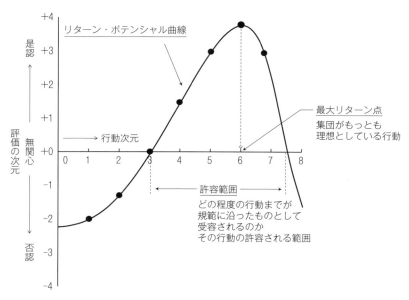

図8-5　リターン・ポテンシャル・モデル

（出所）Jackson［1960］．

2 同調

われわれは，日常生活の中で常に自分の信念にもとづいて行動できるわけではない．集団の一員として何らかの活動を行うときには，集団からの何かしらの圧力を受けて，自らの行動が影響される．そのような集団の圧力によって，個人が自分自身の信念や態度，または行動を集団の規範や期待に一致させることを同調（conformity）という．たとえば，集団で話し合いを行っているときに，自分の意見はみんなのものと違うが，みんなの意見に合わせてしまうなどの経験をしたことはないだろうか．

同調に関して有名なのがアッシュ［Acsh 1955］の実験である．彼の実験で参加者は，まず標準刺激として1本の線分と比較刺激として3本の線分が提示され，その3本の中から標準刺激と同じ長さのものを選ぶという簡単な課題が与えられた（図8-6）．図を見てわかるように，この課題の難易度は非常に低く，1人で回答にのぞんだ場合には誤答をすることはめったにないものである．参加者は他の6人とともに実験に参加するが，実はこの6人は全員実験協力者（サクラ）である．7人が順に回答をしていくが，課題の18試行中12回でサクラは誤答をするように指示が出されていた．さらに，真の実験参加者は6番目に回答するようになっていたため，5人の誤答を聞いた後に回答するように仕組まれていた．実験の結果，実験参加者のおよそ30％は誤った回答をした．1人ではほとんど間違えることのない課題であるにもかかわらず，集団の圧力によって同調してしまったのである．この結果は多数派の中で孤立することが極めて難しいことを示している．

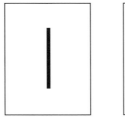
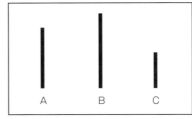

図8-6　アッシュの実験で用いられた実験刺激図形の例
（出所）Acsh ［1955］．

では，集団への同調はどのようなメカニズムで生じるのであろうか．これに関して，ドイッチとジェラード［Deutsch & Gerard 1955］は2つの社会的影響から説明をしている．1つが，集団からの否認を避け，受容されたいがために自分の意見を大多数の意見に合わせるという規範的影響（normative social influence）である．もう1つは，正しい判断をするのに迷うような曖昧な状況において，正しい情報を得たいために大多数の意見を判断の基準に取り入れ，受け入れるという情報的影響（informational social influence）である．前者はアッシュの実験に，後者は前項のシェリフの実験の同調の影響過程に該当するだろう．なお，同調には自分の考えや信念が正しいと思いながらも，うわべだけ他者や集団に同調する追従（外面的受容）と，他者の考えや信念を自分のものとして取り入れるような同調である私的受容（内面的受容）とがあり，規範的影響による同調は前者が生起しやすい［Kelmen 1961］．

3 マイノリティ・インフルエンス

先ほど紹介したアッシュやシェリフの実験は，大多数の人が少数派に影響を与えることを説明していた．しかし，多数派に負けてしまうと考えられがちな少数派であるが，その少数派が多数派に影響を与えて意見を変容させることもある．有名な例としてあげられるのが映画『12人の怒れる男たち』の主人公が，他の11人全員が有罪と主張する中で，ただ1人だけその意見に反論し続け，最終的に無罪という決定に集団の意見を変容させたことである．そのような過程は少数派の影響（マイノリティ・インフルエンス：minority influence）と呼ばれる．

たとえばモスコビッチとザバローニ［Moscovici & Zavalloni 1969］は，明らかに青色に見えるスライドを6人の集団に見せ，その色を識別させるという実験を行った．その実験では，6人のうちの2人は実はサクラであり，サクラは特定のスライドのときに緑と繰り返し回答するよう指示が出されていた．結果は，実験参加者の約32％がサクラに影響を受けて緑と回答したのである．

少数派が影響力を持つために最も重要とされる要因は，一貫性であると指摘されている［Maass & Clark 1984; Moscovici & Zavalloni 1969］．少数派が一貫して同じ主張をし続けること，少数派の成員間で意見が一致していることによって，少数派の意見のほうが正しいのかもしれないという心理的葛藤を多数派の中で強め，多数派の態度に影響を与えることになる．

しかし，注意すべき点としては，ただ単に一貫して同じ主張をし続けさえすれば多数派に影響を及ぼすことができるわけではない．一貫した態度を保持し，自分たちの主張だけをし続けると，少数派は協調性に欠けた独断的な者たちであると多数派に認知され，拒絶される可能性が高くなる [Mugny 1982]．そのような状況に陥ったならば，少数派の意見に耳を傾ける者はいなくなり，影響力を及ぼすことができなくなってしまうだろう．そのため，一貫性とともに柔軟性が必要であり，状況に応じた柔軟性のある主張や交渉を行う必要があるとされる [Maass & Clark 1984]．

第4節　集団での意思決定

1　集団極性化

われわれは，日常の中で様々な意思決定をしているが，個人で判断をするだけでなく，集団で意思決定を行う場合も少なくない．グループで旅行プランを話し合っていて，はじめは近場ですまそうと考えていたのに，みんなで話し合っているうちに気づいたら倍以上予算のかかる海外旅行に行くことに決まっていた場合もある．このように集団で話し合いを行うほど，意思決定は集団の当初の意見がより強められ，その決定は当初の意見の方向に極端にシフトしていく傾向があることが知られており，集団極性化（group polarization）と呼ばれる [Moscvici & Zavalloni 1969; Myers & Lamm 1976; Stoner 1968]．

この現象において，集団の決定が当初の意見内容から極端にリスクの高いものになることはリスキーシフト（risky shift）と呼ばれ [Stoner 1968]，より極端に安全なものになることはコーシャスシフト（cautious shift）と呼ばれる [Wallach et al. 1962]．

集団極性化が生じることについては多くの説明がある．たとえば，特定のリーダーが重要な要因であり，全体はリーダーの主張に引っ張られるという意見 [Rim 1965] や集団の人数が大きくなるほど責任感が薄れ（責任の分散；第2章第3節 [1] 参照），よりリスキーな方向へと議論がまとまっていく [Wallach & Kogan 1965; Teger & Pruitt 1967] という意見もある．また，集団の決定がどちらの方向に極性化が生じるかについての有力な考えとしては情報的影響説と社会的比較説がある．

バーンシュタインら [Bumstein et al. 1973; Bumstein & Vinokur 1975] によって提

唱された情報的影響説によれば，集団での話し合いで生じる説得的議論によって人は説得され，より妥当な意見，判断へと意見の変化が起こることによって，集団極性化現象が生じると説明される．つまり，メンバーそれぞれが自分の意見の妥当性を他者に説明しながら説得することになるが，話し合いでは，多数派のほうが妥当性を多く伝えることができるため，優勢となり，少数派が説得されやすくなる．そのため，初期の集団の意見の方向性に極性化が起こりやすくなると考えられる．

一方，メイヤーズとラム［Myers & Lamm 1976］によって提唱された社会的比較説では，他者の意見との比較こそが問題だと考える．社会的比較理論［Festinger 1954］では，人間には自己と他者を比較して，他者よりも望ましい自己でありたい，と望む動機が備わっていると仮定される．集団での話し合いの場面においても同様に，他者よりも望ましい意見の持主でありたいという動機が働き，より望ましい方向への意見の変化が生じるという．この場合，多数派の意見が社会的に妥当性がある意見と感じられることから，強い説得力を持ち，少数派もそれを認めて態度変容を起こすことで，初期の集団の意見の方向性に極性化が起こりやすくなると考えられる．この2つの説から考えると，集団極性化現象においてリスキーシフトかコーシャスシフトのどちらの方向に極性化するかは，初期の集団の意見の方向性に左右されるものといえよう．

2 集団浅慮

先に述べたように，集団の決定には，個人の意見を極端化させる傾向がある．それに加え，ときに集団は考えられないような愚かな決定を下してしまうことがある．集団が合議によって意思決定を行うとき，集団の強い結束がマイナスの方向に働き，メンバーが個人で決定を下す場合よりも愚かで非合理な決定を行ってしまう傾向のことを集団浅慮（group think；集団思考とも訳される）という［Janis 1982］．

ジャニス［Janis 1982］は，ビッグス湾侵攻事件，ベトナム戦争の拡大政策，ウォーターゲート事件などの事例を分析し，大統領やその側近たちがいかに優秀な人たちで構成されても，集団になると愚かな意思決定をしてしまう，集団浅慮の発生原因を分析している．ジャニスは，集団浅慮の先行条件として，（1）高い集団凝集性，（2）集団の孤立や成員の社会的背景・思想の類似などの組織の構造的欠陥，（3）外的なストレスをあげている．そして集団浅慮が

生じている徴候として，（1）不敗幻想により過度に楽観的な傾向，（2）自分の所属する集団が本質的に道徳的であるという信念，（3）過去の決定を正当化し，合理化する傾向，（4）外部の集団に対する偏見や能力などを軽視する傾向，（5）異論をとなえるメンバーに対する同調の圧力，（6）疑問がある場合でも，それを主張することを控えたりする自己抑制の傾向，（7）多数派の意見を全員一致の意見だと思い込む共有された幻想を持つ傾向，（8）集団の意見に反する情報から集団を遮断しようとするメンバーの出現，の8つをあげている．閉鎖的で凝集性の高い集団が，そのまとまりを重視してしまうがために，重大な意思決定において不合理な決定を行ってしまうのである．

3 ブレーン・ストーミング

　ここまで述べてきたように，集団で意思決定をする場合には，ときに極端な結果となってしまうことや過ちを犯してしまうことがあり，必ずしも生産的な結果が得られるとは限らない．しかし，集団で議論することで生産性を高められる方法がある．それは，創造性開発の研究者であったオズボーン[Osborn 1953; 小窪 1987]が，広告会社で妙案を出す集団的思考技術として提唱したブレーン・ストーミング法である．この方法で話し合いを行うときのルールには，メンバーそれぞれが自由に発想し，できるだけたくさんのアイディアを出す，お互いに他者のアイディアや意見を批判してはならないが，他のメンバーのアイディアや意見にさらに工夫を加えたり改良し，それを広げたり，合成させたりすることも考える，などがある．

　メンバーが相互にアイディアを刺激し合うというポジティブな影響が起こるため，1人で考えるよりもこのように集団で考えた方が，より多くのアイディアを生み出せると考えられている．しかし，第1節で取り上げた社会的手抜きや第3節で取り上げた同調が起こってしまうと，ブレーン・ストーミングのポジティブな効果は薄れてしまう．

❖ TOPICS 16　裁判における集団意思決定

　2009年5月より，市民参加型裁判である裁判員制度がはじまり，一般市民が刑事裁判に参加することとなった．この裁判制度では，一般市民6人が裁判官3名とともに評議を行い，有罪・無罪の判断，有罪であると判断された場合には量刑

判断までも行うことになった.

　評議における集団意思決定の研究では，評議前の初期多数派の意見が判決に反映されやすいこと［Davis et al. 1975; 大坪・藤田 2001］，一般人は多数派の意見や専門家の意見を参考にすることが指摘されている［村山・三浦 2015］．裁判員裁判の有罪・無罪の判断においても，有罪または無罪判断の割合が偏ることが考えられるため，少数派が多数派の意見に影響を受け，多数派の意見に判決が左右されることは大いに考えられる.

　また，量刑判断においては，初期の量刑判断の偏りによって集団極性化が生じ，リスキーシフトが生じた場合には過度に量刑が重く，コーシャスシフトが生じた場合には過度に量刑が軽く判断される可能性も考えられる．しかし，量刑に関しては，刑期が長すぎると社会復帰の機会を損なう可能性や，刑期が短すぎると更正できない可能性がある．そのため，刑を重くすることがリスキー，軽くすることがコーシャスであるとは一概には言い切れない.

　裁判員裁判においては，専門家である裁判官がいるため，安易な多数派への同調，集団極性化の生起は抑えられると思われる．実際，村山・三浦［2015］の研究では専門家の意見を参考にすることが示されている．その一方で，専門家の意見に流されるという可能性もあるだろう.

読書案内

本間道子［2011］『集団行動の心理学――ダイナミックな社会関係のなかで――（セレクション社会心理学）』サイエンス社.

釘原直樹［2011］『グループ・ダイナミックス――集団と群集の心理学――』有斐閣.

第9章 マインド・コントロール

KEY WORDS

洗脳　威圧的説得　思想改造　破壊的カルト　カリスマ　テロリズム　承諾誘導のルール　ビリーフ・システム　集団圧力への同調　認知的不協和　ルシファー効果　権威への服従

はじめに

マインド・コントロールとは，他者による心理操作 (Psychological manipulation) のことを指す．すなわち，他者によって受け手の自覚のないところで意思決定が誘導されるコミュニケーション技術のことである．

本章では，人々が，ある日突然何気ない趣味的な集団活動に参加したり，気軽な勧誘を受けたりすることにはじまり，破壊的カルト（略してカルト）と類する集団のメンバーとなって人権侵害の被害者になってしまったり，その過激な思想を受容して加害者にさえなってしまう深刻なケースが身近に少なくないことの理解を求めて説明する．第1節では，マインド・コントロール現象の古典的な研究ともいえる「洗脳」の心理を解説し，第2節では，洗脳が進化してマインド・コントロールと言い換える技術への発展を概説する．それに引き続く第3節から第4節にかけて，現代的なマインド・コントロールによる支配の始まりから終わりまでを説明する．

第1節　マインド・コントロールの先駆としての洗脳

1 洗脳とは何か

マインド・コントロール研究は，第二次大戦前から始まった「洗脳」の研究にはじまる．その一連の研究では，基本的には，古典的条件づけの学習理論に

おける脱条件づけの原理（条件づけられた習慣的な反応様式を捨てさること）を応用して人間の意思のロボット化が可能であるかどうかが研究された．たとえば，人は身体的拘禁や拷問などによって，極端に過度な刺激を与え続けられたり，極端に刺激の少ない状況下に置かれ続けられたりすると，信念の内容や好─悪といった評価のパターンがこれまでのものと逆転する超極限的制止（ultra-maximal inhibition）という現象が起きると説明された [Sargant 1957]．

　この現象を応用して，1950年代に中国共産党や北朝鮮では，現実的なスパイ養成や戦争捕虜の自白を目的とした尋問プログラムが開発され，現実に実施されたとされる．これが「洗脳」と中国語で呼ばれていたことから，アメリカではそのまま翻訳して brainwash と呼んだのである．そして，その実際のメカニズムについて解明するべく面接調査から，思想改造（thought reform）の研究や，威圧的説得（coercive persuasion）の研究がなされ，そのプログラム経験者の心理的過程や効果性について論じられた．またさらにアメリカでは，秘密裏にその知見を発展させた実験研究が行われたとされる．たとえば，実験参加者のすべての知覚を奪った状態におく感覚遮断（sensory deprivation）の研究（Topics17）や，薬物作用も含む催眠や極端な覚醒状態といった変性意識状態（altered states of consciousness）の実験研究が実施され，心理操作の現実的な効果性の検討がなされたといわれている．

2　威圧的説得

　シャインら [Schein et al. 1961] は，中国共産党の捕虜となったアメリカ人に面接し，社会心理学の立場からそれらの人々の体験を分析した．その調査研究の結果，彼らは，中国共産党の「洗脳」プログラムという策略が人間の基本的な信念や価値観を変化させることには有効ではない，と結論している．つまり，ほとんどの被面接者は「洗脳」には至らなかったようだ．しかし，その策略は大勢の行動上の服従をもたらし，わずか数名だけは，その策略が「洗脳」といえる永続的な効果にまで及んでいたと報告している．

　シャインらは，そのプログラムが，以下のような3つの手続きを段階的に経ることによって行われる威圧的説得（coercive persuasion）であると説明した．

（1）解凍（unfreezing）の過程

　個人のそれまで抱いてきた信念やアイデンティティを攻撃して崩壊させる．それには，病気，貧しく乏しい食事，睡眠不足，限りなく続く尋問，不慣れな

環境，苦痛，高温，仲間による非難，独房での監禁，問いかけに対する非応答性など，様々な不快環境が促進要因となる．

（2）変革（change）の過程

新たな信念やアイデンティティに関する情報を注入し形成させる．一度，解凍が起こると，個人は新しい価値観や世界観を受け入れることによって，内面的な曖昧さと方向性のない状態から逃れようとする．

（3）再凍結（refreezing）の過程

新たに形成させた信念やアイデンティティを強化・発達させ，定着させる．新しい価値観や世界観を受け入れた人々は，それまでの古い価値観と連結させる．その際，周囲の人々の支持が重要となる．

3 思想改造の8要素

この洗脳プログラムの3ステップにおいて，被害者はどのような心理的環境におかれていたのであろうか．リフトン［Lifton 1961］は，その実態を思想改造と呼び，経験者への面接を試みることから，プログラム中にコントロールする要素として，以下の8つをあげて説明している．

（1） 環境コントロール

個人が接触可能な集団の外部ないし内部とのコミュニケーションのコントロールを行う．そこでの個人は，現実をはっきり認識しているのは自分たちだけであるという確信をもってしまい，自分をとりまく環境の現実を調べて自我と集団外部の感覚とのバランスをとることを放棄する．その一方で，支配的なイデオロギーとそれ以外との絶対両極分化を行うように要求される．

（2） 密かな操作

自発的にみえる特殊な行動や感情のパターンを呼び起こそうとする．「高尚な目的」をもった感覚，「社会発展に内在するある法則を直接知覚した」という感覚，ならびに自ら「この発展の尖兵である」との感覚が含まれている．また，「母親の腕の中の子どものように」というような比喩を用いて，究極的な信頼関係があるように思わせる．これらの操作が密かに行われ，自発性を仕組む．

（3） 純粋性の要求

罪意識，恥意識をもつことを高く評価し，それらの負の感情を追い出すという点が個人を評価する有力な基準になる．その基準を下げると，屈辱や追放を

受けることになる．

(4) 告白の儀式

各個人の性格や経験を全面的に告白させることが，負の感情の浄化効果（カタルシス）を与える．また自白が，狂騒的「一体」感と，自白した仲間とのこの上なく激しい親密感を作り出す．

(5) 「聖なる科学」

教義には「聖なる」雰囲気があり，また「科学的」雰囲気もかもしだされる．その教義は，「絶対的な真理」であるか，達成間近であるという立場におかれる．ここから生じる道徳性の原理は，常にあらゆる人に対して「真理である」という主張になり，個人の胸中では，見かけ上の統合があるので，多くの慰めと安全を与えてくれる．

(6) 特殊用語の詰め込み

簡単で完結的な決まり文句を用意する．それは，通常には解決策が見つからず苦しむような問題を，非常に単純化してしまい，また批判的に片づけてしまうことで，あたかも解決済みだと思わせるために用いる．

(7) 人を超えた教義

教義を人より優先させる．その教義は，人間の実際の性格や経験から得たどんな知識よりも，究極的に妥当であり，真実であり，現実に即していると仮定される．つまり，教義に対する絶対的な「誠実さ」を要求する．

(8) 存在する権利の配分

生きる権利を持つ者と持たない者とに明確な線をひく．操作者の思想に回心あるいは転向することだけが，未来にかけて生存できる道を獲得する唯一の手段だとみなさせる．

❖ TOPICS 17　感覚遮断研究

ヴァーノン [Vernon 1963] は，プリンストン大学の実験室において，すべての感覚の遮断状況にできるだけ近い状況を形成し，そこに24時間から最長96時間，約100人の学生に参加者として実験への参加を募った．参加者の入れられた部屋は，防音，暗室であり，幅約1.3m，長さ約3m，高さ約2.6mの小部屋であり，その小部屋にほぼ一杯の大きさのベッドが置かれていた．実験参加者は，食事と用便のとき以外はこのベッドの上で過ごすように求められた．サンドウィッチと果

物とスープの食事が与えられ，ベッドの下に置かれた．トイレは小部屋の外ではあったが，防音室の中に簡易に作られたものであったり，あるいはしびんを用いたりした．

　それらの実験において，いかなる時間帯に実験を開始しようとも，ほとんどの参加者が，第1日目は長時間の睡眠をとった．しかし拘禁時間が長引くにつれ，参加者はだんだんと眠ることができなくなり，自動的に様々な精神活動を行うようになる．ある人は，はてしない白昼夢にふけり，またある人は積極的に何か問題解決をするような思考を行うが，多くの者が途中で思考作業を持続することができなくなり，自分自身ではほとんどコントロールできない幻想の中に漂流するようになったと報告されている．

　こうした感覚遮断の効果が個人の信念を変化させることに応用できることを，次のような実験を行ってヴァーノンは確かめた．

　まずトルコという国に対して中立的な見解をもっている人々を，あるテストを用いることによって選び出し参加者とした．次に，参加者の半分は24時間の厳格な統制下に置かれた感覚遮断状況を経験させられた．一方，残りの半分の参加者は，同じ期間の間，読書したり，散歩や映画に出かけたりといった比較的自由な時間を過ごさせた．

　そして24時間の経過後，その小部屋にトルコにとって有利な宣伝を録音したテープが持ち込まれ，同じ条件の下で，両方の各参加者はそのテープを聞かされた．そしてテープを聞いた直後，各参加者はトルコに対する見解を再度調査されたのである．

　その結果，感覚遮断状況にあった参加者は，そうでない比較的自由に過ごしてきた参加者と比べて，トルコに対して好意的に変化した程度の平均が8倍以上も起こった．

　感覚遮断の実験状況は，実際の洗脳と比べると，身体的苦痛もないし，恐怖感も取り去られているなど，いくつかの点において「なまぬるい」ものである．しかし，それにもかかわらず，拘禁された人はおそろしいほどの単調さと退屈さを体験し，あまりの退屈さのために新奇なものならなんでも積極的に探し求め，受け入れてしまうのである．またこのような一連の実験から，人は感覚遮断のような拘禁状態が長く続くと被暗示性が高まり，与えられたメッセージに反応しやすくなること，さらには，単純な課題を学習する能力を促進する効果をもつことがわかったと報告されている．

第2節　マインド・コントロールと洗脳

1　破壊的カルトと「洗脳」：1980年前半まで

　先述した研究によると，洗脳は行動上の服従をもたらすが，内面的な信念の変化にまでは影響しえなかったと報告し，いわば人間のロボット化の野心は成功を遂げなかったといえる．しかし，中国共産党が行った洗脳は，軍事的な目的から実施されたのであり，その経験者らは，1年程度のプログラムが終了すると拘禁を解かれアメリカなどの本国に戻ったのである．もし洗脳を受けた者がそのまま操作者の支配を受ける環境にあったならどのような効果をもたらしたかは定かではなかった．

　ところが，1970年代になって，排他性とエリート意識を高めた一部の「カルト」の急進的な活動が激しくなり，再び「洗脳」の言葉が社会に登場した．幾人かの臨床心理家は，カルト脱会者に共通して見られた心理的な異常性を示しながら，カルトは「洗脳」を行っていると訴えた［Singer 1979; Conway & Siegelman 1979］．これらの研究と前後しながら，アメリカでは，破壊的カルトの強制的な教化を指摘する心理学的研究がなされるようになった［Ross & Langone 1988など］．カルトに入会した者は，それまでの価値観が急激に大きく転換し，まるで別の人格者のように見えたことから洗脳説が用いられて説明されたのである．しかしながら，カルトは，信者獲得に当たって，誘拐や監禁をしたというわけではなく，ましてや当事者は，虐待を受けたという証言もなかったため，それを洗脳とみなすことには無理があった．

2　「洗脳」から「マインド・コントロール」へ：1980年代後半以降

　1980年代後半になって，アメリカでは，この現象に対して，洗脳とは異なる新たな言説が持ち込まれはじめた．それは，洗脳のような非日常的な状態での強制についての理論を改め，社会心理学を基礎とした発展的な統合を目指したものである．この理論的説明では，カルトに関与する個人の心理過程を，説得的コミュニケーション研究（第7章第3節参照）の文脈でとらえた．それらは，洗脳研究を基礎としながらも，誘拐や拉致によるような物理的な身体拘束をともなう拷問や虐待などを強制しない点を重視して，根本的にはそれとは不連続なものであり，状況と現実性の心理操作を強調する論となっている．実際のと

ころ，社会心理学では，承諾誘導のルール［Cialdini 1988］をはじめ，社会的認知や説得過程の研究が，個人は当人の認知しない状況で社会的影響を受けている場合もあることを示している［Gilovich 1991; Pratkanis & Aronson 1991］．つまり，マインド・コントロールは，コミュニケーションによる心理操作であり，日常生活の延長上に生じうる社会現象としてとらえられるようになったのである．

　このような視点から，社会的影響の操作をどのように個人に作用させてマインド・コントロールといわれるような状態になるのかを明らかにするために，西田［1993］は，元信者などにマインド・コントロールを集団運営に用いていると批判されていた日本のある宗教集団の勧誘過程を，元信者に対する面接や質問紙法の調査を行って実証的に検討した．それによると，まずは宗教団体であることや，教団名やその活動内容，教祖名などの重要な情報を隠したり欺いたりして被勧誘者に接近するといったカムフラージュをすることで肯定的な印象を与え，その後も，勧誘者の印象を操作しながら教化して，意思決定の認知装置であるビリーフ・システム（信念システム）の全体的変容を誘導していることを明らかにした．

　またそれに続く研究では，マインド・コントロールを受けるカルト信者は，長期にわたって１）自由拘束，２）異性感情抑制，３）肉体疲労，４）外敵回避，５）賞と罰，６）切迫感といった心理操作を受け続けて，疑問を抱いたり，脱会したりすることが困難になる過程を説明した［西田 1995a］．またさらに，西田［2001］は，オウム真理教の信者や元信者に対する調査研究を実施して，逮捕された信者もそうでない信者もマインド・コントロールを受けていて，人間を越えた神と同等の絶対的な存在，つまりカリスマ的権威者として教祖を受け止めており，暴力などの違法行為を含むいかなることにも服従する過激な心理が誘導されていたことを明らかにした．

3　過激なカルト問題やテロリズム活動

　日本でこのようなカルト問題に対して社会心理学的研究が行われるようになった背景は，1980年代の後半になって，霊感商法という詐欺的活動や結婚の強制で問題になった統一教会や，無差別大量殺傷事件さえも引き起こしたオウム真理教の過激な活動である．そして宗教，政治，通俗的医療，教育・自己啓発，商業ビジネスなどの様々な分野で活動するある特定の構造をもった組織的

な集団が引き起こす個人の心理的・身体的障害および対人・集団葛藤など，いわゆるカルト問題への注目度が増したのみならず，家族のような集団における女性や子供への虐待事件の背景としてもマインド・コントロール現象という同様の構図が見られることがあると考えられるようになった．

たとえば，個人がある組織に入会してその活動に従事することで，人生の目的や幸福感をもたらすはずだったのに，それはいつまでも得られず，かえって身体を壊したり，精神的に苦痛を与えられたりしてしまうことがあった．あるいは一時の主観的充足感と引き換えに，多額の財産や社会的地位が奪われることがあり，最悪，命さえも奪われた．また，親しかった家族や友人との関係が著しく悪くなって絶交状態に陥ったり，近隣の居住者といがみ合ったりしてしまった．その他，他人の財産を奪ったり，傷を負わしたり，殺人事件さえも起きてきた．

このような集団の過激化は，テロリスト集団の心理としても注目されるようになってきた［Zimbardo 2002; Dole 2002］．もし所属するカルト的な集団のリーダーが，政治的野心を暴力で遂げようとするようないわゆるテロリズムの信奉者であったとしたならば，無論，そのメンバーには暴力行動についてやむを得ない所作とみなすか正義感を抱くかさせて，テロ攻撃を躊躇もなくさせることができる．最近，このような集団とテロリズムとの共通の基盤として，巧妙なマインド・コントロールによって作られる過激化に関心が注がれている．つまり元々穏健だった人なのに，なぜ，急激に幻想的な世界の実現を信じ込まされ，自爆などの過激な行動をとるようになるのかという現象の理解である．

第3節　マインド・コントロールによる勧誘と教化

1　初期接触：承諾誘導のルール

カルト集団との初期接触の場面において，勧誘者は，被勧誘者が勧誘を断りにくい状況や場面を故意に作りあげる承諾誘導の技法［Cialdini 1988］を体系的に応用する．具体的には，断ると親切な相手に失礼だと思わせるという方法（返報性の原理），被勧誘者を賛美したり高く評価する方法（好意性），信頼できる専門的知識がある人を装う方法（権威性），毎回のアポイントメントにおいて執拗に念を押したり期待をかけたりする方法（コミットメントと一貫性の原理），今回の出会いが最高で最後のもののように装う方法（希少性の原理）などが組み合

わせて用いられる．

　そうした出会いの場面での操作を行った上で，勧誘者は，本当の目的を告げず，嘘をつき，お世辞を使って話しかけてくる．あるいは，家族や友人のような既に信用している人を使って近づいてくる．一般に，人は自分をわざわざ悪い人には思われたくない自己呈示の心理（第1章第3節［1］参照）があり，話だけは聞くなどの，つい彼らの意図通りの反応をしてしまいやすくなる．このような状況で，一方的な説得メッセージが効力を発揮する．被勧誘者は他の情報源から遠ざかり，隠ぺいや欺瞞に気づかなくさせられる．

2 ビリーフ・システム変容の操作

　西田［1995b］によれば，初期接触によるコミュニケーションの土台を獲得するとマインド・コントロールによる勧誘・教化の過程では，勧誘者はアイデンティティの根幹にかかわるようなビリーフ（信念）群を形成させ，ビリーフ・システムを秘密裏に全体的に変容させようとする．ビリーフ・システムとは，神経的ネットワークによる意思決定の道具のようなものである．勧誘者は，各自が保持していたシステムでは解決しえない困難な課題を突きつけ，現実には幻想ではあるが欺瞞によって一見解決しそうに見せて，① 自分を含む人間がいかなる存在か（自己），② 完成された個人や社会の像（理想），③ 理想へと至る個人の歩むべき道筋（目標），④ 歴史や出来事の摂理・法則や世界観（因果），⑤ 誰が正しいことを言っていて誰が間違えているのか（権威）という5種類のビリーフ群を新たに抱かせる［西田1998］．

　実際の勧誘過程では，初期接触で一時的マインド・コントロールに成功したり，あるいは別の対人スキルが功を奏したりして温かで信頼のおける対人関係が構築された後，以下の操作手順で新たなビリーフ・システムを変容させていく．

　① 解決困難な問題を被勧誘者につきつけ，不安や恐怖を煽り，依存心を高める．病気や怪我の苦悩，罪意識，相対的な不幸感，孤独感，親しい人との葛藤，自己啓発，社会への不満，自信喪失感，将来への不安など，たまたまそのときに抱いていた悩みや，悩みとまでいわなくとも多少気がかりな人生の問題が，今こそ解決しておくべき課題としてつきつけられる．

　② 団体の思想や行為ないし商品で解決して見せ，団体の全体に魅力を感じさせる．被勧誘者の解決困難な問題をすっきりと解いて見せ，思想の全体を受

容してメンバーになると獲得できる利益を説く．これには実際は大きな矛盾や欠陥があっても被勧誘者には気づかせず，解決しがたかった人生の問題において，とても有効に働く意思決定の道具として実感させられるのである．

③ 思想が真理であることであるように見せかけて，以前からの確信を揺るがせる．人が抱いている知識の確信というのは，もともとリアリティ（現実感）に支えられている．リアリティは，一般には幻想とみなされることでも自分で体験すること，表面上もっともらしい論理に操作することで成り立つ．また一方で，権威ある者の意見が示されたり，社会的な合意がある情報を見せたりする心理操作などでも，被勧誘者への影響力は増強される．特に周囲が満場一致の意見を抱いているという集団圧力（第8章第3節［2］参照）には同調してしまう傾向にある．

④ 今まで大切にしていた物や他者との関係を放棄させたり，出家のように仕事や学業を辞めたり，財産を投じさせたりさせる．勧誘者は，被勧誘者に新たなビリーフに準ずる行動，つまり思想の実践行動をさせることで，重大な認知的不協和（第7章第2節［2］参照）に陥らせ，今の行動を正当化させるように誘導する．

第4節　マインド・コントロール状態の維持・強化と脱会

1 ルシファー効果

カルトは入会させたメンバーを，さらなるマインド・コントロールで従順で自発的に組織にとって都合よい思考，感情や行動を誘発させる．つまりは，それまでのアイデンティティを剝奪し，新たなアイデンティティに馴染ませていくことで組織の維持や強化を企てるのである．この心理操作を示唆する研究で興味深い実験が，かつてスタンフォード大学の地下実験室で行われた囚人と看守の実験である．

ジンバルドー［Zimbardo 2007］によれば，その実験は次のようなものであった．まず，できるだけ健全な学生21名を実験参加者として集めた．その実験では，コイン・トスで囚人の役割と看守の役割をする者に分けられ，2週間，大学に造られた模擬刑務所でそれぞれの役割を演じるというものであった．囚人の役割を割り当てられた人々は，実験が始まるその日に，実験への協力を依頼された市の警察官によって逮捕された．そして彼らは警察署に連行され，囚人

服を着せられ，写真と指紋をとられた．その後，囚人役の人々は，囚人服を着せられ，私物をもつことも許されず，その模擬の刑務所に入れられて，実名ではなく番号で呼ばれた．しかも彼らは格子窓から常に見張られ，手紙を書くにも，トイレに行くにもすべて看守の許可を必要とした．一方，看守役の人々は，制服と警棒，笛，手錠，監房と門のキーが与えられ，鏡面になったサングラスで匿名性を保持し，8時間交代の勤務をするようにいわれたのである．

看守の役割は囚人を管理することだけであった．この実験の結果は，実験者さえも驚くべきものであり，予定を変更して6日で中止せざるを得なくなった．すなわち，実験参加者たちの人格は2日目には早くも変化が起こり始め，囚人は服従的で従順に，看守は支配的にまた残忍な行動をとるように変化していったという．たとえば，看守はいつのまにか交替の時には必ず囚人を全員並ばせ，反抗的な囚人をからかったりするようになっていった．また囚人は，自発的な行動をやめ，指示に反応するだけになっていった．このようにどんな人間でも社会的影響によって善人から悪人に変わってしまうことをルシファー効果という．

つまり実験参加者は，惨めな囚人という新たな役割をわずか1週間足らずの間，演ずるだけで，それまで築いていたその人のアイデンティティを崩壊させ，権力に服従的で卑屈な人格を築いていった．また同時に，同じわずかの期間，看守という圧倒的に優越的な役割を演じることが，その人の人格を非人間化させた，すなわち野蛮で攻撃的，あるいは権威的で支配的な行動へと導いていったのである．

2　権威への服従

カルトという集団では超人的あるいは神的な崇拝を集める権威者が君臨していることが多い．人は権威者がいるとき，その人に行動の責任をあずけて命令に自動的に服従しやすくなる．ミルグラム［Milgram 1965］は，人が権威に盲目的に従ってしまう姿をとてもセンセーショナルな実験で証明して見せた．

その実験参加者は，20歳から50歳までのアメリカ人男性であり，様々な職業から選ばれた．実験の表向きの目的は，「記憶に及ぼす罰の効果」というふうに説明された．手続きは，2人の実験参加者がペアを組んで実験に参加し，そのうち1人が教師の役割で罰を与える役，そしてもう1人が生徒の役割で記憶課題を行うというものであった．しかし，その生徒の役割というのは，実のと

ころ，実験の協力者（サクラ）である．よって，役割はくじで決めたのだがそれには細工が施されていて，真の参加者は，必ず教師の役割をすることになっていた．

　教師の役割は問題を出して，もし生徒が間違えたら，罰として電気ショックを与えることと説明された．電気ショック装置は15ボルトから450ボルトまで15ボルトづつ30段階あった．そのレバーには，「かすかにショック」から電圧によって「中程度」「強烈」「危険，強烈なショック」という表示もついていた．そして，参加者には，45ボルトを経験してもらって本物であることを信じ込ませた上で，生徒をいすに縛り付け，電極につなぎ，実験を開始した．そして参加者は，生徒の役割をしているペアの相手が課題で間違う度に，電気ショックを与えるように言われる．しかも一段一段，強くしていくように求められる．参加者が躊躇した場合には，白衣を着た権威ある専門家と見える実験者は「迷うことはありません，続けて下さい」と告げ，それでもなおかつ，参加者が実験の続行を拒んだとき，実験は終了することになっていた．

　さて参加者は，どこまでつまり何ボルトまであげたであろうか．電気ショックの威力は非常に強烈であり，強いショックでは相手を死亡させてしまう可能性があった．そのことを参加者は知っていた．もちろん，本当には電気ショックは与えられてはいなかったが，生徒の役割の人が仕組まれた芝居を演じていた．たとえばショックのレベルに応じて，うめいたり，「痛い」とか「もうやめてくれ」「あなたには，やる権利はない」とかと言ったりするように迫真の演技をするようになっていた．

　ところでミルグラムは実験に先立ち，精神科医40人にこの実験結果を予想させていた．彼らの予測では，参加者の多くは150ボルトまでにやめるだろうし，1000人に1人くらいは，450ボルトまでやるかも知れないと予想したのであった．しかし，実験結果はまったく予想外であった．驚くべきことに，参加者は予想をはるかに上回るレベルの電気ショックを与えた．しかも職業などにはかかわらず60％を越える人が，最後の450ボルトのレベルまでもあげてしまったという．

　実験の終わった参加者は面接を受け，なぜそうしたのかと聞かれると，「私はあなたに命令されただけだ，私のせいではない」などと答えた．参加者はたとえ非人道的と思われる行為であっても，権威ある専門家の命令だから服従してしまったというのである．

3 脱マインド・コントロール

　一度，マインド・コントロールされると，その状態から抜け出すことは簡単ではないが，カルトから物理的かつ情報的に離れることができたなら，抜け出すことは不可能でない．そして，メンバーの元々のビリーフ・システムが駆動するように時間をかけて働きかけて反応できるようにすれば，自ら呪縛しているかのような行動から脱却することがある．実際には，カルト外部の情報を得たり，内部で説明のつかない決定的な矛盾や嘘を見つけたり，指示に従えずに逃亡したりしたときに，そういう事態が起きてくる．つまり，カルト信者は，新たな認知的不協和の状態に置かれ，それまでのようにカルトに留まるということで解消しえなくなったとしたら，別の選択肢として，カルトでの行動を全否定することに向き合わざるをえなくなる．

　しかし，メンバーはカルトから脱会できたとしても，後に厳しいアイデンティティ危機を経験する場合が多い．その事態は，いうなれば意思決定の装置を一気に失うことに直面する．脱会者らの心理は以下のようにまとめられる［西田・黒田 2003; 2004］．

　まず情緒的問題として，カルトのアイデンティティへの喪失感や他者を信じられなくなっていること，また，長らく使ってなかった元々のビリーフ・システムを再駆動しなくてはならなくなることから，不安と抑うつ傾向が見られる．またマインド・コントロールをまさか自分が受けていたことや騙されていたことに気づくことで自己評価の低下や自信喪失が見られる．そして自責や後悔にさいなまれ，情緒不安定になる人が認められる．また，自分が所属していたカルトに対する怒りの感情が表れる場合もあるが，それは脱会後ある程度時間を経て自己を客体視できるようなってから生起する傾向にある．

　次に，認知・思考の問題も認められる．特に，シンガー［Singer 1979］によって名づけられたフローティングと呼ばれる現象が見られることがある．これは一種のフラッシュバック（強いトラウマ体験を受けた場合，後になってその記憶が突然鮮明に思い出される現象）のようなものと考えられるが，突然，何らかの手がかりとなる音声や言葉が刺激となってカルト信者の頃の自己に戻り，当時と同じように思考してしまうのである．特に脱会後間もない頃に多くの人が経験している．

　また，対人的問題も多く生じさせている．信者が，封鎖されていた環境から出ることは，新たな社会や文化への再適応を果たす必要に迫られるのである

が，特に長期間，カルトに滞在していた者は，今まで否定的に評価していた世界に適応を迫られ，社会常識になじめず，居心地の悪さを経験する．また，家族は，カルトを脱会した当人の混乱した心理的状態を理解できずにいたり，またカルトへ舞い戻っていく不安から，当人の感情を無視したり害したりする言動をとることがある．さらには，カルトでは異性との親密な関係を持つことに対する厳しい禁欲制度や罰則制度などがあることが多く，異性との交際，特に性的な接近行動に反射的に拒否反応を示す場合がある．またさらには，偏見による就職，婚姻などの障害になると考えて，カルト信者であったことを明かすことができないことが多いため，対人関係に脆弱さを持ってしまうのである

❖ TOPICS 18　自己封鎖システム理論

　ラオリッチ［Lalich, J. 2004］によれば，図9-1によって示される自己封印システム，つまりカルト信者の自己は，① カリスマ的権威，② 超越したビリーフ・システム，③ 統制のシステム，④ 影響力のシステムによって封印されているとした（図9-1）．

　まずカリスマ的権威は，リーダーシップを提供する役割を果たす．リーダーは，特権を持って命令を下し，そしてメンバー全員の理想的人物像ないし神のような存在として，信者の憧れ，崇拝，畏敬の対象となる．またリーダーは優れた同一化すべき対象として位置づけられており，信者が果たすべき多くの目標に向けられた活動に合法性を与えるのだ．

　次に超越したビリーフ・システムの提供は，メンバーに独特の世界観を創り出す．すなわち完全無欠の思想である．実際には実現不可能な世界観をあたかも現実的なものとしてメンバーには提供され，人生の意味や目的が得られた感覚になる．メンバーは与えられた思想を内面化して自己のビリーフ・システムに組み入れ，いかなる矛盾も自分の解釈ミスととらえてしまうようになる．

　また統制システムは，信者をコントロールするための組織構造をつくりだす．つまり，規則や取り締まる規約，そして制裁を手段に用いて信者の行動体系と倫理綱領が構築される．これによって，歯向かう者や指示に従えない者は，監視の目によって捜し出されて厳しく罰せられ，場合によっては命をも落とすといった脅迫的な支配を行うことができるようになる．

　最後に影響システムは，社会生活の規範あるいは集団文化となってメンバーの

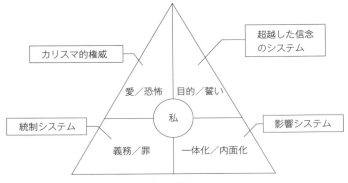

図9-1　自己封印システム

(出所) Lalich, J. [2004] Bounded Choice.

自己封鎖に作用する．それは，メンバーに期待される生活のために制度化された集団規範や構築された行動綱領となる．このシステムは，同輩メンバーないしリーダーの影響力や模範的な行動をモデリングするなどの様々な方法で成し遂げられ，集団に同調することが望ましいとされ，これまでの自己を否定して集団活動に没入し，集団目標の達成に従事することが必要だと感じるようにさせる．つまり信者は，リーダーや他の信者と完全な一体化を果たすように仕組まれる．

　これらの4次元の閉鎖システムによって閉じ込められた「私」は，自発的な意思決定の活動を封鎖されて，当人の意識は自由の中にあっても行動選択が拘束される．図9-1に示したように，カルトに囚われた者は，まずは超越したビリーフ（信念）・システムが与えられて自己の人生の「目的」を知り，その実現に向けた「誓い」を立てる．また同時にそのような素晴らしく魅力的な人生を提供してくれるカリスマ的権威を，心から崇拝し，「愛」するとともに，その偉大さに逆らうことへの「恐怖」をも抱くのだ．これらがマインド・コントロールの核となって提供する信者の支配システムにおいて，命令された課題を遂行する「義務」と，それに従えないときの「罪」の意識が与えられる．また信者は，このような卓越したビリーフ・システムを実現させた教祖などの最高のリーダーや，自分よりも実現に向けて近い所にいる信者への完全な「一体化」を目指して，そのビリーフ・システムを「内面化」するように努力するように仕向けられるのだ．

📖 読書案内

Hassan, S. [1988] *Combatting cult mind control*, Rochester, Vt. : Park Street Press（浅見定雄訳『マインド・コントロールの恐怖』恒友出版，1993年）.

西田公昭 [1995]『マインド・コントロールとは何か』紀伊國屋書店.

西田公昭 [1998]『「信じるこころ」の科学――ビリーフ・システムとマインド・コントロールの社会心理学――』サイエンス社.

第10章 健康と幸福

KEY WORDS

心理学的ストレス理論　　ストレッサー　　ストレス反応　　ライフイベント　　デイリーハッスルズ　　対人ストレスイベント　　対人ストレッサー　　対人ストレスコーピング　　ソーシャルサポート　　道具的サポート　　情緒的サポート　　知覚されたサポート　　実行されたサポート　　サポートネットワーク　　ソーシャルサポートのストレス緩衝効果と直接効果　　文化的幸福観　　協調的幸福感　　タイプA行動パターン　　タイプC行動パターン　　タイプDパーソナリティ

はじめに

　「ハーバード成人発達研究」のディレクターであるウォールディンガー[Waldinger 2015]によれば，私たちが健康で幸福な人生を送るために必要なものは，富でも名声でもがむしゃらに働くことでもなく，良い人間関係に尽きるという．これは75年にわたる縦断研究に基づいて導き出された結論である．しかし，彼はまた，人間関係は複雑に込み入っていて家族や友達との関係をうまく維持していくのは至難の業であり，生涯にわたり地道な努力と手間が必要とされることにも言及している．本章では健康や幸福と密接な関係のある人間関係について，そのネガティブな側面である対人ストレスおよびポジティブな側面であるソーシャルサポートについて学ぶ．また幸福観の文化比較から，私たちの文化における幸福と人間関係について考えてみよう．加えて，疾患との関連が指摘されているパーソナリティがある．人間関係の特徴を含め，各タイプの行動パターンについて見てみよう．

第1節　人間関係のストレスとその対処

1 ストレスとは

　ストレスとは，元来，物理学や工学において，外部から物体に圧力がかかり，それによって生じる歪みを補正して元の状態に戻ろうとする反発力が働いている状態を示す用語であった．このような物理的な世界の用語を現在のように生体の世界に導入したのは生理学者のセリエ［Selye 1936］である．心理学では生体にかかる外的刺激をストレッサー，ストレッサーが与えられた際に生じる生体の反応をストレス反応と総称している．ストレッサーやストレス反応には様々な種類がある．たとえば，物理的刺激（騒音，酷暑など），環境的出来事（災害など），心理社会的出来事（家族の死，人間関係のトラブル，勉強や仕事上の問題など）［春木 2007］といった外部からのあらゆる刺激がストレッサーになる可能性がある．ストレス反応は，自律神経・内分泌系・免疫系などの生理学的な身体覚醒，怒り・抑うつ・不安といった不快な主観的感情（情動），判断の誤り・引きこもり・作業能率の低下といった認知―行動的な変化などからなっている［津田 1997］．

　人間の心と身体は相互に関連しているため（心身相関），心理社会的ストレッサーの経験は疾患の発症とも関連があると考えられている．ホームズとレイ［Holms & Rahe 1967］は，心理社会的ストレッサーの中でもライフイベント（生活を変化させるような重大な事件や出来事）に着目し，社会的再適応評価尺度を作成した．ここでは「結婚」という環境の変化に適応する際に必要な労力が基準点とされ，様々なライフイベントのストレス強度が LCU 得点（Life Change Unit Score）として得点化された．得点が高いイベントは配偶者の死，離婚，けがや病気，失業などであり，過去1年間の合計得点が高いほど病気になる可能性が高いとされた．社会的再適応評価尺度の重要な成果は，家族関係や社会的関係がストレッサーになることに言及した点や，通常は良い変化と思われる出来事でも健康に負担となる可能性を指摘した点である．しかし，ライフイベントによって健康状態がすべて説明できるわけではないことや，ライフイベントの影響の個人差が考慮されていないという問題点が指摘されている．

　現在の心理学的ストレス研究は，これらの要素が加味されたラザルスとフォルクマン［Lazarus & Folkman 1984］による心理学的ストレス理論を基礎とした

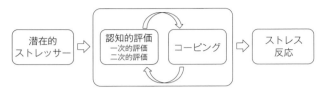

図10-1 ラザルスとフォルクマンの心理学的ストレス理論の概要
(出所) Lazarus & Folkman [1984].

ものが主流である．ラザルスらの理論ではストレスを個人と環境のダイナミックな関係として捉える．まず，私たちが経験する様々な刺激や出来事はすべて潜在的ストレッサーであり，そのうちストレスフルと評価されたものがストレッサーとなる．この時に行われている主観的な評価のことを認知的評価という．認知的評価には，その出来事が持つ意味の評価（その出来事は自分に関係があるか，重要か，重荷や負担になるか）と，対処可能性の評価（その出来事の原因や解決方法をわかっているか，解決できる自信があるか）があり，前者を一次的評価，後者を二次的評価という．続いて，認知的評価に基づきコーピング（ストレッサーに対する対処：後述，本節［3］）が行われる．そして，コーピングが問題解決や感情調整に有効かどうかによって，ストレス反応に違いが生じる（図10-1）．したがって，ストレスを理解しうまく付き合っていくためには，ストレッサーをいかに捉え，いかに対応するかが重要なのである．またこの理論でストレッサーに関して，日常生活の中で経験する些細なストレッサー（デイリーハッスルズ（daily hassles）日常的苛立ちごと）の重要性が指摘された．日常的な人間関係の問題は，デイリーハッスルズの1つと捉えることができる．

2 対人ストレス──ストレッサーとしての人間関係──

橋本［2006］によれば，ネガティブな対人関係は基本的に2種類ある．1つは健全で親密なコミュニケーションが欠如・不足している「過小型対人関係」，もう1つは適正水準や対人規範を超過・逸脱しているネガティブなコミュニケーションに従事しなければならない「逸脱型対人関係」である．シャイな人が言いたいことを言えないなどの消極的相互作用は過小型，ケンカや対立などの敵対的相互作用は逸脱型と解釈できる．

しかし，私たちがストレスを感じる対人関係上の出来事には，この枠組みで

捉えられないものも含まれている．橋本［1997］は，普段の対人関係でストレスを感じる出来事（対人ストレスイベント）について調査を行った．その結果，対人ストレスイベントには逸脱型対人ストレスと解釈できる「対人葛藤」（ケンカや対立など社会規範からみても好ましくない顕在的対人葛藤），過小型対人ストレスと解釈できる「対人劣等」（社会的スキルの欠如・不足などにより劣等感を触発するような事態）に加えて，「対人摩耗」という類型が確認された．対人摩耗は，「親しくない人と会話した」，「無理に相手に合わせた会話をした」など社会的規範から逸脱しているわけではないが，配慮や気遣いによるストレスが生起する事態である．これは逸脱型にも過小型にも該当するとはいえず，そもそもそれがネガティブな対人関係であるかどうかも不明瞭である．

その後，対人関係全般から特定二者関係まで様々な対人関係におけるストレッサーを測定するための「対人ストレッサー尺度」（橋本，2005）が新たに開発された．ここでは「対人葛藤」（他者が自分に対してネガティブな態度や行動を表出する事態），「対人過失」（自分に非があって相手に迷惑や不快な思いをさせてしまうような事態），「対人摩耗」（自他共にネガティブな心情や態度を明確に表出してはいないが，円滑な対人関係を維持するためにあえて意に添わない行動したり，相手に対する期待はずれを黙認するような事態）という，対人ストレスイベント尺度（橋本，1997）とおおむね対応した3類型が確認された．また，大学生では，対人葛藤は対人過失や対人摩耗と比べて経験頻度が低く，あからさまな衝突よりも，他者に迷惑をかけてしまったり，不本意ながらも他者に同調するようなタイプの対人的相互作用の方が多いことが伺える［橋本2005］．

3 対人ストレスに対するコーピング

対人ストレッサーを含め，ストレッサーがなければどんなに良いことかと思う人は多いかもしれない．しかし心理学では，ストレスをなくすのではなく，ストレスとうまく付き合っていく（マネジメントする）ことが重要であると考えられている．ラザルスらの心理学的ストレス理論において（図10-1），ストレスフルな状況自体を解決したりストレッサーによって生じた不快な情動を軽減するための努力はコーピング（coping；対処）と呼ばれ，認知的評価に基づいて行われる．コーピングには様々な方略が存在するが，コーピングの分類次元としては問題焦点—情動焦点（コーピングの焦点が問題解決か，不快な情動の鎮静か），接近—回避（問題に接近しようとするコーピングか，回避しようとするコーピングか），行

動─認知（実際に行動を起こすコーピングか，考えること（判断や解釈など）に関するコーピングか），の3次元が妥当であるとされる［鈴木 2004］．

　ストレッサーが対人関係である場合の「対人ストレスコーピング」は，次の3側面から理解される．すなわち，ポジティブ関係コーピング（対人ストレスイベントに対して，積極的にその関係を改善し，よりよい関係を築こうと努力するコーピング方略），ネガティブ関係コーピング（対人ストレスイベントに対して，そのような関係を放棄・崩壊するようなコーピング方略），解決先送りコーピング（ストレスフルな対人関係を問題とせず，時間が解決するのを待つようなコーピング方略）である［加藤 2000］．

　一般的には，ストレッサーに対して積極的に問題を解決する問題焦点型コーピングが効果的であり回避的なコーピング方略は否定的な結果をもたらすが，対人ストレス研究ではこれとは異なる特有の作用が存在するといわれている［加藤 2008］．その鍵となるのは解決先送りコーピングである．解決先送りコーピングを用いることで，お互いに傷つけあう可能性を回避することができ，精神的負担を経験する必要がないため，ストレス反応が減少すると考えられている［加藤 2001a］．

第2節　ソーシャルサポート

1　ソーシャルサポートとは

　人間関係はストレッサーになる一方で，心身の健康や幸福を維持・増進する影響を持つ．その先駆的な例が，バークマンとサイム［Berkman & Syme 1979］による，対人関係と死亡率の関連を検討した9年間にわたる縦断研究である．研究の結果，結婚状況，家族や友人との接触の程度，教会への参加，その他の集団への所属などが9年後の死亡率を予測し，対人関係の最も少ない群は最も多い群に比べて死亡率が約2倍であることが示された．対人関係と心身の健康の関連が死亡率という非常にはっきりとした客観的な指標によって示されたことのインパクトは大きく，その後，個人をとりまく人間関係や周囲からの支援が心身の健康に及ぼす影響について「ソーシャルサポート」というテーマで多くの研究が行われてきた［浦 1992］．

　ソーシャルサポートの定義は複数存在し，多岐にわたる．特にコンセンサスを得ているものはないが，たとえばコッブ［Cobb 1976］はソーシャルサポート

を「ケアされ愛され，尊敬され価値があるとみなされ，コミュニケーションと相互に義務を分担するネットワークの一員である，と信じさせてくれるような情報」として定義し，ソーシャルサポートは情報であるという点を強調した．また，カーンとアントヌッチ［Kahn & Antonucci 1980］は個人のソーシャルサポートネットワークを社会的コンボイとしてモデル化した．社会的コンボイモデルは，母艦が多数の護衛艦に守られているように個人も複数の人々によって支えられていることを示している．彼らはソーシャルサポートの概念を「愛情（affect），肯定（affirmation），援助（aid）の3つの要素のうち1つまたはそれ以上を含む個人間の相互作用」と定義した．近年では福岡［2006］がソーシャルサポート研究におけるサポートの概念を明確化する必要性を指摘し，「サポートとは持続的な対人関係のなかで取り交わされる援助であり，その対人関係のなかで相手を助けようとする他者の具体的な行動として表現されるべきである」と述べている．

2　ソーシャルサポートの種類と測定

　ソーシャルサポートの内容は研究者の関心のある領域や対象者ごとに研究されており，一様ではない．しかし大別すると，道具的サポートと情緒的サポートに分類される．道具的サポートは問題解決のために直接寄与するサポートであり，これには問題解決に介入する直接的なサポートと，問題についての情報提供という間接的なサポートの2種類がある．一方，情緒的サポートは心理的な負担を和らげたり自尊心の維持・回復を促すようなサポートであり，愛情や愛着，親密性のような情緒的側面への働きかけと，評価やフィードバックのような認知的側面への働きかけの2種類があることが示唆されている［浦 1992］.

　ソーシャルサポートの測定方法の代表的なものには，実行されたサポート（実行サポート），知覚されたサポート（知覚サポート），サポートネットワークの3つが挙げられる．まず，実行されたサポートは，一定期間にサポート行動が実際にどの程度行われたか，という観点からサポートを捉えるものである．サポートの受け手の観点からは「受領されたサポート」と呼ばれることもある．次に，知覚されたサポートは，サポートが必要なときにどの程度入手可能と思われるか，すなわち利用可能性の観点からサポートを捉えるものである．最後に，サポートネットワークの測定は，自分の周りの人々との間にどれくらいサポーティブな対人関係を持っているのかを測定するものであり，「○○してく

れる人」の存在や人数を問うものである．

3 ソーシャルサポートの効果

　ソーシャルサポートの効果はストレスとの関連で論じられることが多く，実際の研究では「ストレス緩衝効果」と「直接効果」として扱われてきた（図10-2）．

　ソーシャルサポートの「ストレス緩衝効果」は，ストレッサーがあまり存在しない場合にはソーシャルサポートの多寡によるストレス反応の差はみられないが，ストレッサーが高い場合，ソーシャルサポートが多いとその悪影響が緩衝（軽減，緩和）され，ソーシャルサポートが少ない場合よりもストレス反応は低く抑えられるというものである．心理学的ストレス理論の視点からサポートの効果が解釈される場合は，このストレス緩衝効果が強調される．ソーシャルサポートは2つの段階でストレッサーの悪影響を緩衝する．第1に，サポートはストレス過程（図10-1）における認知的評価の段階でストレッサーの要請に対する認知的修正，心理状態の維持という効果をもつ．すなわち必要なときにサポートが得られるという認識があれば，ストレッサーを深刻なもの，対処に多大な努力を要するものと評価しなくてもすむし，安定した心理状態を維持できる．ここでのサポートはサポートネットワークや支援に対する利用可能性の評定である知覚サポートである．第2に，サポートはコーピングの過程において，個人のコーピングの促進，サポートによる課題の処理，個人の心理状態の

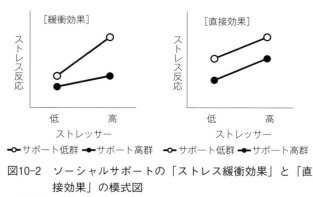

図10-2　ソーシャルサポートの「ストレス緩衝効果」と「直接効果」の模式図

（出典）福岡［2006］より作成．

維持，ストレス事態の再評価を促すといった効果をもつ．ここでのソーシャルサポートは，サポートネットワークや知覚されたサポートの他，実行されたサポートの受領でもありうる [稲葉 1998; 福岡 2006]．

一方，ソーシャルサポートの「直接効果」とは，ストレッサーの高低に関わらずソーシャルサポートはストレス反応を直接低めるなど有益な効果を持つというものである [稲葉 1998; 福岡 2006]．自分にどれほど多くの知り合いがいるかや，仲間にどれくらい受け入れられているかということは，ストレッサーの程度とは無関係に，普段から心の安定感や自尊心などに影響を及ぼす．したがって，サポートを社会的ネットワーク（特定の対人関係（婚姻など）の存在，ネットワークの大きさ，数など）によって測定したときには直接効果が表れやすい [浦 1992]．

❖ TOPICS 19　患者とソーシャルサポート

困っているときや辛いとき，とりわけ健康を損なった時には，いつも以上に周囲の人からのサポートをありがたく感じるものである．しかし，どのような内容のサポートであっても，また誰がサポートをしても，患者にとって役に立つのだろうか．

金・嶋田・坂野 [1998] によれば，慢性疾患患者におけるソーシャルサポートは「日常生活における情動的サポート」（患者に対する精神的支援）と「疾患に対する行動的サポート」（食事療法や薬物療法に関する具体的・行動的支援）の2側面から構成されているという．また，ソーシャルサポートは患者が必要な健康行動をとることができるという自信を高め，その結果として患者のストレス反応を軽減するというプロセスが明らかにされている．

ガン患者の視点からソーシャルサポートの有益性を検討した研究では，家族や友人からのサポートは主に情緒的なものである場合に有益であるとみなされる場合が多く，医師や看護師といった専門家からのサポートは主に道具的なものである場合に有益であるとみなされることが多いことが報告されている．つまり，誰がどのようなサポートをするか，ということが重要なのである [Dakof & Taylor 1990]．

さらに，成人アトピー性皮膚炎患者を対象に行われた研究によれば，家族と友人・知人に望むサポートには4種類あり，それぞれ情緒的サポート，道具的サ

ポート，情報的サポートと解釈される側面に加え，「静観」という側面が確認されている．ここでの「静観」とは，病気を特別扱いせずに通常どおりに接するという内容である［神庭・松田・柴田・石川 2009］．このことは，症状が皮膚という外から見える部分に出る，慢性的に経過する，直接的に生命に関わらないといった疾患の特徴とも関係があるかもしれない．しかし，サポートの受け手を無視したり問題を回避するのではなく「過剰に介入せずに見守る」という点は，適切なサポート行動を考える際の１つの観点として挙げておきたい．

第 3 節　幸福観の文化差と人間関係

1　文化的幸福観

　幸福感（幸福であると感じること）や幸福観（幸福とは何か）は主観的であり個人によって異なるが，ある文化において幸福とは何かという共有された理解である「文化的幸福観」があることも知られている．幸福観の文化差は，自己観（人一般についての理解の仕方）の文化差と一致し，多くの研究で報告されている［Uchida et al. 2004］．なお，自己観には欧米文化で優勢な，人はそれぞれ独立した存在であるという相互独立的自己観と，東洋文化で優勢な，人は本来的に周囲の他者と結びついた存在であるという相互協調的自己観がある［Markus & Kitayama 1991］（第11章第2節［2］参照）．

　欧米文化においては，幸福は非常に望ましいものであり，良い特徴や良い状況はさらなる幸福を招くという増大モデルで捉えられる．また，幸福は覚醒水準が高く興奮度の高い感情であり，個人の内的価値である「自尊心」と強く関係する．一方，東アジア文化の幸福観には，物事には良い面と悪い面は同時に存在し，人生全体を通してみると良いことと悪いことの数はほぼ等量であるという暗黙の人生観がみられる．そして，幸福は覚醒水準が低く穏やかな感情で，対人関係の中での結びつきを感じることによって得られるものであることが示されている．こういった幸福観の背景には，関係流動性（対人関係の選択肢の多さ）の違いがある（第11章第3節［1］参照）．関係流動性の高い社会では新たな人間関係を築く機会が多くあり，人々は既存の人間関係にこだわるよりも，より好ましい出会いを探し求めようとする．より良い機会を手に入れるために，人々は自らの中に肯定的な特徴（高い自尊感情など）を見出すことが期待さ

表10-1 文化的幸福観に関する知見

文化	幸福の捉え方	幸福の意味	社会的・経済的要因ならびに社会的変化との関連
欧米	ポジティブ 増大モデル 高覚醒	個人達成志向 ・主体性と自律性 ・個人目標達成 ・自尊心，誇り	選択の自由 関係流動性（対人関係の選択肢の多さ）の高い社会
東アジア	ネガティブさの包摂 陰陽思考 低覚醒	関係性志向 ・協調的幸福感，人並み感 ・関係目標達成 ・関係性調和 ・ソーシャル・サポート	グローバル化のもと，個人主義の影響が議論されている（個人達成志向による幸福の低減）

（出典）内田・荻原［2012］とUchida & Ogihara［2012］より作成。

表10-2 協調的幸福感尺度

1	自分だけでなく，身近なまわりの人も楽しい気持ちでいると思う
2	周りの人に認められていると感じる
3	大切な人を幸せにしていると思う
4	平凡だが安定した日々を過ごしている
5	大きな悩み事はない
6	人に迷惑をかけずに自分のやりたいことができている
7	周りの人たちと同じくらい幸せだと思う
8	周りの人並みの生活は手に入れている自信がある
9	周りの人たちと同じくらい，それなりにうまくいっている

（出典）Hitokoto & Uchida［2015］。

れている。一方，東アジアの農業経済に由来する社会は一般的に関係流動性が低い。関係流動性の低い社会では，孤立することが大きな損失となるため，個々人の目標を最大化するよりも集団や人間関係の調和を維持しようとする動機が顕著である［内田・荻原 2012; Uchida & Ogihara 2012］（**表10-1**）。

2 協調的幸福感

このように幸福観には顕著な文化差がみられるにもかかわらず，幸福感の国際比較では欧米で開発されてきた幸福感を測定する尺度が用いられることが多く，こうした尺度で測定される日本の幸福感は他国に比べて低いことが指摘されていた。こういった背景から，近年，日本的な幸福の捉え方に基づいた「協

調的幸福感尺度」が開発されている（表10-2）．この尺度は「他者との協調性と他者の幸福」，「人並み感」，「平穏な感情状態」に焦点が置かれ，日本人においても高い値が確認されている［Hitokoto & Uchida 2015］．

❖ TOPICS 20　人間関係と健康・幸福の増進

　人間関係から健康や幸福の恩恵を得るには，どのように考え，行動するのがよいだろうか．本章で紹介した知見に加え，いくつかの興味深い研究成果をヒントに考えてみよう．

1．対人ストレスに柔軟に対処する

　第1節で対人ストレスコーピングの概念を紹介したが，あるコーピングがどのような状況でも有効というわけではない．したがって，「あるストレスフルな状況下で用いたコーピングがうまく機能しなかった場合，効果的でなかったコーピングの使用を断念し新たなコーピングを用いる能力」，すなわちコーピングの柔軟性が重要となる．コーピングの柔軟性が豊かである者は抑うつ傾向が低いことが明らかになっている［加藤 2001b］．多様なコーピングを身に付け，状況に合わせて使用することが大切だろう．

2．ソーシャルサポートに気づく

　サポートにはともすれば，「他者が提供する行為によって助けられる」というイメージがあるが，ソーシャルサポートの主要な効果は，サポートをしてくれる他者が存在するという知覚によって状況や自分自身に対する認知が肯定的な方向に影響を受けるという心理的効果である［稲葉 1998］．また，人が良好な対人関係の中に身を置くことが基本的に重要であり，そのような対人関係の中にいる自分の幸運をどの程度積極的に認め，それを利用するかが次に重要である［浦 1992］．今一度，日頃の人間関係を振り返り，自分の周りにいてくれる人々やサポートに目を向けてみてはどうだろうか．

3．人に親切にする

　親切と幸福感との関連について興味深い知見がある．大学生を対象として，1週間，親切な行動を意識して行いそれを記録する課題を行う群（介入群）と，そう

いった課題を行わない統制群が設定された．介入の1カ月前と1カ月後の幸福感の比較により，介入群では幸福感が高まることが示された．親切な行動は他者との良い社会的関係を築き，適応を促し，幸福感を促進すると考えられる［Otake et al. 2006］．ソーシャルサポートに気づいたり受け取ったりすることに加え，誰かに小さな親切やサポートをすることも，私たちの幸せにつながるのである．

第4節 健康とパーソナリティ

1 タイプA行動パターン

　冠状動脈疾患は虚血性心疾患とも呼ばれ，狭心症と心筋梗塞を指す．冠状動脈は心臓に酸素や栄養を供給する動脈で，この冠状動脈が何らかの原因によって狭まったり閉塞した状態になる病態を冠状動脈疾患という．冠状動脈疾患の危険因子としては，加齢，性別，家族歴，生活習慣，そしてタイプA行動パターンやストレスなどが挙げられる［鈴木 2007］．

　フリードマンとローゼンマン［Friedman & Rosenman 1959］は冠状動脈疾患の患者に特有な行動パターンを見出し，これをタイプA行動パターンと名付けた．タイプAの具体的な特徴としては，強い目標達成動機，競争心，敵意や攻撃性，時間的切迫感などが挙げられる．彼らはタイプAとその反対の心理行動傾向（あくせくせずのんびりしており，敵意や攻撃性をあまり持たず，仕事はマイペースで対人的には温和）を持つタイプBとを追跡調査し，タイプAはタイプBに比べ冠状動脈疾患の罹患率が2倍以上であったことを報告している［Rosenman et al. 1975］．その後も複数の研究が行われ，タイプAと冠状動脈疾患との関連を否定する報告もみられるようになった．現在では，タイプAは様々な構成要素を含んだ概念であり，その中でも，怒り・敵意・攻撃性が疾患との関連を持つ核心的な部分であると考えられている［鈴木 2007］．

2 タイプC行動パターン

　ガン（悪性新生物）は日本人の死因の第一位を占める疾患である．ガンは細胞内のDNAの変異によりガン細胞が生じ，それが悪性腫瘍を形成し，これが増殖したり転移したりしてやがては死に至る［鈴木 2007］．ガンの危険因子としては遺伝や生活習慣（喫煙，偏った食生活，飲酒，運動不足など），感染性要因などが

知られているが［Inoue et al. 2012］，行動パターンや心理的ストレスも一因であるといわれている．

テモショックは，ガン患者が示す行動パターンをタイプCと名付けた．その特徴は，怒りをはじめとするネガティブ感情の無表現，対人関係においては忍耐強く控えめで協力的，他人に気を遣いすぎ極端に自己犠牲的，といったものである．タイプAと同様にタイプCもまた核となる要因があると考えられている．それは感情の無表現である［Temoshok & Dreher 1992］．

3 タイプDパーソナリティ

近年，心疾患の発症要因として注目されているのが，デノレットらの提唱したタイプDパーソナリティである［Denollet 2005；Denollet, et al. 1996］．タイプDは，ネガティブ感情（不安や抑うつなどネガティブな感情を喚起することが多く，自己に対して消極的な考えを持つ傾向）と社会的抑制（他者からの反感を避けるために社会的な場面において感情表現を抑制する傾向）の2つから構成される．両者がともに高い傾向を Distressed（抑うつ，悲観的，不安，社会的不安と社会的孤独を伴った状態）とし，頭文字からタイプDパーソナリティと命名された［石原ほか 2015］．日本の高齢者を対象とした研究では，タイプDの人は心理的苦痛が強く，自分が不健康だと感じやすいことが示されている［Kasai et al. 2013］．

4 パーソナリティや行動パターンと病気とを結びつけるもの

これらのパーソナリティは総じて，ストレスへの接触が多いことやストレスへの脆弱性を有することが考えられる．たとえば，怒りや攻撃性の高い人はストレスに対する心臓血管系などの高い反応性を示すこと（精神生理学的反応性），敵対的なものの見方や行動からストレスフルな経験が多くその緩衝要因であるソーシャルサポートも少ないこと（心理社会的脆弱性），怒りや攻撃性は喫煙・飲酒・不健康な食行動などと関連していること（健康関連行動）が明らかになっている．こういった要因が，怒り・攻撃性と冠状動脈疾患を結びつけると考えられている［井澤 2016］．また，私たちにはガン細胞を攻撃する免疫機能が備わっているが，中でも重要な役割を果たすナチュラルキラー細胞（NK細胞）活性の低下は，多様な生活習慣，心理社会的ストレス，感情表出と関連があることが明らかとなっている．感情表出を豊かにできる生活はガンの予防にもつながることが示唆されている［鈴木 2007］．

なお，先行研究により，これらの行動パターンは永続的なものではなく変容可能であることが示されている．重篤な疾患を予防するためにも，行動パターンの変容やストレス対処は重要であろう．

📖 読書案内

春木豊・森和代・石川利江・鈴木平［2007］『健康の心理学——心と身体の健康のために——』サイエンス社．

大石繁宏［2009］『幸せを科学する——心理学からわかったこと——』新曜社．

谷口弘一・福岡欣治編［2006］『対人関係と適応の心理学——ストレス対処の理論と実践——』北大路書房．

浦光博［1992］『支えあう人と人——ソーシャル・サポートの社会心理学——（セレクション社会心理学8）』サイエンス社．

第11章 文化

KEY WORDS

心と文化の相互構成　相互独立的自己観　相互協調的自己観　包括的思考　分析的思考　社会生態学的アプローチ　生業形態　関係流動性　名誉の文化　社会的ニッチ構築　デフォルト戦略　ヴィゴツキー　文化的道具媒介　社会文化的アプローチ　活動理論

はじめに

　私たちの行動や行動の受けとめ方が文化によって異なっていることは，日常生活のなかで接する情報からも，今や当然のこととしてとらえられている．しかし，儀礼や慣習や暗黙のルールというような，異なる文化で生活すると気がつくような行動習慣だけでなく，実は，心理学が対象としてきたこころの特徴についても，文化によって異なっていることが明らかにされている．本章では，こうした「こころの文化差」を研究対象として様々な展開を見せている，文化心理学の各アプローチの概要を説明する．

第1節　文化心理学とは？

1　文化心理学の背景

　心理学では，人間の様々なこころの特徴や行動傾向（これらを便宜的に心的特性と呼ぶ）を明らかにし，それらを説明する普遍的な法則や理論を探求することを目的とすることが主流であった．近代的心理学の祖といわれるヴントが実験心理学とともに必要性を説いた『民族心理学』（1900～1920）は，当時の民族心理学への関心から，実験的研究ではとらえられないテーマ（言語，神話，慣習等）を扱う領域として提唱されていた［高砂 2003, 2005］．文化心理学とも呼べるこ

の領域に，後続の研究による発展はみられなかった．その後，文化人類学の諸研究において文化の成員（メンバー）の心的特性が明確に示されるようになると，心理学においてこれまで明らかにされた現象や法則が，欧米以外の文化圏においては見出されないのではないか，という疑問が呈されるようになった．

こうした流れのなか，心理学においては1950年代から1960年代にかけて，異なる文化圏における心的特性を測定・比較することによって心的特性の文化差を明らかにする異文化間心理学（Cross-cultural psychology）が急速に発展した．異なる文化の人々の心的特性に差があるという事実が次々に明らかにされ，「こころの文化差」が生じるプロセスを探求することが新たな課題となった．

2 文化心理学の台頭

異文化間心理学においては，多くの場合，文化を独立変数とし，心的特性を従属変数とすることで，異なる文化における成員の心的特性の差を明らかにするという方法論をとっていた．そのため，ある心的特性に文化差がみられた場合に，それがいかなるプロセスによって生じるのかについては，統合的な説明を与えることが困難であった．この説明のためには，文化そのものと，文化の成員の心的特性との関係を扱う理論的な視座が必要になる．

そこで，心的特性の文化差が生じるプロセスについて説明を与えることを志向した諸研究が行われるようになった．1990年代以降は，発達心理学と社会心理学の分野のそれぞれにおいて体系的な研究が行われるようになり，各研究者は自分の研究領域に「文化心理学」という呼称を用いた．とくに，社会心理学の分野では，後述の心と文化の相互構成アプローチを「文化心理学」と呼ぶが，発達心理学においても文化心理学と称するアプローチがある．

他方で，異文化間心理学は，文化心理学と同様の関心を保ちつつも，異文化や多重文化における適応，異文化間接触など，現代社会の情勢に呼応して，文化と人間の心的特性に関するより現実的なテーマを扱うようになっている．これらの領域は，社会心理学や発達心理学の従来の諸研究と重なる領域である．

本章では，心的特性の文化差が生じるプロセスを明らかにし，個人の心的特性と文化との関係を説明することに志向したアプローチを総称して「文化心理学」と呼ぶ．以下では，社会心理学からの3つのアプローチ，発達心理学からは，ヴィゴツキーの理論より発展してきた2つのアプローチを取り上げる．

第2節　心と文化の相互構成

1　心と文化の相互構成アプローチ

　社会心理学において，心と文化の関係についての説明を与えているのが，心と文化の相互構成アプローチ（以降，相互構成アプローチ）[北山 1994, 1997] である．このアプローチでは（図11-1），ある文化で生活する個人は，その文化に適応していくなかで，文化を構成している社会制度や慣習や言説（図の左側）を慣れ親しんだものとして受けとめる．これらの文化の諸要素には，その文化の成立の基礎となる人間観や世界観が浸透している，という前提がおかれている．したがって，ある文化に適応した個人は，その文化の成立の基礎となっている人間観や世界観に沿った心的特性（図の右側にあたる，自己や他者についての認知，感情や動機づけなど）を持つ傾向にある（図の「心の形成」）．これが心的特性の文化差となって現れると考えるのである．

　特定の文化に適応し，その文化の背景にある世界観・人間観に沿った心的特性を持った個人は，その文化のメンバーとして，その文化の諸要素（社会制度や慣習や言説）を支えるようになる．こうしてまた，この文化の諸要素は，新しいメンバーによって多少の変容をともなうことがありながらも，世界観・人間観が浸透したまま維持されていく．ここでは，この文化の基盤となる世界観を文化的認知スタイル，人間観を文化的自己観と呼ぶことにする．

　文化的認知スタイルや文化的自己観は，人々の社会的相互作用のガイドとして働くため，文化の諸要素はそれに基づいて生み出され，互いに結びつきあっ

図11-1　心と文化の相互構成のモデル

（出所）北山 [1997].

て文化を形成する．これにより，文化的認知スタイルや文化的自己観が文化の諸要素に広く浸透していると考えるのである．

2 相互独立的自己観と相互協調的自己観

文化的自己観については，マーカスと北山［Markus & Kitayama 1991］が相互独立的自己観と相互協調的自己観を提示している．相互独立的自己観は，欧米を主とする西洋の文化圏，相互協調的自己観は，東アジアやその他多くの地域にみられる人間観である．これらの人間観の違いが，西洋の人々と東アジアの人々との心的特性の差を説明すると考えられている．

相互独立的自己観では，人はそれぞれ個別の独立した主体として存在するという前提で人間をとらえる．人間関係は，ある性質や能力を備えた個人が他者と取り結ぶ関係を表し，それによって，家族や友人，職場の同僚などの社会的な役割が，その個人に付与されるものとしてとらえられる．一方で，相互協調的自己観は，人ははじめから互いに何らかの関係をもって存在するという前提で人間をとらえる．相互独立的自己観のように，他者と独立して自己を定義できると考えるのではなく，他者との関係があってはじめて自己が定義されると考える．したがって，個人の性質や能力というものは，家族や友人や職場の同僚などの他者との社会的関係のもとで把握される．

これらの文化的自己観は，他者との相互作用において一定の方向づけを与える．相互独立的自己観をもつ人々は，独立した個人同士が人間関係を取り結ぶという視点を持つため，他者とのやりとりにおいては，自分がどのような素質を持っているのか，どのような意見や関心を持っているのかを他者に明確に伝え，新たな人間関係の形成に役立つ情報提供を適切に行うことが重要になる．一方，相互協調的自己観を持つ人々は，他者との関係において自己の存在が定義されるという視点から，その場の状況と他者の行動から自分に与えられている役割や期待を把握し，それに応じてうまく振る舞うことが求められる．他者の関心や意見に注意を払い，他者の期待に配慮して自己の意見や関心を調節することが重要となる．

相互独立的自己観と相互協調的自己観の違いにより，それらを背景に持つ文化に適応した個人の心的特性にも違いが生じる．たとえば，これらの自己観は自尊感情（第1章第5節［1］参照）を高く維持しようとする自己高揚動機（第1章第4節［1］参照）にも影響している．北山ら［Kitayama et al. 1997］は，自尊感

情を高める成功状況と低める失敗状況を日米の大学生から書き出してもらい，それらの状況に自分がおかれたときに感じる自尊感情を，別の日本人大学生とアメリカ在住の日本人大学生（両者を日本人とする），アメリカ人大学生に尋ねた．その結果，日本人とアメリカ人のどちらが考えた状況かにかかわらず，アメリカ人は日本人よりも成功場面で自尊感情をより高く評価し，日本人はアメリカ人よりも失敗場面で自尊感情をより低く評価した．また，アメリカ人が考えた成功状況においては，アメリカ人が考えた失敗状況においてよりも，アメリカ人と日本人のいずれもが自尊感情を高く評価した．日本人が考えた失敗状況においては，アメリカ人と日本人はともに，日本人が考えた成功状況においてよりも自尊感情を低く評価した．これらの結果は，アメリカ人は成功状況に敏感であり，全体的に自尊感情を高く保つ傾向にある一方で，日本人は失敗状況に敏感であることを示している．また，この研究の他の結果では，アメリカにおいては日本よりも，より自尊感情を高める成功状況に遭遇しやすいことが示唆されている．したがって，アメリカ人は，成功に敏感な心的特性を持ち高い自尊感情を維持する傾向にあると同時に，自尊感情を高めやすい現実のなかで実際に生活している．ここから成功に敏感な心的特性が身につき，他者や自分のちょっとした成功を賞賛するなど敏感に反応することで，自尊感情を高める状況が多く生み出されやすくなる．状況サンプリング法（各文化の成員が生きる社会的状況と文化成員の心的特性との関係を検証する方法）によるこの研究は，文化的現実のなかでの成員の心的特性の形成と，その心的特性を持った個人間の相互作用による文化的現実の維持という「心と文化の相互構成」のプロセスを支持する結果を示している．

3 包括的思考と分析的思考

　文化の背景にある世界観としての文化的認知スタイルについては，分析的思考と包括的思考という2つの認知スタイルがニスベットによって提唱されている．文化的認知スタイルとは，自分を含むこの世界をどのようなものとして把握するかという，世界をとらえる認識の枠組みのことを意味している．人間観と同様に，分析的思考は，欧米を主とする西洋の文化圏にみられる世界観であり，包括的思考は，東アジアやその他多くの地域にみられる世界観である．これらの認知スタイルの違いが，西洋の人々と東アジアの人々との心的特性の差を説明すると考えられている．包括的思考と分析的思考は，古代文明の時代

第11章 文　　化　　161

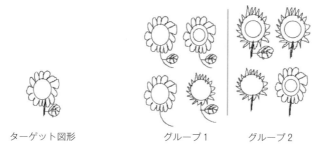

ターゲット図形　　　グループ1　　　グループ2

図11-2　カテゴリー分類課題の刺激
（注）ターゲット図形1つを省略．
（出所）Norenzayan et al.［2002］より作成

に，その文明の地理的環境や人々の生業形態（農耕・狩猟・漁猟・牧畜など）の諸条件に応じて形成されたと想定されている［Nisbett 2003］．

　分析的思考には，ある現象をとらえるときに，その現象の不変的な側面や内的要因，中心となっている事象に注意を向ける傾向がある．また，複数の対象をとらえるときに，それらの対象に共通する属性に注意を向けて分類し，背後にあるルールに基づいて判断する傾向もある．一方，包括的思考においては，現象をとらえるときに，その現象の変化する側面や外的要因，現象をとりまく状況に注意を向ける傾向がある．また，複数の対象を，それらの関係性に基づいて分類し，類似性に基づいて判断をくだす傾向がある．

　これらの認知スタイルのそれぞれを背景に持つ文化圏の間では，カテゴリー分類や原因帰属（第2章第1節［1］参照）など，様々な認知機能において差がみられることが示されている．たとえばノレンザヤンら［Norenzayan et al. 2002］は，一連の認知課題の結果をヨーロッパ系アメリカ人とアジア系アメリカ人，東アジア人（日本，中国，韓国）の学生で比較して，包括的思考と分析的思考による差異を明らかにしている．カテゴリー分類については，たとえば**図11-2**のターゲットとなる花の絵が，4つの花からなる2つのグループのどちらに似ているかを判断させた場合，アジアの学生では左側のグループを選択する割合が高く，ヨーロッパ系アメリカ人では右側のグループを選択する割合が高く，アジア系アメリカ人では選択の割合に差はなかった（「どのグループに属するか？」と尋ねた場合には3つの群の学生の間に差はみられず，いずれの群においても，右側のグループを選択する割合が高かった）．

花の絵を構成する要素（花弁，花柱，茎，葉）のうち，ターゲットの絵と同じ要素の数をグループで数えると，左側のグループが右側のグループよりも多い．つまり，ターゲットの絵とすべて共通する要素はないが，グループのどの花とも全体的に似ていることになる（家族的類似性による判断）．一方，右側のグループは，茎の部分がグループのすべての花とターゲットの絵が一致している．つまり，共通の要素をもつという点で似ていることになる（ルールに基づいた判断）．この結果は，包括的思考を背景にもつ東アジア人の学生は家族的類似性に基づいて判断したのに対し，分析的思考を背景にもつヨーロッパ系アメリカ人はルールに基づいて判断をしたことを示しており，異なる文化的認知スタイルを背景に持つ文化の成員間でカテゴリー判断の特徴に違いがあることを示している．

第3節　社会的相互作用と適応

1　社会生態学的アプローチ

社会生態学的アプローチは，相互構成アプローチとは別に，こころの文化差を社会生態学的な視点から説明していく．このアプローチは，人間がそこでうまく生活していく環境（適応環境）を，物理的環境だけでなく広く社会的な環境にまで拡張し，適応環境の特徴と人間の心的特性とが相互に影響しあうプロセスを解明することを目指している．したがって，心的特性の文化差は，それらの文化の社会生態学的環境の特徴が異なることにより，その環境に適応するために人々が獲得してきた心理学的傾向として生じるものとしてとらえられる（図11-3）．

社会生態学的な特徴には，病原体の蔓延度，生業形態，流動性（新しい物理的環境や社会的環境の選択のしやすさ）など，様々なものを考えることができる．アメリカにおける生業形態による心的特性の差を示した「名誉の文化」［Nisbett & Cohen 1996］はよく知られている（TOPICS 21）．実証的研究で扱われている社会生態学的特徴のうち，最も注目されるものの1つが関係流動性である［竹村・結城 2014］．

関係流動性とは社会的環境における人間関係の選択肢の多さ，つまり人が今ある人間関係とは別の，新たな人間関係を取り結ぶことがどの程度容易であるかを示す概念である．日本の社会は，「しがらみ」といったことばが日本的な

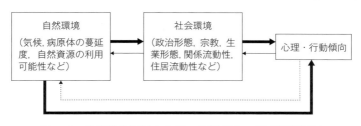

図11-3　生態学的環境と心理・行動傾向の相互影響過程
(出所) 竹村・結城 [2014].

人間関係を表現する際に用いられるように，概して関係流動性の低い社会である．一方で，アメリカのような社会は関係流動性が高いといえる．

　関係流動性の影響は，自己過程，対人過程，集団過程と広範にみられることが研究によって示されてきている．たとえば，関係流動性の高い社会に適応する成員は，高い自己評価をもつ傾向にある．新たな人間関係（友人や恋人など）をつくることが，現在の人間関係を維持するよりも大きな利益を得るのであれば，人はその新しい人間関係をつくることに志向するだろう．しかし，他の成員も同様の志向をもつとすると，そこに競争が起き，新たな人間関係をつくることに失敗する可能性もでてくる．ここで，自分が他者に受け入れられる存在ではないという低い自己評価を持ち，関係づくりの失敗に注意を向けて新たな関係形成を避け続けていると，得られる可能性のある利益を失い続けることになる（ここで失われている新たな関係から得られるはずだった利益を機会コスト［山岸1998］と呼ぶ）．関係流動性の高い社会では，新たな関係形成を回避していると多くの機会コストを払うことになるため，失敗に目を向けないような高い自己評価を保ち，新たな関係形成を積極的に試みることが適応的な行動になる．反対に，関係流動性の低い社会では機会コストが小さく，リスクを冒して新たに関係を形成する必要がないため，自己評価を高く保つ必要もない．

　実際に，ヨーロッパ系カナダ人，アジア系カナダ人，日本人と異なる文化の成員の間で自己評価と関係流動性の関係を検討した研究［Falk, et al. 2009］では，ヨーロッパ系カナダ人の方が，アジア系カナダ人や日本人よりも自己評価が高いことが示された．これは相互構成アプローチの諸研究においても見出されている結果である．さらに，これらの差は，関係流動性の差の影響を受けていた．このように，社会生態学的アプローチの諸研究は，社会的環境に適応す

る過程で心的特性の差が生じてくるという心の文化差についての説明を支持する知見を提供している．

> ### ❖ TOPICS 21　名誉の文化
>
> 　「名誉の文化」とは，アメリカ南部地域の人々に共有されてきた，名誉を守るための暴力行為を奨励する信念とそれに基づく行動パターンである．ニスベットとコーエン [Nisbett & Cohen 1996] は，アメリカ南部地域の人々が他の地域の人々に比べて暴力的な傾向がみられることについて，教育水準や貧困等よりも生態学的要因による説明が有力であることを，多様な研究データと記録資料により実証した．
>
> 　生態学的な要因として注目したのが，人々の生業形態である．アメリカ南部では，17世紀末から19世紀初めまでの移民により，牧畜が最も重要な経済基盤であった．山岳と開かれた土地という地理的条件は牧畜に適しており，同時に辺境地域であるために法律が強い力を持たず，政府による統制が及ばなかった．これらの地域では基本的な食料自給を満たすことができず，ときに深刻な食糧難を迎えることがあった．そこで，他人の家畜を盗むということが大きな誘因となっていた．行政による犯罪抑止が有効でない以上，資産である家畜は自分自身の手で守らなければならない．こうした環境においては，コミュニティのなかで自己防衛力があることを他者に知らしめることが，自分自身とその家族の地位や豊かさを守っていくことに直結していたと考えられる．「名誉」とは，「自分の強さやタフネスについての評判」であり，もしこれが傷つけられるような侮辱的な行為が自分に向けられた場合には，全力でその相手を打ちのめし，自分の強さやタフネスを示す必要がある．こうして「名誉を重んじこれを守るべき」という信念が共有され，侮辱行為に対して人々は激しく暴力的に反応するという行動が形成されてきた，とニスベットとコーエンは考えた．
>
> 　地理的環境と生業形態に規定された生態学的環境への適応行動が，アメリカ南部の人々の暴力的傾向を生み出しているという点で，「名誉の文化」の研究は，生態学的アプローチの視点をもっているといえる．
>
> 　なお，南部地域では19世紀初めより牧畜経済は衰退の一途をたどったものの，調査結果では南部の人々の侮辱に対する暴力的な反応傾向がみられていた．これについて，ニスベットとコーエンは，一度形成された規範（名誉の文化の信念）

第11章　文　　化　165

は，その元となる生業形態が崩れコミュニティの各成員がたとえ望んでいなくとも，その規範が人々の行為を促進するため今後も維持される可能性があるとして，社会的ニッチ構築アプローチと同様の説明を与えている．

2　社会的ニッチ構築アプローチ

　社会的ニッチ構築アプローチでは，ある文化において共有されている行動の指針についての信念とその信念に基づいた行動の結果との相互構成の過程に注目する．ある文化の成員は，「このような場面でどのようにふるまうべきか」という行動の指針を「他の成員が共通に持っている」という信念を共有している．この信念に基づいて他者の行動を予測しつつ，自身の行動を選択する．そして，自分の選択したその行動は，結果として他者が抱く行動指針についての信念の基となる適応環境（社会的ニッチ）を構築する．このアプローチでは，文化において共有されている信念が異なれば，これに基づいた適応的な行動や心的傾向の種類も異なってくるために，心の文化差が生じると考える．

　たとえば，「他者を思いやること」を行動指針として社会の成員の皆が持っているという信念をもつと，他者を思いやる行為が期待されるある場面で，思いやりが示される行為を選択しなければ，他者からの反応は否定的なものになることが予測できる．反対に，思いやりが示される行動をとれば，他の成員が皆その行動指針を持っている（はずである）ため，肯定的な反応が予測できる．こうして，この共通の行動指針についての信念（他者を思いやる行動はよいと皆が考えている）に基づいて，思いやり行動が選択される．そしてこの信念は成員の間で共有されているから，同様の場面で多くの者が同じように思いやり行動をとる（社会的ニッチの構築）．実際に思いやり行動が多く観察されることによって，それぞれの成員は「他者を思いやる行動はよいと誰もが思っている」という共通の行動指針についての信念を確かなものとして維持する．

　社会的ニッチ構築アプローチにおいて，文化で行動指針が共有されているというとき，相互構成アプローチが前提としているように，文化の各成員がそれらの行動指針を当たり前のこととして自分自身に取り込んでいる（内面化している）必要はない．本人がその行動指針をどうとらえているか，ということよりも，本人が「他の人々はその行動指針を支持するように行動している」と考えていることが重要である．山岸ら [Yamagishi et al. 2008] は，ペン選択の追試実

験により，内面化された相互独立的自己観や相互協調的自己観が影響をもたらすとした相互構成アプローチの説明を不要なものとしている．そして，デフォルト戦略（TOPICS 22）の概念を提示することで，心的特性の文化差が，行動選択の場において行動指針の信念にしたがう必要があるか否かによって生じたり消失したりする事実を説明した［橋本 2014］．

3 各アプローチの強調点

社会心理学からの3つのアプローチは，互いに共通点がみられるものの，心的特性の文化差が生じるプロセスについての説明の力点は異なっている．

相互構成アプローチは，文化による心的特性の差について次のように説明する．すなわち，文化の成員はそこでの生活を通じて，文化を構成している諸制度や慣習等の背景にある人間観や世界観を身につける（内面化する）ため，それら世界観や人間観に結びついた心的特性を示すようになる．このアプローチの主眼は，すでに文化の諸要素に浸透している世界観（文化的認知スタイル）と人間観（文化的自己観）の違いによって，様々な心的特性の文化差を説明できる，というところにある．そのため，個人がある文化の人間観や世界観をどのようにして内面化するのか，また，それらを内面化した個人がいかにして，世界観や人間観を反映させたまま文化の諸要素を引き継いでいくのか，というプロセスそのものには焦点が当てられていない．

生態学的アプローチは，文化による心的特性の差は，文化の成員が自らの生活環境に適応しようとする結果として現れると考える．このアプローチの主張の特徴は，文化による心的特性の差が，文化の成立基盤となっていた生態学的環境に起源を持つということにある．物理的な環境の条件は生業形態を規定し，ひいてはそこに成立する社会の諸条件も規定する．こうして歴史的に形成されてきた物理的・社会的な生態学的環境に適応するために，特定の心的特性が獲得されてきたと考える．しかし，相互構成アプローチと同様に，文化の成員が特定の心的特性をいかにして獲得するのかというプロセスそのものには焦点があてられていない．

一方で，社会的ニッチ構築アプローチでは，各文化成員が共有している行動指針「についての信念」に基づいて行動を選択し，その集合的結果が行動指針についての信念をまた強化する，という相互構成のプロセスの存在を実証的に検討している．他の文化と異なる心的特性は，人々がある行動指針に沿った

(ようにみえる) 行動パターンを示していること (社会的ニッチ) によってもたらされる．したがって，相互構成アプローチとは異なり，心的特性の文化差が生じる要因に，文化の背景にある世界観や人間観の内面化を想定する必要はない．しかし，共有された行動指針の信念から認知スタイルの文化差がいかにして生じるかという問いや，ある文化の成員の間で「なぜ特定の行動指針の信念が形成されるのか」という問いに答えを与えることができない．社会的ニッチ構築アプローチは，現行の社会的環境においていかに適応的に振る舞うかが行動の原理であり，生態学的アプローチと適応の観点を共有している．

❖ TOPICS 22　デフォルト戦略

　デフォルト戦略とは，人がある場面で行動選択をする際に，自分の行動に対する他者の反応が予測できないような状況において採用する「とりあえずの安全策」としての行動指針のことをいう．

　キムとマーカス [Kim & Markus 1999] は，質問紙調査の回答用のボールペンをその謝礼として進呈した．ボールペンは胴部の色のみが異なる2種類を用意し，5本のなかに必ずこれら2色が入るように提示し，調査参加者にそのうち1本を選ぶよう求めた．つまり，どちらかの色のペンが必ず少数色（1本か2本）でもう一方の色が多数色（4本か3本）となるよう提示した．その結果，ヨーロッパ系アメリカ人の参加者は，東アジアの参加者よりも，少数色ペンを選択した人の割合が多かった．相互独立的自己観を背景とする文化においては，自己の独自性を示すことが奨励されるため，他者と異なる少数色ペンを選択する人の割合が高くなる．一方で，相互協調的自己観を背景とする文化においては，他者との調和に配慮することが奨励されるため，他者と同じ選好となる多数色ペンを選択する人の割合が高くなる．実験結果は，これら予測に沿った結果であった．

　山岸ら [Yamagishi et al. 2008] は，この実験を質問紙によって追試するとともに，新たな条件として「5人のうち自分が最初に選択する場合（最初条件）」と「自分が最後に選択する場合（最後条件）」を追加した．先行研究と同じ場面（デフォルト条件）では，日本人よりもアメリカ人の方が少数色ペンを選択する人の割合が高かった．しかし，最初条件ではアメリカ人も日本人と同程度に多数色ペンを選択した．逆に，最後条件では，日本人もアメリカ人と同程度に少数色ペンを選択した．この結果は，自分が最初に選択することで他者の選択肢を制限してし

まうことが明確な場面では多数色ペンが選択され，他者への影響を気にすることなく自由に選べる場面では少数色ペンが採用されているため，ペン選択の文化差は個人に内面化された価値に基づいた選好によるものではないことを示唆している．そして，状況があいまいな場合（デフォルト条件）は，日本人は他者からの非難をリスクとしてとらえ，最初条件と同程度の割合で多数色ペンを選択した．アメリカ人は他者に個性を示す機会ととらえて最後条件と同程度の割合で少数色ペンを選択した．したがって，ペン選択の文化差は，デフォルト戦略の違い（自己の行動に対する他者の反応についての信念を適用した行動選択）として生じているといえる．

第4節　文化への異なるアプローチ

1　ヴィゴツキーと媒介

社会心理学とは異なる系譜の文化心理学に，ヴィゴツキーの理論から展開した発達心理学からのアプローチがある．

ヴィゴツキー［Vygotsky 1982］は，人間の行為の特徴は，単に刺激と反応の連合を形成するだけでなく，ここに文化的道具による媒介が加わることにあると主張した（図11-4）．文化的道具は，その特徴から，物理的道具と心理的道具とに分けて論じられる．物理的な道具は，自然界を対象とした行為の際に媒介される．心理的道具は，直接環境に向けられる行為ではなく，自分たち自身の行動に働きかける際に用いられる（媒介とされる）道具であり，これを記号と呼ぶ．「ことば」は最も重要な記号（心理的道具）である．文化的道具は，ときに改変をともないながら，世代を超えて伝達されていく．人間の発達は，歴史的

図11-4　ヴィゴツキーによる媒介
（出所）Vygotsky［1982：邦訳53］より作成．

第11章 文　　化　　169

に規定された文化的道具を媒介とする実践において生じているのである．

　この考え方によって，個人の行為は，それを媒介している道具使用のあり方と切り離すことができないものとしてとらえられるようになった．たとえば，食事の場面で子どもがうまくこぼさずに食べられるか否かは，その食事で使う箸やフォークなどの食具や食器，イスなどの文化的道具をその子どもがいかに用いるかと結びついている．文化的道具には，物としての道具の他に，ことばを含む記号やルール・慣習などの人工物も含まれている［Cole 1990］．したがって，「こぼさずに食べる」というマナー（慣習）自体が，文化的な道具として食事場面の行為と結びついているのである．つまり，異なる文化における子どもの「食事のスキル」を調べようとしたとき，すでにその行為は食事場面を構成している多様な文化的道具に媒介されているため，純粋にスキルを比較するということができない（比較した結果に意味を見出すことが難しい）のである．「食事のスキル」を様々な心的特性に置き換えてみれば，文化的道具による媒介行為という考え方は，異文化間心理学の方法論に厳しい批判を与えていることが理解できる．

2　ヴィゴツキーの理論から発展したアプローチ

　ヴィゴツキーの理論に基づいて展開したアプローチは媒介という基本的な考え方を共通にもちながら，文化的存在としての人間発達のプロセスを明らかにすることを目指し，様々な発展を遂げている［Cole 1996; Engeström 1987; Rogoff 2003; Valsiner 2007; Wertsch, 1991, 1998; 山住，2008］．これらは，認知発達の普遍性を主張する理論に対する批判として展開してきたことから，主に認知発達の側面を扱うものが多い．ここでは2つのアプローチのみをとりあげる．

　ワーチ［Wertsch 1991, 1998］による社会文化的アプローチでは，「媒介手段を用いて行為する行為者」を人間の行為の不可分な単位と考え，その発達の様相をとらえる．ある社会や文化は，歴史的に用いられてきた道具や記号を媒介とした行為によって成立している．子どもは主な熟達者である大人からそれらの行為の仕方を学び，身につけていく．このプロセスは，「専有」と「習得」という概念によってとらえられる．これらの概念は，とくに心理的道具である「ことば」を媒介とした行為の分析において提唱されている．

　たとえば，ことばによって自分の考えや感じ方を相手に伝える，という文化的道具に媒介された行為の発達は，他者のことばを取り込み，自分独自のこと

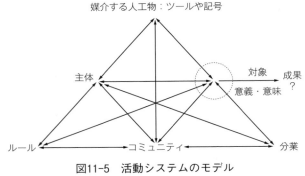

図11-5　活動システムのモデル
(出所) 山住 [2008：16]

ばとして表現するようになるプロセスである (専有). 他者のことばは, ただの模倣として単にそのまま用いられる場合もあるが, はじめはぎこちなく, そしていつしかよどみなく用いられるようになる (習得). 学習者は, 教授者からやり方を学ぶという受動的な立場ではなく, 自らの行為を実現するためにより積極的に学んでいる者として位置づけられる.

レオンチェフが発展させた活動理論では, 文化的道具に媒介された行為 (主体—道具—対象) は真空の場で行われているのではなく, 特定の活動 (文化的実践) においてはじめて成立するという点を強調する. 活動理論の第3世代と呼ばれる, エンゲストロームの拡張による学習モデルでは, この考えをもとに媒介行為をより体系的に整理している (図11-5).

このモデルでは, ヴィゴツキーによる文化的道具 (図中では媒介する人工物) による行為の媒介は, 活動のシステムの構成要素であるコミュニティ, ルール, 分業と関係づけられたときにはじめて成立することが示されている. 学習は, この活動システム全体の関係性の変化と同時に, 対象が新たに変化する事象としてとらえられる. また, 活動に参加している主体にとっては, この活動システム自体について理解を深めることも学習に含まれる [山住 2008：17].

さらに, この活動システムのモデルは, その構成要素を別の活動システムの構成要素と接合させることで, 異なるコミュニティの協働による多重の活動実践について検討することを可能にする. このモデル自体を文化的道具として活用することで, 異業種の人々による協働 (チーム医療), 異なる属性をもつ人々

の間の交流（学校・地域住民・NPO）など，様々な現場において実践研究が行われている．

　以上のように，ヴィゴツキーの理論から発展したアプローチでは，人間の発達は，文化的道具を媒介とした行為が埋め込まれている社会的活動に人が参加する中で，その行為や活動を変化させていくプロセスとしてとらえられる．つまり，人間の心的特性はその人の行為や活動の文脈から切り離されて存在することはなく，心と文化は人間発達のプロセスに見出される2つの側面として一元的にとらえられる．

3　こころの文化差が生じるプロセス

　発達心理学からのアプローチは，社会心理学における各アプローチとは文化と心との関係についての前提が異なっており，明らかにすべき事象も異なっている．しかし，これらのアプローチを関連づけてとらえることは，文化に関する社会心理学的研究にとって有益である．

　発達心理学のアプローチが個人やコミュニティの発達のプロセスを心的特性の文化差が生じるプロセスとして同時にとらえるのに対し，社会心理学の各アプローチは，集合的な行動パターンに見られる集団間の差を説明することに志向している．そのため，異なる世界観や人間観を持つ（とされる）文化の成員同士，異なる生態学的環境や社会的ニッチのもとで適応している成員同士の心的特性の比較を通じて，文化差が生じるプロセスの説明の妥当性を示そうとする．しかし，いずれも集団の成員がある文化特定的な行動を選択するに至るプロセスを直接は扱っていないため，各アプローチが主張するプロセスが実際に進行していることを十分に示すことができない．この点を補うためには，発達心理学における文化心理学のアプローチと同様に，これまでも社会心理学で行われてきたような，フィールドワークによる文化的活動の維持・変容プロセスを検討した研究も必要になると考えられる．

📖 読書案内

石黒広昭・亀田達也［2010］『文化と実践』新曜社．
増田貴彦・山岸俊男［2010］『文化心理学』（上・下）培風館．
山岸俊男［2014］『文化を実験する』勁草書房．
Cole, M.［1996］*Cultural Psychology: A once and future discipline*, MA: Harvard University

Press(天野清訳『文化心理学——発達・認知・活動への文化 - 歴史的アプローチ——』新曜社,2002年).

第12章 インターネット

KEY WORDS

インターネット　ソーシャル・ネットワーキング・サービス（SNS）　ソーシャルサポート　自己開示　自己呈示　自己高揚動機　達成動機　親和動機　孤独感　透明性錯覚　共感性　自助グループ　視覚的匿名性　情報リテラシー　強い紐帯と弱い紐帯

はじめに

「ネットとリアル」という言い回しが少々古めかしく感じられるほど，インターネット（以下，ネット）はわたしたちの普段の暮らしに深く根ざしている．ふだんの仕事，学業，趣味，人々との交流，どれをとってもネットなしで行うことが難しく感じるほどである．これほど普段の暮らしに溶けこんだネットを通じたコミュニケーションにはどのような特徴があり，人々の行動や感情にどのような影響を及ぼすのだろうか．本章では，ネットにおける対人関係について取り上げる．特に，最近よく使われるネットのツール，具体的にはメールやブログ，知識共有コミュニティ，人々が交流することを目的として作られたソーシャル・ネットワーキング・サービス（Social Networking Service：SNS）における研究などを紹介する．これまでの研究でわかったことをふまえて，ネットのツールのより良い付き合い方についても考えてみたい．

第1節　ネット利用の現状と特徴

1　日本における現在のネット活用の特徴

ネットが広く一般に使われるようになってから現在に至るまで，ネットの活用を取り巻く環境は大きく変わった．（原稿執筆時点で）最新版の『平成29年度

版 情報通信白書』によると，その変遷の特徴をみることができる．

まず，ネットで使われるツールの移り変わりがあることがうかがえる．ここ数年はスマートフォンの利用が急激に伸びていて，個人でのスマートフォン保有率が2013年の39.1％から2016年には56.8％に増加していることが報告されている．世代ごとのネット利用率の違いをみると，13—19歳，20代—50代のいずれも90％を超えており，60代前半で83.3％，後半で69.4％，70代でも53.6％，80代では23.4％であった．

こうした変遷に伴い，ネットを経由した対人関係，コミュニケーションが感情や行動に及ぼす影響も大きく変化してきた．特に，人々の交流をねらいとしたSNSの登場は，ネットによるコミュニケーションのあり方を大きく変えた出来事の1つといえる．

2 ネットにおけるツールの利用の現状と変遷

ネットで利用できる主なツールには，表12-1のようなものがある．

各ツールには様々な機能が備わっているが，いずれも一般のネット利用者が容易に情報発信・情報交換できるという特徴が共通している．

このうち，SNSは，「人と人との社会的な繋がりを維持・促進する様々な機能を提供する，会員制のオンラインサービス」である（「IT用語辞典」による）．これまでに，利用目的や利用者を限定しない汎用型のSNS，特定の地域に特化したSNS，学校や企業など特定のコミュニティに特化したSNSなど様々なものが発表されている．

『平成29年度版 情報通信白書』によると，SNSの利用者は2012年から2016年にかけて大きく増加している．経年比較をすることができる代表的な6つの

表12-1 ネットで利用できる主なツール

ツール名	日本における代表例
ウェブ日記・ブログ	アメブロ，はてなダイアリー
オンラインゲーム	Pokémon GO，パズル＆ドラゴン
メール	Gmail，Yahoo!メール
チャット	Skype，ChatWork，Google Hangout
SNS	Facebook，Twitter，LINE
動画投稿サイト	YouTube，ニコニコ動画
知識共有コミュニティ	Yahoo!知恵袋，価格.com，@cosme

SNS（LINE，Facebook，Twitter，mixi，Mobage，GREE）を利用している割合については，全体では2012年の41.4％から2016年では71.2％に増加していた．年齢別の結果では，いずれの世代でも2012年よりも2016年においてSNSを利用している人の割合が増加していると報告されている．ツールごとの2012年から2016年の利用率の変化を見ると，LINE，Facebook，Twitterは増加，mixi，Mobage，GREEは減少という傾向がうかがえる．

3 メディアとしてのネット・ネットによるコミュニケーションの特徴

これらネットにおけるツールやネットを用いたコミュニケーションにはどのような特徴があるだろうか．主な特徴をみていこう．

（1）視覚的匿名性が高い状況である

ネットでコミュニケーションをする際は，お互いに今の姿，さらには素性すら明かさずに行うことが可能である．これを視覚的匿名性と呼ぶ．お互いに相手の姿を見られないため，対面的コミュニケーションより非言語的手がかりが少ないという特徴がある．

（2）個人の識別可能性も高い状況である

ネットでは，SNSでのやりとりのように相手が誰であるか分かる場合と「2ちゃんねる（現在は5ちゃんねると名称変更）」などの匿名掲示板のように誰がどの書き込みをしているか不明な場合がある．前者のように相手が誰であるか確実にわかる状況を個人の識別性が高い状況という．

（3）文字が主体のコミュニケーションである

現在では音声や動画でのやりとりもできるようになったが，ネットでのコミュニケーションは基本的には文字を主体としたコミュニケーションである．文字をタイプして「書く」ことで行うコミュニケーションのため，音声で「話す」ことで行うコミュニケーションと性質が異なる．特に，イントネーション，テンポ，間といった音声言語にある近言語的手がかり（第6章第2節［1］参照），表情などの非言語的な手がかりが乏しい．従って，皮肉をメールで書いたつもりが相手には皮肉と伝わらない［Kruger et al. 2005］，SNSに投稿された書き込みの意図を誤解するなどのコミュニケーション・バイアスが起こりやすい．

（4）発信者と受信者との双方向コミュニケーションで成り立つ

ネットでのコミュニケーションは，そのほとんどが双方向的である．発信者

からの完全に一方向的なコミュニケーションは，連絡先が記載されずコンタクトを一切受け付けないウェブサイトくらいではないだろうか．やりとりのタイムラグはあるが，発信者と受信者の双方向的なコミュニケーションで成り立っている．

次の節では，こうした特徴を持つネットでコミュニケーションをすることが人々の行動や対人関係にどのような影響をもたらすか，ポジティブな側面（光）とネガティブな側面（影）に分けて見ていこう．

第2節　ネット利用によるポジティブな影響

この節では，ネットを利用することによって私たちの行動，感情，対人関係はどのようなポジティブな影響を受けるのかをみていこう．

1　対人関係がつくられやすい

ネットのツールには，SNSのように交流を目的としたサービスもあるが，ネットのコミュニケーション自体に人々の交流を促しやすい機能があるようである．

たとえば，ネット経由でやりとりすることで親密な関係がつくられやすいことが指摘されている［McKenna & Bargh 1998］．ネットを通じてやりとりすることで対面の場合とは異なる超個人的（hyperpersonal）なコミュニケーションがみられるという指摘もある［Walther 1996］．これは，ネット特有の短期間で非常に親密なやりとりをすることである．コミュニケーションの相手を理想化し，自己呈示（第1章第3節［1］参照）を最適化しやすいため，対面でのコミュニケーションにくらべて急速に深い相互理解が得られるためである．

このことは，自分のことを言葉で他者に伝達するという自己開示（第1章第2節［1］参照）がネットで促されやすい［Joinson 2001］こと，ネットでのコミュニケーションでは相手が目の前にいないためコミュニケーションの緊張度が低い［木村・都築 1998］ことも関係しているだろう．自己開示が促されやすいのは，他人から見える自分の部分に意識を向ける公的自己意識（第2章第2節［1］参照）が高まりやすいためと解釈されている．

また，ネットでは，普段はあまり表には出していないが自分にとって重要な部分である真の自己が表出されやすい［Bargh, Mckenna, Fitzsimons, 2002］．たと

えば，周囲にはあまり愛好家がいない趣味についてネットでブログを開設して，その趣味について思う存分熱く語ることはこれにあたるだろう．その一方で，実際とは異なる偽りの自己が表出されることもある．たとえば，SNSのプロフィールを現実の自分とは異なる「自分の理想像」でつくりあげて，現実の自己とは異なる虚像を演じて人々から「いいね」や賞賛のコメントを受ける，などがこれにあたる．

このように，ネットではこれらの機能が働いてコミュニケーションが促され，対人関係がつくられやすいと考えられる．

2 様々な情報が得られやすい

ネットが一般に普及する以前にくらべ，ネットを介して幅広い情報を多く，簡単に得られやすくなった．たとえば，新聞記事を読むにしても，紙だけでしか見られなかった時代と異なり，新聞社のウェブサイトにアクセスすれば読めるようになり，同じ出来事に対して各紙がどう報じているか，複数紙の内容を比較検討しやすくなった．

また，SNSに特徴的な機能として，シェア（自分や他人の投稿を他の利用者と共有する機能），リツイート（Twitterにおいて自分や他人のツイートを再びツイートできる機能）などと呼ばれる投稿の共有機能がある．共有された投稿は，自分の友達リストにある人々だけでなく，全体に公開する設定であれば不特定多数の人が見ることができる．こうした機能によって，自分とは直接つながりがない様々な人に情報を発信することができ，かつ自分自身もそうしたつながりのない人々が投稿した情報を得られやすいのである．

3 日常生活では接触が難しい人々との交流ができる

最後に，日常生活では通常接触が難しい人々とネットを通じて交流できることをあげておこう．ネットには時間や空間の制約が少ないことから，芸能人，文化人，政治家など，通常間近で会うことが難しい人々のブログやウェブサイト，SNSでの投稿内容をいつでも気軽に読むことができる．繰り返しサイトにアクセスし，投稿を読んでいくうちにしだいに親密感を感じることがある．SNSやブログのような双方向のやりとりが可能なツールでは，本人からコメントをもらえる場合もある．筆者も，子どもの頃に大好きだったある漫画の作者と大人になってからSNSで交流することができた．「有名な漫画家の先生」

という遠い存在がネットによって急速に縮まったように感じられ，ネットのすごさや素晴しさを思い知ったものだった．

　また，自分と同じ趣味を嗜む人が周りに見つからずに1人で楽しんでいたが，SNSを通じて同じ趣味の人と出会い，交流が始まる場合もある．このように，ネットのやりとりは時間や空間の制約から解放されるため，接触が難しかった人々とのコミュニケーションが容易に行えるようになった．

　こうした特徴は，単にコミュニケーションが容易になっただけにとどまらない．様々な恩恵を得ることにもつながる．

　まず，ソーシャルサポート（第10章第2節［1］参照）を受けやすくなることがあげられる．たとえば，ある病気や障害を持つ人々，特定の悩み事を抱えている人々がネット上で集まり，情報交換，気持ちの分かち合いを行う「オンライン自助グループ」というサポートグループがある．これは，特定の悩み，持病，障害を抱えている人々がオンライン上で集まり，治療法の情報交換や気持ちを共有し合ったりするものである．また，病気を患う，障害を持つなど人生上の困難な状況に陥った時に自分と同じ境遇の人々とSNSを通じて出会い，助言や役立つ情報を得るなどのソーシャルサポート（第10章第2節［1］参照）を受けることがある．筆者自身の体験だが，顎変形症という顎の病気で手術を受けることになった時，同じ病気の人が開設したブログを読んで手術や入院生活の知識を得た．自分自身もブログを開設して治療の経過をつづるようになり，コメントを付け合い，同じ病気の人々とつながりができていった．これは，ソーシャルサポートネットワークとしてブログが機能した例といえるだろう．

　次に，多くの人々の手によってネット上に作られた知恵の集まりを手に入れやすいことがある．こうした多くの知恵の集まりは，「集合知」と呼ばれている［Surowiecki 2004］．たとえば，Wikipedia，Yahoo!知恵袋などのQ＆Aコミュニティ，「食べログ」などの口コミサイトといった「知識共有コミュニティ」がその例としてあげられる．こうしたコミュニティでは，たとえ大きな報酬がなくともユーザーどうしが見知らぬ人の質問に答えてあげる利他的な行動が起こることが示されている［三浦・川浦 2008］．知識共有コミュニティの中にはよく調べずに投稿された不確かな回答もあるかもしれないが，利用者が主体的に回答を取捨選択すれば有益なツールとして役立つものである．

　次に，ネット利用によるネガティブな影響についてみていこう．

第3節　ネット利用によるネガティブな影響

「SNS疲れ」という言葉がネットなどのニュースで話題になった．デジタル大辞泉によると「ソーシャルネットワーキングサービス（SNS）やメッセンジャーアプリなどでのコミュニケーションによる気疲れ」のことを指す．デジタル大辞泉による具体例として，「長時間の利用に伴う精神的・身体的疲労」「自身の発言に対する反応を過剰に気にする」などが紹介されている．交流が促されるはずのネットを利用することで，かえって対人関係の問題が起こったり，心身の健康が損なわれたりするケースが報告されている．なぜこのようなことが起こるのだろうか．

1　他人と自分と比べてしまう

SNS に流れるタイムライン（自分や他人の投稿を時系列で表示したもの）上の投稿をみると，旅行へ行ったことや外食をしたことなど楽しく過ごした様子を伝える情報が流れる．楽しい内容の投稿を見て微笑ましく感じる人もいれば，「こんな風に旅行に行けるほど自分にはお金がない」「外食できるなんてうらやましい」とネガティブに受け取る人もいる．

このように，人と自分を比べることを社会的比較（第1章5節［2］自己参照）[Festinger 1954] と呼ぶ．社会的比較には大きく2種類ある．自分より能力や資質が上である人と比べる上方比較と，能力や資質が自分より下である人と比べる下方比較である．自分と同等，あるいは下であると考えている人が何か成果を上げるなどポジティブな経験をしていると SNS で知り，自分と比較をすることで嫉妬や妬みなどのネガティブな感情が起こると考えられる．

SNS での行動と社会的比較を調べた調査研究 [Jang et al. 2016] によると，Facebook を利用するほどこのネガティブな感情が起こるため，社会的能力や身体的魅力の自己評価がネガティブになるという関連がみられ，特に生活満足感が低い人でこの関連が強くなっていた．

さらに，SNS の利用と抑うつなどのネガティブ感情との関連を社会的比較が媒介していることも見出されている [Appel et al. 2016]．

2 ネガティブな感情が起こる

ブログやSNSに投稿された楽しい内容の記事を読んで自分も楽しい気持ちになったり，残念な内容の記事を読んで自分も悲しい気持ちになったりすることがある．理不尽な経験をしたという投稿を読んで，自分が経験したわけでなくとも怒りを感じることもある．このように，他者がネットに発信した情報に接すると気分が左右される場合がある．

クレイマー［Kramer et al. 2014］の研究では，Facebookのニュースフィード（新着情報や更新情報の一覧表示）を利用して情動伝染（第5章第5節参照）を実験的に検討している．この研究では，Facebookのタイムラインに表示される投稿の内容をとりあげ，ポジティブな感情あるいはネガティブな感情が含まれる内容の投稿量を操作して，その後の投稿行動がどう変化するかを調べた．

その結果，ニュースフィードにポジティブな感情の内容が減ると利用者自身も投稿にポジティブな語が減り，ネガティブな語が増えた．その逆の結果，すなわちネガティブな感情の内容が減ると利用者自身もネガティブな語が減り，ポジティブな語が増えた．

このように，接する記事の内容によって気分が左右されると，その後の自身の投稿活動にも影響を受けることが示された．これを情動伝染という．これは，気分一致効果（第6章第5節［3］参照）で説明できると考えられる．気分一致効果とは，気分と一致した内容の記憶が想起されやすい現象である．クレイマーらの研究に参加した人々は，他者の投稿を読んで気分一致効果を起こしたために，それと似たような記憶が再生され，その感情と一致した投稿をしたのではないかと考えられる．

なお，この研究は，事前に研究対象者のインフォームドコンセント（研究に参加する前に事前に説明を受けて同意すること）などを十分得ないままニュースフィードに流れる投稿の操作が行われたため，研究手法への倫理的な問題も指摘され，議論となったことでも知られる研究である．

3 不適切な情報発信をする

アルバイト先や繁華街などで悪ふざけをする，店舗内で商品にいたずらをするなど，社会的に望ましくない行為を不特定多数にSNSで発信し，不特定多数の読者から多くの批判的コメントを受ける，いわゆるネット炎上現象がたびたびニュースで取り上げられた．アルバイト先での不適切な行為をSNSに投

稿する行為は「バイトテロ」などとも呼ばれた．実際，不適切な投稿によりアルバイト先を辞めることになったり，通っていた大学を退学せざるをえない事態に発展したりするケースも報告されている．なぜこのように社会的に望ましくない行為をしていることを不特定多数に発信するのだろうか．

　まず，情報リテラシー（情報を使いこなす能力，「IT用語辞典」より），特に情報モラル（情報化社会で適切にふるまうために必要なモラル）のリテラシーが十分身についていないことが指摘できる．ネットで行っても良い行動といけない行動の認識が充分でない，あるいは身につけた情報モラルがネットの新しいツールにはうまく適用できないために，結果としてそのツールにとって好ましくない行動となることが考えられる．

　また，ネットでの行動について，利用者自身の特性が関与している場合もある．たとえば，共感性とSNSでの行動との関連を調べた研究（勝谷・東, 2016）などがある（TOPICS 23参照）．

> **❖ TOPICS 23　SNSの利用行動に関係する特性とは：共感性の役割**
>
> 　アルバイト先でふざけているところや店舗内で商品にいたずらをしている様子をSNSに投稿し，多くの人々から批判のコメントが投稿者に殺到する「炎上」が起こったというニュースを聞いたことがある人もいるだろう．「バイトテロ」などと呼ばれる行為は後を絶たず，テレビやネットのニュースで取り上げられてきた．ふざける行為やいたずらといった不適切な行為を投稿するのは望ましくないことは明らかであるのになぜ投稿するのであろうか．
>
> 　勝谷・東［2016］は，共感性の役割に注目し，ネットでの行為との関連を調べている．この研究では，大学生を対象として，共感性の程度と普段自分が最もよく使うSNSでの行動の特徴について尋ねている．
>
> 　その結果，共感性のうち，他人の立場に立って考える他者視点取得の程度が高いほど，最もよく使うSNSではのめり込むような使い方（没入的関与），自己志向的反応や想像性が高いほど没入的関与やネットに依存するような使い方（依存的関与），日常生活でのストレスを忘れるといった使い方（非日常的関与），いろいろな役割を演じるなど自分を演出するような使い方ができる場であると考えていることが示された．共感性の程度が高い場合，普段良く使うSNSの特徴を敏感に把握することができ，そのためにSNSの特徴に見合った行動をとれるのかもしれな

い．一方，共感性の程度が低いと，他人の立場に立って考えることが難しく，社会的に望ましくない内容の投稿をしても，その投稿が他人の目からはどう映るか，他人の立場に立って考えることが難しいことが予想される．そのため，他人がその投稿をどう思うかには関係なく，自分が楽しい，面白いと感じた投稿をしてしまうのかもしれない．

ただし，この研究は大学生を対象とした調査であり，実際に不適切な投稿をして「炎上」したことがある人を調べたわけではない．また，共感性の低い人が実際に不適切な投稿を行うのかを直接，調べたわけではない．そのため，今後の研究では，共感性の高い人と低い人とでネットでの情報発信の仕方や内容がどう異なるのかをくわしく調べる必要があるだろう．

4　対人関係が悪くなる場合がある

ネットへの情報発信がもとで対人的な葛藤や対人関係の悪化につながる場合もある．たとえば，LINE のように読んだことが「既読」として表示される SNS において，送ったメッセージが「既読」になっているにもかかわらず相手から返信が来ないことを「無視した」と判断して相手と対人葛藤が起こる，他人が投稿した内容の意図，真意を深読みしすぎて投稿した当人と誤解や行き違いが生じて関係が悪化することなどがあげられる．

これらの事態は，いずれもネットによるコミュニケーションが文字をベースにしたものであり，非言語的な手がかりが乏しいために，メッセージを送った当人の意図について複数の解釈が可能であることと無関係ではない．自分が送ったメールの意図が相手に正しく伝わっているはずだと過度に思い込みやすいというメールにおける自己中心性 [Kruger et al. 2005] も行き違いに関与していると考えられる．

5　精神的な健康が損なわれる

ネットを利用することと精神的健康との関係についてはこれまで多くの研究や議論が行われてきた．初期の代表的な研究に「インターネット・パラドックス」研究がある [Kraut et al. 1998]．ネットが今のように誰でも使えるわけではなく，一般家庭ではまだ珍しかった時期に行われたこの研究では，研究参加者にネットに接続できる環境を与え，長期間のデータを収集してネットの使用と

対人関係や健康に関わる指標との関連を調べた．すると，ネットを多く使うほど，家族とのコミュニケーションが減り，抑うつや孤独感が増加するという驚くべき結果となった．コミュニケーションのツールであるネットを使うとむしろ人との交流が妨げられ，心の健康も損なわれるという意外な結果で，多くの類似研究を生み出すこととなった．

ところが，その後の2002年に発表された追跡研究「インターネット・パラドックスふたたび」では，まったく異なる結果が報告された．先の研究に参加した者に追跡調査を行ったところ，先のインターネット・パラドックス研究で示された結果がみられなくなっていたのである．

そこで，新たな回答者によって再度調べたところ，正反対の結果となった．すなわち，ネットを多く使うほど地域社会とのつながりは大きく，家族との対面のコミュニケーションが増えていたのだ．その上，ネットを使うほど孤独感や抑うつが高まるという結果はみられず，ポジティブ感情やストレスを高めるという混在した結果となっていた．さらに，性格特性によってネットを使うことの影響が異なることを示す結果もみられた．つまり，外向性の高い人ではネットを使うほど孤独感やネガティブ感情が減り，自尊心が向上していたのである．

クラウトらの一連の研究は様々な議論を呼び，ネットの利用と精神的健康との関わりを調べる研究がその後も多く行われた．メタ分析という手法で多くの類似研究をまとめてその効果を検討した研究［Huang 2010］では，ネットの利用と精神的健康の関係に負の効果，つまりネットを利用するほど精神的健康が低下するという結果となった．ただし，関連を示す値は小さいため，それほど強い関係があるとはいえないので，ネットをどれだけ使うかだけでなく，どんなツールをどのように使うか，利用者がどのような特性を持っているか，など今後さらに検討を加えることが必要である．

同様に，検討された問題として，ネットに過度に没頭しすぎてしまうために日常生活が損なわれてしまう「ネット嗜癖（依存）」の問題がある［Young 2004］．総務省が行ったネット依存傾向の国際比較調査によると（『平成26年版 情報通信白書』による），日本におけるネット依存傾向は，調査対象の6カ国の中で突出して高いわけではなく，ネット依存傾向が高い人の割合が8.2%とフランスについで低い値となっていた．また，調査対象となった6カ国共通の結果として，10代から20代の若者ではネット依存傾向が高い割合が多いこと，ス

マートフォンを持っている者ではネット依存傾向が高いことが報告されている．日本にはネット依存の治療を行える専門機関が少ないが，独立行政法人国立病院機構久里浜医療センターに2011年にわが国初のネット依存治療部門が開設された．同センターのウェブサイトでもネット嗜癖に関する情報提供が行われている．

第4節　ネットの利用を支える動機づけ

前節では，ネットの利用により様々な恩恵を受けることもあれば，不利益を被る可能性もあることを見てきた．これらの行動はどのような動機づけによって支えられているのだろうか．

1　ネットでの行動を支える動機

まず，自分を良い存在だとみなしたいという自己高揚動機（第1章第4節［1］参照）があげられる．たとえば，この動機が自身のウェブサイトに優れた成果を投稿して自分の良いところを見せたい，SNSに悪ふざけをしている様子を見せて面白い人だと世間から思われたいといった行動を支えている．

次に，よい成果を成し遂げたい，他人に勝ちたいという達成動機があげられる．たとえば，他人よりも面白い内容の記事を書きたい，SNS映えする写真を投稿したい，という行動は達成動機が支えていると考えられる．

最後に，他者と良い関係を作りたいという親和動機もネットの行動を支えているであろう．親和動機は，SNSで他のユーザーに友達申請をしたり，投稿にコメントや「いいね！」などの反応をする行為に関与するといえる．

2　ネットでの行動の動機に関する実証研究

北村・佐々木・河井［2016］はTwitter利用者1559名（20-39歳の男女）に利用実態の調査を行っている．ここでは，そのうちツイート（つぶやく）する理由，リツイートする理由の分析結果をみてみよう．

彼らの研究では，ツイート内容と投稿理由，想定している読者の関係からいくつかのグループに分かれることが見出された．すなわち，うれしい（伝えたい），面白い（共感してほしい），腹だたしい・悲しい・寂しい・疲れ（カタルシス），などといったグループがそれである．また，他人が生成したツイートを

転送するリツイートの内容，投稿理由，意図についても整理したところ，「知ってほしい」「広めたい，知らせたい」「驚き，面白さを共感してほしい」「共有したい」「面白さの共感，共有」などといったグループに分けられた．

Twitter はその名の通り「つぶやく」ためのツールだが，ただ 1 人言ではなく他者からの共感や感情の共有を求めて行われている面もあるのである．

第 5 節　ネットのコミュニケーションツールとの付き合い方

これまでの説明をふまえ，最後にネットのコミュニケーションツールとの付き合い方について考えてみよう．

1　情報リテラシーを身につける

まず，ネットに不適切な投稿を行ったり，他者の投稿を読んで不適切な反応をしたりすることのないように，情報モラルに関するリテラシーを身につける必要がある．現在は，若者が情報モラルを身につけるための情報モラル教育の実践も学校教育でなされている．授業に使われる教材はネットで入手できるので，その内容を確認しておくことは，学校教育で情報モラルを学ぶ機会のないままネットを用いることとなった中高年の成人にも有益であろう．

2　深読みをしない・他者の反応を気にしすぎない

「SNS 疲れ」と呼ばれる現象は，SNS における他人の振る舞いを深読みしすぎたり，曖昧な言動を悪意などネガティブな意図によると解釈したり，他人がどう反応するかを気にしすぎたりするところから生じるといえる．そのため，SNS に書かれている事実のみに反応するように心がけ，書いていないことや行間の深読みは避けるほうが望ましいと思われる．また，SNS の友達リストの人々が自分の投稿を毎回必ずきちんと見てくれて好意的な評価をしてくれるはずだ，と過度に期待しすぎないことも大切であろう．

3　ゆるいつながりを大事にする

社会的ネットワークについて，強い紐帯（ちゅうたい）と弱い紐帯という考え方がある［グラノヴェター 2006］．強い紐帯は，家族・親友のように，接触頻度が多く大事な相談ごとや助けあいをしあうといった強いつながりのことを指

す．一方，弱い紐帯は，年賀状だけをやりとりする古い知り合いのように，接触頻度が低いものの，連絡することは可能な程度の弱いつながりを指す．

SNS はまさに弱い紐帯を実現したものといえるだろう．こうしたつながりは，いざという時に重要な情報源，ソーシャルサポート源となる．たとえば，自然災害や事故に巻き込まれた時に SNS に助けを求める投稿を行い無事救助される，というニュースを聞いたことがある読者もいるだろう．この意味で SNS での「ゆるいつながり」を大事にしたいものである．

おわりに

この章では，ネットにおけるコミュニケーションに関するこれまでの研究をみてきた．以前とは異なり，ネットはコミュニケーションのための特殊な手段ではなくなった．ネットでコミュニケーションをとることにはメリットもあればもちろんデメリットもある．ネットにおけるコミュニケーションの特徴を理解して，自分にとっても他の利用者にとっても快適で有益な使い方になるように心がけたい．

もし，ネットのコミュニケーションがこれまでより楽しいと感じられなくなったり，あまりにも煩わしさを感じたりするようであれば，いったんそのツールを使うことから離れて，ネット以外の手段を活用してみることも1つの選択肢ではないだろうか．オンラインから離れた生活に時間をとってみることでネットの良さを改めて感じることができるはずである．

❖ TOPICS 24　人々と交流しているのに寂しくなる：ネットと孤独感

本文で紹介している SNS は，人々の交流を目的としたツールである．ログインをすれば，多くの利用者による写真や動画も用いた最近の近況についての投稿がタイムライン上に多く流される．それぞれの投稿に対して多くのコメントや「いいね」が付けられているのを目の当たりにする．そうすると，何となく自分だけ取り残されたかのような，寂しい気持ちにもかられたりすることがある．ネットや携帯電話などの情報通信機器を使うことと孤独感の関係については，以前から多くの研究がなされている．孤独感が強い人はどのようなネットの使い方をしているのか，逆にどのようなネットの使い方をすると孤独感が強まるのかについて

研究がなされてきた．

　河井［2014］は，クラウトら［Kraut et al. 1998］のインターネット・パラドックスをもじってソーシャルメディアを使うほど対人関係や精神的健康が損なわれる「ソーシャルメディア・パラドクス」仮説を検討している．ここでは，孤独感の結果に注目してみよう．

　ソーシャルメディアの新規利用者146名のデータでは，ソーシャルメディアの閲覧頻度が高い場合，孤独感が高くなるという結果がみられた．この結果について，ソーシャルメディアを閲覧するほど他人が幸せに見えるために孤独感が高くなったと河井は解釈している．また回答者全体の分析では，ソーシャルメディアへの投稿頻度が高いほど孤独感が高まることが示された．ソーシャルメディアにおいてもインターネット・パラドックス仮説が認められる結果だとしている．

　ただし，孤独感以外の指標ではインターネット・パラドックスとは異なる結果も得られている．たとえば，抑うつについては，ソーシャルメディアをよく使うほど抑うつが高くなる，という結果は提出されていない．また，調査時期が2011年と2012年であり，その後に普及したツールは対象となっていない．さらなる検討が望まれるところである．

📖 読書案内

ジョインソン（三浦ほか訳）［2004］『インターネットにおける行動と心理』北大路書房.
山下清美・川上善郎・川浦康至・三浦麻子［2005］『ウェブログの心理学』NTT 出版.
三浦麻子・森尾博昭・川浦康至（編）［2009］『インターネット心理学のフロンティア』誠信
　　書房.

第13章 社会神経科学

KEY WORDS

脳機能イメージング　神経心理学　生理心理学　身体的自己（身体保有感・運動主体感）　自伝的記憶　心的自己　相貌認知　共感　セイリエンスネットワーク　ミラーニューロンネットワーク　メンタライジングネットワーク　心の理論　社会的報酬　社会的感情　倫理的判断・社会的行動　フィネアス・ゲージ

はじめに

　人間の社会的行動を知るために社会心理学が様々なアプローチによる研究を行っていることはこれまでの章のとおりである．近年，それらを知るための1つの方法として，脳神経の活動との関係を検討することが注目を集めている．この研究分野は「社会神経科学」[Cacioppo & Berntson 1992]や「社会脳研究」[Brothers et al. 1990]と呼ばれることが多いが，社会的認知研究とも密接な関係を持っておりオーバーラップする部分も多い．本章では，人間関係という観点からこの社会神経科学を紹介する．第1節では社会神経科学の背景，研究方法と神経科学による研究の意義について解説する．第2節では自己認知，第3節では他者認知，第4節では社会的な意思決定とそれに関わる報酬と感情をテーマにした研究を紹介する．

　本章では，脳における部位などを示す様々な名称が登場するが，紙面の都合上，その部位などを図で示すことができない．神経科学に興味のある読者の方は脳神経に関する解剖書などを傍らに読んでもらえるとその位置関係などがわかりやすくより興味深いと思われる．

第1節　社会神経科学

1　社会的行動と神経科学

　人を含む動物の社会的行動に対する神経科学的なアプローチは，現在最も注目を集めている研究領域の1つである．神経科学は，「神経系について，または神経系が行動や心的経験に及ぼす影響についての解剖，生理，生化学に関わる学際的な分野」［Colman 2001］と定義され，現在では医学，薬学，遺伝学，情報学などともかかわりが深い．心理学とのかかわりが特に強くなったのは，fMRI（functional magnetic resonance imaging；機能的磁気画像共鳴法）やPET（positron emission tomography；陽電子断層撮影法）などの新たな脳機能イメージング技術による研究技法が確立された1990年代中ごろからである［柳澤・阿部2016］．この脳機能イメージングとは，特定の課題を遂行した際に人に生じる脳活動の時間的・空間的特定を行うものである［嶋田 2017］．
　ただし，fMRIや社会神経科学という言葉が用いられる以前から，現在ほど本格的にではないが社会的行動と脳神経の関係についての検討は行われてきた．たとえば，動物の脳に何らかの刺激や損傷を加えそれが行動にどのような影響を与えるかを検討する生理心理学的方法，病気や怪我により脳損傷が生じた患者の損傷部位と社会的行動の変化を検討する神経心理学的方法がそれである．これらは，fMRIなどによる脳機能イメージングと比べると様々な制約があるものの，現在の社会神経科学にも大きな影響を与え続けている．

2　研究方法

　人間の社会的行動の検討において，脳機能イメージングが発達する以前の研究には以下のような問題があった．動物の脳を用いる研究には，脳に電極を刺すなどして行動に対応する脳活動を測定する対応法，外科的手術や神経毒の注入により特定の神経細胞を破壊する損傷法，脳の特定部位に電気刺激を与える刺激法などがある［渡辺 2007］．しかし，これらの方法による結果が必ずしも人間に生じるとは限らない．当然ながらこれらの方法は侵襲性（生体を傷つける可能性）が非常に高く，人間を対象とする場合には用いることはできない．その一方で病気や怪我により脳損傷が生じた患者の損傷部位と行動の対応を検討する神経心理学的方法では，研究者が知りたい脳領域がピンポイントで損傷して

いることはほとんどないなどの問題がある．

しかし，fMRIなどを用いてほぼ侵襲なしに課題遂行時の脳活動を計測できる技術の発展はこのような問題をかなり解決した．脳機能イメージングには大きく分けて3種類がある．脳の電気的もしくは磁気的活動を測定するEEG（electroencephalogram；脳波），MEG（magnetoencephalography；脳磁図），脳の血流や代謝反応を計測するPET，fMRI，NIRS（near-infrared spectroscopy；近赤外分光分析法），脳に弱い電磁気刺激を与え，行動や反応の変化をみるTMS（transcranial magnetic stimulation；経頭蓋磁気刺激法）である［嶋田2017］．それぞれに長所・短所があり実験事態や測定したい脳部位などによって選択されるが（表13-1），最近では時間分解能（表13-1注2）がやや低いとはいえ，空間分解能（表13-1注3）が高いなど利点が多いことからfMRIが用いられることが多い［森2015］．ただし，参加者の動作を含む実験の場合，頭部をしっかりと固定する必要がないNIRSも用いられることが多い．また，fMRIなどの開発の以前から生理心理学の分野で大いに用いられてきたEEGは空間分解能が低いという難点があり，細かな脳部位の検討に用いることはできないが，時間分解能が高いことや，安価で広く普及していることから現在でもよく用いられる．

このような脳機能イメージング研究では，差分法という手法が用いられる．

表13-1 主な脳機能イメージング技術の比較

方法名	記録対象	長所	短所
ERP	電気的活動	高い時間分解能，非侵襲的，安価	空間分解能が悪い
MEG	磁気的活動	高い時間分解能，非侵襲的，空間分解能は改善	脳の深部の計測は困難，脳領域によっては計測困難
PET	血流量・血液量	空間分解能はよい	被曝がある，時間分解能が悪く分の単位
fMRI	血流量・血液量	高い空間分解能，脳構造データが同時に計測される	騒音，強い磁気，動きに弱い，時間分解能は秒の単位
NIRS	血流量・血液量	非侵襲的，動きに頑健，時間分解能は改善	空間分解能がよくない，脳深部の計測はできない

(注1) ERP（event-related potential；事象関連電位）とは，人の認知や運動などを起こす事象に対応して生じる脳の電気活動であり，EEG（脳波）の一種である．
(注2) 時間分解能：時間分解能は低い（悪い）とコマ送りのようなかくかくした動きになるが，高い（よい）と現実世界のような滑らかな動きになる．
(注3) 空間分解能：空間分解能は低い（悪い）と画素（ドット）が荒い昔のテレビゲームのようながたがたした画像になるが，高い（よい）と画素（ドット）が細かい現実世界のような滑らかな画像になる．
(出所) 渡辺［2007］．

差分法とは,「研究対象となる課題」を遂行している時と何もしていない時の画像の差分や,「研究対象となる課題」と「研究対象とならない別の課題」の遂行時の画像の差分を取ってそれをさらに画像に表現するものである.「研究対象とならない別の課題」には,研究対象となっている課題と類似はしているが本当に知りたい部分だけが含まれていないような課題が用いられる［渡辺 2007］.たとえば,手を握るという動作のみの脳活動を知る場合には,実際に手を握る場合と手を握るイメージだけをさせた場合の差分をとることで,手を握る動作のみの脳活動を示した画像を構成する.

3 神経科学的アプローチの意義

現代の心理学において,神経科学的な手法は急速に受け入れられ,発展してきた.しかし,人間の心や行動を研究するためにわざわざ大がかりな装置を用いて脳の活動を研究することにどれだけの意味があるのだろうか,と疑問を持つ人もいるかもしれない.

脳から心へアプローチをする意義に関して,村山［2006］は,①「概念に対する洞察を与える」,②「理論やモデルの妥当性の基盤を与える」,③「新たな予測を提出する」という,3つの見解を示している.これまでの心理学は主に心から反応が起こることを前提としているにもかかわらず,実際は反応から心を推定するしか方法がなく,反応と矛盾がなければ複数の対立概念や対立理論,モデルが乱立することもあった.しかし,神経科学的な技法を用いればそれらのなかで最も神経活動と対応しているものを支持することができるので,これまでの論争に対して一定の決着をつけることができる［尾崎 2010］.さらに,心理的なプロセスと神経学的な構造を対応させることにより,社会心理学研究に新たな着想が与えられることもある.これら村山［2006］の3つの見解は感情研究における神経科学の意義として示されたものであるが,社会心理学の研究でも同様であると考えられる.

さらに,研究的な観点からだけでなく実社会からの要請によっても,脳神経の活動と社会的行動との関連を探る必要がでてきている.米国精神医学会による最新の診断基準であるDSM-5(Diagnostic And Statistical Manual of Mental Disorders Fifth Edition)では,認知症の診断基準のなかで6つの認知機能障害のうち1つ以上の認知機能障害があることを必須条件としている.6つの認知機能障害には,記憶障害や言語障害など以前の診断基準にも記述されていたもの

があるが，今回その1つとして加えられたのが社会的認知の障害である．認知症は主に脳神経の変性に起因するものであり，超高齢化を迎えている日本において社会的認知と脳神経の関連の検討は大きな課題であるといえる［American Psychiatric Association, 2013; 伊古田 2014］．

第2節　自己認知

1　身体的自己（身体保持感・運動主体感）

哲学者であるギャラガーは，身体的自己は身体保持感と運動主体感からなるとしている［Gallagher 2000; 嶋田 2009］．身体保持感とは，自分自身の身体が自分のものであると感じる感覚である［嶋田 2009］．普段，このことは意識さえあればゆるぎないことのように思われる．しかし，脳の状態によっては存在するはずの自分の手の存在を感じられなくなったり，他人の手のように感じられたりすることがある．

身体失認とは，自らの手足などの存在を感じられなくなってしまうもので，基本的に右頭頂葉の損傷により麻痺が生じた左手足に起こる［Berlucchi & Aglioti 1997; Feinberg 2001］．身体失認の患者に存在を感じられない方の手の存在を指摘すると，「妻の手です」などと答えることもある．また，ウォルパートら［Wolpert et al. 1998］は，左上頭頂葉損傷患者が閉眼時に自分の右手足が消えていくように感じると訴える症例を報告しており，身体イメージの短期記憶の保持には上頭頂葉と体性感覚（皮膚感覚と深部感覚の総称）が重要であるとされている［嶋田 2011］．

さらに，このような身体保有感の錯覚を健康な人にも起こす実験としてラバーハンド錯覚の実験がある［Botvinick & Cohen 1998］．この実験ではゴム製の手の模型（ラバーハンド）を机の上に置き，ラバーハンドの外側に実験参加者の手を置く．この時，参加者の手とラバーハンドの間には衝立を立てて，直接参加者が自分の手を見ることができないようにする．次に実験者が参加者の手とラバーハンドを同時にブラシで数分間撫でる．すると，ラバーハンドが自分の手のように感じられてくるというものである．アーソンら［Ehrsson et al. 2004］がこの錯覚を経験している際の脳活動を測定した結果，運動前野と頭頂葉において錯覚と関連した活動がみられた［嶋田 2009］．

身体的自己を支えるもう1つのものとして運動主体感がある．ひざ頭の下を

たたくとひざから下が自分の意思とは関係なく跳ね上がることを膝蓋腱反射という．このような反射は，自分の意思とは関係なく体が動くため，運動主体感を伴わない．運動主体感は，体性感覚により自分の体の位置や動きを認識したうえで，意図通りの運動のコントロールが可能になって成立する．これらの機能は前頭葉の運動野および頭頂葉の連合野と強い関連があることが，様々な研究から示されている［Farrer et al. 2003; Leube et al. 2003; 矢追・苧坂 2014］．この運動野と頭頂連合野の関係は遠心性コピーというものの働きで説明される．運動野は自分の身体を動かすために指示を出すが，その際出した指示と同じ情報をコピーして頭頂葉へ送る［Von Holst 1954; Andersen et al. 1997］．この情報が遠心性コピーと呼ばれるもので，頭頂葉は実際の運動の知覚と照合し，時間的に合致している場合，運動主体感を得るとされる［de Vignemont & Fourneret 2004; David et al. 2008］．また，このような身体的自己に関する研究は他にも多くのものがあり，他に紡錘状回やEBA（Extrastriate Body Area: 視覚野の一部）といった視覚処理を行う部位が関わっているとされる［矢追・苧坂 2014］．

2 自己の持続性

今の自分とこれまでの自分が同一であることや，体験などを通して新たに更新した自分を自分の一部と認識するためには，自己の持続性が保たれている必要がある．自己の持続性を支えるために重要な役割を果たすのが自伝的記憶である．自伝的記憶は，特定の時間や場所と結びついた出来事に関する記憶であるエピソード記憶（例：「昨日，講義後に友人と駅前の中華料理屋で食事をした」）のなかでも，自己にとって重要な意味を持つ記憶（例：「入試の日には雪が降って遅刻しそうになったが，何とか受験し，合格することができた」）である．

自伝的記憶が自己の持続性に重要であることは健忘症患者の症例を通しても観察できる．たとえば，症例 H.M. は27歳の時にてんかん発作を抑えるために両側の海馬を除去する手術を受けた．これにより手術前2年間の記憶がなくなるという逆向性健忘が生じたうえ，手術後の出来事に関して新たに記憶することができなくなるという強い前向性健忘が生じた［山鳥 2002］．父親が亡くなった際には，そのことが記憶できずに，父の死を聞かされるたびに初めて聞いたかのように悲しみ，そのことが彼の中に定着するのに数年かかったとされる．また，晩年，自分の状況などについて漠然と理解はしていたものの，年齢を尋ねられるとひどい時には数十歳ずれたり，頭に白髪が混じっていても自分の髪

の毛は茶色いものだと思っていたともされる [Corkin 2013]．このように自伝的記憶の障害はその人の自己像に大きくかかわる．このような健忘症状は程度や特徴の差はあるものの間脳や前脳基底部などに損傷がある場合にも生じることが知られている [山鳥 2002]．

さらに，脳機能イメージングを用いた研究では，マグワイアとママリー [Maguire & Mummery 1999] が PET を用いて自伝的記憶を含む記憶の想起に関して活性化する領域を検討した．その結果，後部帯状回，側頭葉外側部，海馬傍回は記憶の想起全般に関係するが，内側前頭前野，左の側頭極と海馬は自伝的記憶の想起に関係しているとされている [小嶋 2007]．

3 心的自己

心的自己といっても様々な側面が考えられるが，たとえば，ケリーら [Kelley et al. 2002] は，参照課題を通して心的自己に対する認識を検討している．参照課題とは，提示される性格特性語（「やさしい」など）に対して，指定された人物があてはまるかどうかを判断する課題である．この実験では，自分にあてはまるかどうかを判断する自己参照条件，身近ではない他者（ジョージ・W. ブッシュ：当時のアメリカ大統領）にあてはまるかどうかを判断する他者参照条件での脳活動が測定された．自己参照条件と他者参照条件を比較した結果，自己参照条件において内側前頭前野に強い活動が示された．ここから，内側前頭前野が心的自己の評価（特に自己表象へのアクセスやその評価）に関わることが確認された．

その後も同様の研究において心的な自己評価と内側前頭前野などの関連が指摘され，様々な研究結果を通して心的な自己の認識に関して大脳皮質正中線構造（大脳を左右に分ける正中線に沿った部分）が関与していることを明らかにされた [Northoff & Bermpohl 2004]．大脳皮質正中線構造は，4つの領域に分けられており，前頭前野眼窩内側部は自己と結びつけられた刺激の表象の処理，前頭前野背内側部は自己に関する情報の評価，帯状回前部は自己に関する情報の監視と制御，帯状回の後部および楔前部は自分に関する情報を自分自身に統合することや自伝的記憶との関係が指摘されている [矢追・苧坂 2014]．

ただし，内側前頭前野などの部位は自己に関する認識に特有に働く部位ではなく，情報の想起と推論を全般的に行っており，自己参照条件と他者参照条件に差が生まれることがあるのは自己が他者に比べて情報量が多くより深いアク

セスを必要とするためとする説もある［Yaoi et al. 2009; Zhu et al. 2007］．

第3節　他者認知

1　他者の顔に対する認知

　コミュニケーションをとる上で，相手の顔が誰のものであるかや，どんな表情であるかを正しく認識することは重要である．相手の顔を見ても誰だか認識することができなくなる相貌失認は脳損傷により生じるが，先天的な症例も人口の約2％に生じている［Kennerknecht et al. 2006；2008］．この相貌失認は主に後頭葉，なかでも右紡錘状回や右舌状回の損傷で生じる［河村・望月 2000］．また，サージェントら［Sergent et al. 1992］は脳機能イメージングによって同様の部位の活動が重要であることを示している［小山 2008］．

　表情の認知に関しては，表情を「知る」，「感じる」，「解釈する」という3つの段階に対して，それぞれ活動する部位があるとされる（第6章第3節［1］参照）．表情を「知る」には上側頭溝周辺領域，表情を「感じる」には扁桃体，表情を「解釈する」には前頭葉内側部が重要な役割を担っている［小山 2008］．また，恐れの表情には扁桃体，嫌悪の表情には島皮質前部が強く活動するが，それ以外の表情に対して局在化された部位は明らかになっていない［嶋田 2017; Wicker et al. 2003］．

2　感情的共感

　人は，もらい泣きしたりつられ笑いをしたり，他人の考えを論理立てて推測したりする．このような他者の感情状態を共有・理解することを共感という．これらははっきりとした基準により明確に分けられるものではないものの，心理学では感情的共感と認知的共感に分けて検討することが多い．

　感情的共感は他者の感情などに関する心的活動に（特に運動感覚レベルで）同調・同一化するものであり，自他が一体化することで成立する［守口 2014; 梅田 2014］．たとえば，箪笥の角に足の小指をぶつけた人を見て痛そうだと感じることは感情的共感に分類される．感情的共感には特に感情関連部位やセイリエンスネットワークが関連する［Decety & Lamm 2006; 大平 2015］．セイリエンスネットワークとは身体反応を通じて感情を生じさせる神経ネットワークである［梅田 2014］．

他者の動作や行為に含まれる感情的な情報が共感を起こす場合，様々な研究から，扁桃体，前頭前野内側部，前部島皮質，前部帯状皮質，下頭頂小葉，運動前野が活性化する［野村 2011］．扁桃体，前頭前野内側部は本人の感情の一般的な処理でも活動する部位である（本章第4節［2］参照）．また，前部島皮質，前部帯状皮質はセイリエンスネットワーク，下頭頂小葉，運動前野は次項で扱うミラーニューロンネットワークとして知られている．

　セイリエンスネットワークによる身体反応からの共感を検討する上で多く取り上げられてきたのが物理的痛みへの共感である．実験の基本的な方法としては，実験参加者に他者の物理的な痛み画像（画鋲を踏んでいるなど）を様々な条件のもとで見せて，参加者が痛みを共感していると考えられる時の脳活動を測定するというものである［e.g., Moriguchi et al. 2007］．これらの研究の多くにおいて特に身体反応からの共感に関係しているのが島と背側前部帯状皮質とされる［野村 2011］．島と背側前部帯状皮質はこのような研究の以前から，本人自身の痛み感覚に関係していることが知られていたが，他者が痛みを感じる場面を見ることでも同じ部位で活動が起こり，身体反応からの共感にも関わることが知られるようになった［梅田 2014］．

3　認知的共感

　認知的共感は他者の感情などの心的活動について理知的に推論・理解するものであり，自他の分離が前提となっている［守口 2014; 梅田 2014］．例えば，勉強を教えるときにまず相手の知識や考え方を推測することは認知的共感に分類される．

　認知的共感に関しては，特にミラーニューロンネットワークとメンタライジングネットワークが関連するとされる．［Decety & Lamm 2006; 大平 2015］．ミラーニューロンネットワークとは他者の運動の観察にもとづき模倣による学習を実現させるものであり，メンタライジングネットワークとは「心の理論」に代表される自己や他者の心的な状態を推測することに関するものである［梅田 2016］．

　ミラーニューロンは，マカクザルが自分で物をつかむ動作をした時と他のマカクザルが物をつかむ動作を観察していた時に同じ脳部位が活動したことにより発見されたものである［Rizzolatti et al. 1996］．このような他者の動作の観察によるシミュレーションから共感を支えるミラーニューロンネットワークは，前

第13章 社会神経科学　197

正解はサリーのカゴであるがメンタライジングの機能が十分に発達していない場合、事実に基づき「アンの箱」と答えてしまう。これは「ビー玉はカゴに入ったままである」というサリーの思い込み（誤信念）をサリーという他者の立場から理解することが困難であるためと考えられる。

図13-1　サリー・アン課題

（出所）Frith［2003：邦訳 2009］．

頭葉下部，運動前野腹側部，運動前野背側部，上頭頂小葉，下頭頂小葉，上側頭溝後部などが含まれるとされる［Brass & Heyes 2005］．いくつかの部分は他の共感に関するネットワークと重複するが，運動前野などは特異的である［梅田 2014］．前頭葉下部に関しては，他者の意図を含んだ行為の認識に関わるとされている［Iacoboni et al. 2005; 柳澤・阿部 2016］．また，ミラーニューロンの活動レベルに関しては男性よりも女性の方が高く，女性の方が共感の感受性が高いといわれることの理由の1つではないかとされている［Cheng et al. 2006; 梅田 2014］．

　自己や他者の心を推論するメンタライジングの機能に関しては，発達心理学などにおいて「心の理論」として以前から研究されてきた．この機能を測るた

めの課題として用いられるのが誤信念課題である．誤信念課題とは，物語の中で作中の事実とは異なる思い込み（誤信念）を持っている人が登場しても，その人の立場から回答できるかどうかを問う課題である［松井 2009］．これにより，自分とは異なる考えが他者に備わっていることが理解できるかを評価する．この誤信念課題として最も代表的なものにサリー・アン課題がある（図13-1）．

　メンタライジングは脳機能イメージングにおいても誤信念課題を用いて検討されることが多く，様々な研究を通して前頭前野内側部，帯状回前部近傍，側頭頭頂葉接合部，下頭頂小葉，上側頭溝後部などで脳活動が行われることが知られている．前頭前野内側部，帯状回前部は先述の通り自己に関わる認知処理を行う大脳皮質正中線構造に存在する［Northoff & Bermpohl 2004; 梅田 2014］．また，側頭頭頂葉接合部，下頭頂小葉は様々な認知機能に関わることが知られているが，誤信念課題のような入れ子構造の理解などにも関与している［Decety et al. 2002; 梅田 2014］．ここでいう入れ子構造とは，ジャンケンの際に，自分の考えを読んでいると思われる他人の考えをさらに自分の中に取り込んで出すべき手を考えるといった多重構造のことである．加えて，上側頭溝後部は他者の視線の認知に深くかかわるとされている［Pelphrey et al. 2005; 梅田 2014］．

第4節　社会的な意思決定とその周辺

1　社会的報酬

　意思決定の目的の1つは報酬を得ることである．オールズとミルナー［Olds & Milner 1954］は，ラットがレバーを押すと脳に埋め込んだ電極に電気が流れる装置を用いて，ある部位に電極がある場合には餌を報酬とした時のようにレバー押しが激増する（電流による刺激が報酬となり，それを求め続ける）ことを示した．その部位には，黒質，腹側被蓋野，背側線条体（尾状核・被殻），腹側線条体（側坐核），扁桃体，帯状皮質，前頭眼窩野などが含まれており，これらは報酬系と呼ばれている．また，報酬系は人を対象とした脳機能イメージングでも活性化することが示されている［筒井・小山 2014］．報酬系において特に線条体は重要な役割をしており，腹側線条体にある側坐核は快・不快両方の基本的な処理に関与している．また，背側線条体にある尾状核と被殻は環境情報と報酬情報を照らし合わせて状況に応じた適切な行動を選択，学習しているとされ

表13-2　社会的報酬との関連がみられた報酬系の活動部位

社会的報酬	側坐核	尾状核	前頭連合野眼窩部	前帯状皮質	腹側被蓋野	その他	出典
他人との協力に快を感じる	○	○	○	○			Rilling et al. (2002)
恋人に熱い思いを抱く		○			○		Bartels & Zeki (2004), Aron et al. (2005)
好意的評価を受ける	○（※線条体）					○（前頭連合野内側部）	Izuma et al. (2008)
寄付などの利他的行動をする	○（※線条体）		○		○		Moll et al. (2006)
不公正な行為に罰が与えられるのを見る（男性のみ）	○	○					Singer et al. (2006)

(注) ※線条体には，側坐核，尾状核，被殻などが含まれる．
(出所) 渡邊［2014］を表として再構成．

る．前頭眼窩皮質は長期間の報酬の累積やそれにもとづく判断に，帯状皮質は競合する行動の選択に，島皮質は快・不快の情動に，扁桃体は快・不快の予測に関わることが明らかにされている［春野 2014］．また，黒質，腹側被蓋野は学習に欠かせない神経伝達物質であるドーパミンの放出を線条体に行っている．

これまでの研究からこの報酬系が様々な報酬（例：金銭報酬や他者からの好意的評価など）にある程度共通するものであることが確認されている．渡邊［2014］は報酬に関する研究をまとめているが，そのなかでも社会的報酬（他者との人間関係のなかで快を生じさせる刺激）と考えられるものによる活動部位は**表13-2**の通りである．シンガーら［Singer et al. 2006］の「不公正な行為に罰が与えられるのを見る」という社会的報酬に対して，報酬系が活動するのは男性のみであるということも興味深い点である．また，報酬系に関する意思決定研究は，神経経済学などにおいても金銭に関わる課題を用いて盛んに研究されている．詳しくは，長谷川［2018］や春野［2014］なども参照してほしい．

2　社会的感情

しかし，多くの人は意思決定がいつも報酬を求めて合理的に行われるわけで

表13-3 社会的感情と関連する脳活動部位

社会的感情	実験条件	統制条件	主な活動部位	活動部位と関連する研究	出典
罪悪感	罪悪感をともなう文章を読む（例 私は病院内で携帯電話を使用した）	中立な文章を読む（例 私は公園で携帯電話を使用した）	内側前頭前野・後部上側頭溝	心の理論	Takahashi et al., 2004
羞恥心	羞恥心をともなう文章を読む（例 私はズボンのチャックが開いていることに気づいた）	中立な文章を読む（例 私は公園で携帯電話を使用した）	側頭葉前部		
妬み	自己との関連性が高く自己よりも優れた特徴を有する他者のプロフィールを読む	自己との関連性が低い他者，あるいは自己よりも優れた特徴を有するが自己との関連性が低い他者のプロフィールを読む	背側前部帯状回	社会的状況における心理的苦痛	Takahashi et al., 2009
シャーデンフロイデ	妬ましさを強く感じる他者に不幸が訪れた時の文章を読む	妬ましさをあまり感じない他者に不幸が訪れた時の文章を読む	腹側線条体	報酬系	高橋, 2014; Takahashi et al., 2009

（出所）柳澤・阿部［2016］を表として再構成．

はなく，感情により大きな影響を受けることも理解できるだろう．まず，感情全般に関わる重要な部位として，扁桃体と前頭眼窩野がある．扁桃体が損傷すると感情が平板になり，恐怖などの不快感情が感じられず危険な行為を行うといったことがある［大平 2010; Zola-Morgan et al. 1991］．扁桃体は感情を示した表情を提示すると速やかに活性化することが示されており，その個体にとっての物事の快・不快の判断を瞬時に行う場所であるとされている［Blair et al. 1999; Breiter et al. 1996; 大平 2010］．また前頭眼窩野が損傷されると怒りっぽくなることがあると報告されている（TOPICS 25）．この前頭眼窩野に関しては，前頭前野で唯一扁桃体と直接つながっており，扁桃体からの感情的な刺激とそれに対する行動を監視・評価・制御する機能があるとされている［大平 2010; Rolls 2000］．

　他にも，感情全般の自動的な制御にかかわる部位として腹外側前頭前野，意図的な感情制御にかかわる部位として外側前頭前野がある．また，前頭眼窩野

による感情制御も意図的なものであるとされている［Nomura et al. 2004; 大平 2010; Ohira et al. 2006］.

　ただし，社会的感情（他者との人間関係のなかで生じる感情）は，恐れや喜びといった基本感情と比べると複雑なものであるため，これらの部位に加えて様々な部位の活動がみられることもある．柳澤・阿部［2016］が，罪悪感，羞恥心，妬み，シャーデンフロイデ（他人の不幸を喜ぶ感情）といった社会的感情に関する高橋らの研究をまとめている（表13-3）．社会的感情と関わる部位の中には，心の理論や報酬系の研究などでも活性化する部位があり，部分的にはそれらと共通の処理が行われていると考えられる．

> ### ❖ TOPICS 25　フィネアス・ゲージの症例
>
> 　脳損傷により倫理的判断・社会的行動の変化を呈した症例として最も有名なのが，フィネアス・ゲージの症例である．1848年，アメリカに25歳のフィネアス・ゲージという鉄道敷設工事の現場監督がいた．当時の彼は，真面目で仕事熱心，バランスのとれた人格であり，周囲からの信頼が厚かったとされている．しかし，工事中に爆発事故が起こり，その衝撃で飛ばされた鉄棒が彼の左上顎部から左眼窩，前頭骨後部へと貫通した．大けがであったにもかかわらず，2カ月ほどで回復・退院し実家に戻ることができたが，現場監督としての仕事に戻ることはできなかった．ハーロウ［Harlow 1848］はこの時のゲージの様子に関して，情緒不安定で気が短く，他人に対しての配慮に欠け，無礼な態度や下品な罵りがたびたびみられたとしている．また，判断力の低下などもみられ，友人からの「彼はもはや以前のゲージではない」という言葉も記されている．その後，彼は1860年にこの事故による脳損傷が原因とされるけいれん発作によって死亡するまで，仕事を転々としたとされている［中村 2010; 大橋 2004］．
>
> 　ゲージの症例における損傷は，その後の画像解析において，ほぼ左前頭葉，なかでも左前頭眼窩野を含む左腹内側前頭前野の損傷に限られていたと指摘されており，腹内側前頭前野と倫理的判断や行動を中心とした社会性との関係が注目されてきた［Damasio et al. 1994; 中村 2010］．

3　倫理的判断・社会的行動

　意思決定には様々なものがあるが，正答が一様に決まらず，合理的ではない

表13-4 倫理的判断に関係する8つの領域の役割

脳領域	倫理課題	損傷による社会的な機能の障害	考えられる一般的な機能
① 内側前頭回	直接的倫理判断 非直接的倫理判断 単純倫理判断 倫理的写真	貧弱な実際的判断 反応性の攻撃 共感と社会的知識の減少	情動や意思決定の統合 心の理論
② 後部帯状回 　楔前部 　後膨大部皮質	直接的倫理判断 非直接的倫理判断 単純倫理判断 倫理的写真	顔の再認記憶の障害	情動とイメージ，記憶の統合
③ 上側頭溝 　下頭頂葉	直接的倫理判断 単純倫理判断 倫理的写真	視線による判断の障害	社会的に重要な動き表象 複雑なヒト性の表象 心の理論
④ 眼窩／腹側前頭皮質	単純倫理判断 倫理的写真	貧弱な実際的判断 反応性の攻撃 共感と社会的知識の減少 高次の心の理論課題の障害	賞罰の表象 不適切行為の制御 心の理論
⑤ 側頭極	単純倫理判断	自伝的記憶の障害	経験，記憶に情動性を付与
⑥ 扁桃核	倫理的写真	顔と動きによる社会的判断の障害	賞罰の素早い評価
⑦ 背外側前頭皮質 ⑧ 頭頂葉	非直接的倫理判断		ワーキングメモリ，他の認知機能

(出所) Greene & Haidt [2002], 小嶋 [2007].

が「人間らしい」判断がなされることがあるものとして倫理的判断がある．

　事故による脳損傷で社会的に不適切な行動がみられた症例として最も有名なフィネアス・ゲージ (TOPICS 25) は，前頭葉の眼窩野を含む腹内側前頭前野に損傷が生じていた．彼には事故前にはなかった良心や倫理観に反する行動がみられたことから，倫理的判断などとこの部位の関わりは以前から論じられてきた．

　そして，脳機能イメージングの発達によりこのような損傷研究から得られた知見に関してさらなる検討がなされた．グリーンら [Greene et al. 2001] は，トロリー問題 (TOPICS 26) と呼ばれる2通りの倫理学的な意思決定課題を用意し，課題遂行中の脳活動について fMRI を用いて比較した．このような課題と脳活動の測定を通して示されたのが，倫理判断に関係する8つの領域とその役

割であり,「モラル脳」と呼ばれている(表13-4).この研究では意思決定や感情,認知機能などの一般的な機能を行う複数の部位が倫理的な問題も処理していると考え,それぞれのバランスが判断の違いにつながるということが新たに示された.ただし,それぞれの領域が倫理的判断の際にどのような関係であるのかなどについては,不明な部分も多い[小嶋 2007; 寺澤・渡辺 2008].

たとえば,倫理的判断と感情の関係に関してグリーンら[Greene et al. 2001; 2004]は,トロリー問題において1人を犠牲にして5人を助けるという(ある意味で)合理的な判断をしようとすると,腹内側前頭前野の働きによりその判断に否定的な感情が生まれることがある.その状況での合理的判断と感情の価値が同程度である場合,帯状回前部の活性化を伴う強い葛藤と前頭前野背外側部前部の活性化を伴う感情を認知的に制御しようとする働きが生まれるとしている.しかし,モルら[Moll et al. 2005; 2008]は,ケーニヒとトラネル[Koenigs & Tranel 2007]において別の意思決定課題を腹内側前頭前野損傷患者に行わせた結果などを用い,腹内側前頭前野は愛着などに関する向社会的感情(憐み,愛情,罪悪感など)に関係しており,前頭前野背外側部や前頭眼窩野外側部は社会的な忌避感情(怒りや軽蔑など)に関係しているとしており,今後も大いに検討の余地がある[信原 2012].

❖ TOPICS 26 トロリー問題

トロリー問題とは,1つは「暴走しているトロリーが進路上の5人を轢きそうになっている.あなたがスイッチを押せば進路が変わり,切り替わった進路先にいる別の1人を轢くことになるが5人は助かる」,もう1つは「暴走しているトロリーが進路上にいる5人を轢きそうになっている.あなたが別の1人を突き飛ばすとその1人は線路に落ちて轢かれるが,5人は助かる」というものである[Foot 1978].回答者はそれぞれの状況において5人を助けるために1人を犠牲にする行動をとるかどうかを尋ねられる.2つの課題の違いはその行動が非直接的(スイッチを押す)か直接的(突き落とす)かである.1人を犠牲にして5人を助けるという人数の問題だけを考えた場合,行動を起こす(1人を犠牲にする)べきだということができる.しかし,多くの回答者は前者では行動を起こすが,後者ではたとえ多くの人を助けるためでも,1人を突き落とすことは許されないと判断して,行動を起こさないという決定をする.

📖 読書案内

開一夫・長谷川寿一編［2009］『ソーシャルブレインズ――自己と他者を認知する脳――』東京大学出版会.

小嶋祥三・渡辺茂［2007］『脳科学と心の進化　心理学入門コース7』岩波書店.

苧坂直行編［2012-2015］『社会脳シリーズ』（第1巻～第9巻），新曜社.

引用文献

〈第1章〉

Altman, I. & Taylor, D. A. [1973] *Social penetration: The development of interpersonal relationships*, New York, NY: Holt, Rinehart & Winston.

安藤清志 [1986]「自己開示」, 対人行動学研究会編『対人行動の心理学』誠信書房, 240-246.

安藤清志 [1994]『見せる自分／見せない自分 ――自己呈示の社会心理学――』サイエンス社.

Armor, D. A. & Sackett, A. M. [2006] Accuracy error, and bias in predictions for real versus hypothetical events, *Journal of Personality and Social Psychology*, 91, 583-600.

Armor, D. A. & Taylor, S. E. [1998] Situated optimism: Specific outcome expectancies and self-regulation, In M. P. Zanna (ed.), *Advances in experimental social psychology*, 30, 309-379, New York: Academic Press.

Baumeister, R. F. & Jones, E. E. [1978] When self-presentation is constrained by the target's knowledge: Consistency and compensation, *Journal of Personality and Social Psychology*, 36, 608-618.

Beayregard, K. S. & Dunning., D. [1998] Turning up the contrast: Self-enhancement motives prompt egocentric contrast effects in social judgments, *Journal of Personality and Social Psychology*, 74, 606-621.

Bem, D. J. [1972] Self-perception theory, in L. Berkowitz ed. *Advances in experimental social psychology*,. 6, 1-62. New York: Academic Press.

Dunning, D., Meyerowitz, J. A. & Holzberg, A. D. [1989] Ambiguity and self-evaluation: The role of idiosyncratic trait definitions in self-serving assessments of ability, *Journal of Personality and Social Psychology*, 57, 1082-1090.

遠藤由美 [1995]「精神的健康の指標としての自己をめぐる議論」『社会心理学研究』11, 134-144.

Festinger, L. [1954] A Theory of Social Comparison Processes, *Human Relations*, 7, 117-140.

Fleming, J. H. [1994] Multiple audience problems, tactical communication, and social interaction: A relational-regulation perspective, In M. P. Zanna (ed.), *Advances in experimental social psychology*, 26, New York: Academic Press, 215-292.

James, W. [1982] *Psychology: Briefer course*, Macmillan（今田寛訳『心理学 上』岩波書店,

1992年).
Jones, E. E. & Pittman, T. S. [1982] Toward a general theory of strategic self-presentation, In J. Suls (ed.), *Psychological perspectives on the self*, Vol. 1. Hillsdale, NJ: Erlbaum, 231-262.
Jourard, S. M. [1971] *The transparent self*, New York, NY: Van Nostrand Reinhold.
Kaplan, K. J., Firestone, I. J., Degnore, R. & Moore, M. [1974] Gradients of attraction as a function of disclosure probe intimacy and setting formality: On distinguishing attitude oscillation from attitude change-study one, *Journal of Personality and Social Psychology*, 30, 638-646.
笠置遊・大坊郁夫［2010］「複数観衆問題への対処行動としての補償的自己高揚呈示」『心理学研究』81, 26-34.
片山美由紀［1996］「否定的内容の自己開示への抵抗感と自尊心の関連」『心理学研究』67, 351-358.
Kernis, M. H. [1993] The roles of stability and level of self-esteem in psychological functioning, In R. F. Baumeister (ed.), *Self-esteem: The puzzle of low self-regard*, New York : Plenum Press.
Leary, M. R. & Baumeister, R. F. [2000] The nature and function of self-esteem: Sociometer theory, In M. P. Zanna (ed.), *Advances in experimental social psychology*, 32, Sam Diego: Academic Press.
Leary, M. R. & Kowalski, R. M. [1990] Impression management: A literature review and two-component model, *Psychological Bulletin*, 107, 34-47.
Lepore, S. J. [1997] Expressive writing moderates the relation between intrusive thoughts and depressive symptoms, *Journal of Personality and Social Psychology*, 73, 1030-1037.
Lepore, S. J. & Smyth, J. M. [2002] W*riting cure: How expressive writing promotes health and emotional well-being,* Washington, D.C.: American Psychological Association.
Luft, J. & Ingham, H. [1955] T*he Johari window, a graphic model of interpersonal awareness,* Proceedings of the western training laboratory in group development, Los Angeles: University of California, Los Angeles.
Markus, H. & Ruvolo, A. [1989] Possible selves: Personalized representations of goals, In L. A. Pervin (ed.), *Goal concepts in personality and social psychology*, 211-241, Hillsdale, NJ: Erlbaum.
Myers, D. [1987] *Social Psychology*, 2nd ed., McGraw-Hill.
永井智・新井邦二郎［2007］「利益とコストの予期が中学生における友人への相談行動に与える影響の検討」『教育心理学研究』55, 197-207.
沼崎誠・工藤恵理子［1995］「自己の性格特性の判断にかかわる課題の選考を規定する要因の検討」『心理学研究』66, 52-57.

Pennebaker, J. W. [1997] *Opening up: The healing power of expressing emotions*, New York: Guilford Press.

Pennebaker, J. W. & Francis, M. E. [1996] Cognitive, emotional, and language processes in disclosure, *Cognition and Emotion*, 10, 601-626.

Rosenberg, M. [1965] *Society and adolescent self-image*, Princeton Press.

Rosenberg, M. [1986] Self-concept from middle childhood through adolescence, In J. Suls & A. G. Greenwald (eds.), *Psychological perspectives on the self*, Vol.3, Lawrence Erlbaum Associates, 107-136.

Schachter, S. [1964] The interaction of cognitive and physiological determinants of emotional states, In L. Berkowitz (ed.), *Advances in experimental social psychology*, 1, New York: Academic Press, 49-80.

Spera, S. P., Buhrfeind, E. D. & Pennebaker, J. W. [1994] Expressive writing and coping with job loss, *Academy of Management Journal*, 3, 722-733

Sprecher, S., Treger, S., Wondra, J. D., Hilaire, N. & Wallpe, K. [2013] Taking turns: Reciprocal self-disclosure promotes liking in initial interactions, *Journal of Experimental Social Psychology*, 49, 860-866.

Swann, W. B., Bosson, J. K. & Pelham, B. W. [2002] Different partners, different selves: Strategic verification of circumscribed identities, *Personality and Social Psychology Bulletin*, 28, 1215-1228.

Swann, W. B., Stein-Seroussi, A. & Giesler, R. B. [1992] Why people self-verify, *Journal of Personality and Social Psychology*, 62, 392-401.

Taylor, S. E. & Brown, J. D. [1988] Illusion and well-being: A social psychological perspective on mental health, *Psychological Bulletin*, 103, 193-210.

Taylor, S. E., Lerner, J. S., Sherman, D. K., Sage, R. M. & McDowell, N. K. [2003] Are self-enhancing cognitions associated with healthy or unhealthy biological profiles? *Journal of Personality and Social Psychology*, 85, 605-615.

Tesser, A. [1988] Toward a self-evaluation maintenance model of social behavior, In L. Berkowitz (ed.), *Advances in experimental social psychology*, Vol. 21, New York: Academic Press, 181-227.

Trope, Y. [1983] Self-assessment in achievement behavior, In J. Suls & A. G. Greenwald (eds.), *Psychological perspectives on the self*, Vol.2, Lawrence Erlbaum Associates, 93-121.

山本恭子・余語真夫・鈴木直人［2004］「感情エピソードの開示を抑制する要因の検討」『感情心理学研究』11, 73-81.

山本眞理子・松井豊・山成由紀子［1982］「認知された自己の諸側面の構造」『教育心理学研究』30, 64-68.

和田実 [1995]「青年の自己開示と心理的幸福感の関係」『社会心理学研究』11, 11-17.
Wortman, C. B., Adesman, P., Herman, P. & Greenberg, G. [1976] Self-disclosure: An atrributional Perspective. *Journal of Personality and Social Psychology*, 33, 184-191.

〈第2章〉
Amato, P. R. & Pearce, P. [1983] A cognitively-based taxonomy of helping, In M. Smithson, P. R. Amato & P. Pearce (eds.), *Dimensions of helping behavior*, New York : Pergamon Press.
Anderson, C. A., Berkowitz, L., Donnerstein, E., Huesmann, L. R., Johnson, J., Linz, D., Malamuth, N. M. & Wartella, E. [2003] The influence of media violence on youth, *Psychological Science in the Public Interest*, 4, 81-110.
安藤清志 [1995]「社会的認知」安藤清志・池田謙一・大坊郁夫『現代心理学入門〈4〉社会心理学』岩波書店, 15-35.
Bandura, A. [1965] Influence of model's reinforcement contingencies on the acquisition of imitative responses, *Journal of Personality and Social Psychology*, 14, 589-595.
Bandura, A., Ross, D. & Ross, S. [1963] Imitation of film-mediated aggressive models, *Journal of Abnormal and Social Psychology*, 67, 601-607.
Bargh, J. A. [1994] The four horsemen of automaticity: Awareness, intention, efficiency, and control in social cognition. About us ... more about PhilPapers, In R. S. Wyer & T. K. Srull (eds.), *Handbook of Social Cognition*. 2nd ed. Lawrence Erlbaum. pp. 1-40.
Baron, R. A. & Kepner, C. R. [1970] Model's behavior and attraction toward the model as determinants of adult aggressive behavior, *Journal of Personality and Social Psychology*, 14, 335-344.
Batson, C. D. [2011] *Altruism in humans*, New York: Oxford University Press (菊池章夫・二宮克実訳『利他性の人間学――実験社会心理学からの回答――』新曜社, 2012年).
Beaman, A. L., Klentz, B, Diener, E. & Svanum, S. [1979] Self-awareness and transgression in children: Two field studies, *Journal of Personality and Social Psychology*, 37, 1835-1846.
Berkowitz, L. & LePage, A. [1972] Weapons as aggression-eliciting stimuli, *Journal of Personality and Social Psychology*, 7, 202-207.
Berkowitz, L. [1998] Affective aggression: The role of stress, pain, and negative affect, In R. G. Geen & E. Donnerstein (eds.), *Human aggression: Theories, research, and implications for social policy*, CA: Academic Press.
Buss, A. H. [1980] *Self-consciousness and social anxiety*, San Francisco: W. H. Freeman.
Carver, C. S. [1975] Physical aggression as a function of objective self-awareness and attitudes toward punishment, *Journal of Experimental Social Psychology*, 11, 510-519.

Carver, C. S. & Scheier, M. F. [1981] *Attention and Self-Regulation. A Control-Theory Approach to Human Behavior*, New York: Springer-Verlag.

Csikszentmihalyi, M. & Figurski, T.J. [1982] Self-awareness and aversive experience in everyday life, *Journal of personality*, 50, 14-26.

大坊郁夫・安藤清志 [1995]「援助と攻撃」, 安藤清志・池田謙一・大坊郁夫『現代心理学入門〈4〉社会心理学』岩波書店, 119-142.

Darley, J. M. & Latane, B. [1968] Bystander intervention in emergencies: Diffusion of responsibility, *Journal of Personality and Social Psychology*, 8, 377-383.

Dollard, J., Doob, L., Miller, N., Mowrer, O. & Sears, R. [1939] *Frustration and aggression*, New Haven, CT: Yale University Press（宇津木保訳『欲求不満と暴力』誠信書房, 1959年).

Duval, T. S. & Wicklund, R. A. [1972] *A theory of objective self-awareness*, New York: Academic Press.

Fenigstein, A., Scheier, M. F. & Buss, A. H. [1975] Public and private self-consciousness: Assessment and theory, *Journal of Consulting and Clinical Psychology*, 43, 522-527.

Ferguson, T. J. & Rule, B. G. [1983] An Attributional perspective on anger and aggression, In R. G. Geen & E. Donnerstein (eds.), *Aggression: Theoretical and empirical reviews: Vol.1. Theoretical and methodological issues.* New York: Academic Press.

Freud, S. [1933] *Warum Kreig? Gesammelte Werke*, Bd. XIV, London: Imago Publishing（土井正徳・吉田正巳訳『何故の戦争か フロイド選集8 宗教論――幻想の未来』日本教文社, 1955年).

Froming, W.J. & Carver, C. S. [1981] Divergent Influences of Private and Public Self-Consciousness in a Compliance Paradigm, *Journal of Research in Personality*, 15, 159-171.

Froming, W. J., Walker, G. R. & Lopyan, K. J. [1982] Public and private self-awareness: When personal attitudes conflict with societal expectations, *Journal of Experimental Social Psychology*, 18, 510-519.

Gigerenzer, G. [2004] Dread risk, September 11, and fatal traffic accidents, *Psychological science*, 15, 286-299.

Gigerenzer, G. & Brighton, H. [2009] Homo heuristicus: why biased minds make better inferences, *Topics in Cognitive Science*, 1, 107-143

Gouldner, A. W. [1960] The norm of reciprocity: A preliminary statement, *American Sociological Review*, 25, 161-178.

箱井英寿・高木修 [1987]「援助規範意識の性別, 年代, および世代間の比較」『社会心理学研究』3, 39-47.

Hamilton, W. D. [1964] The general evolution of social behavior, Ⅰ-Ⅱ, *Journal of*

Theoretical Biology, 7, 1-52.

橋本剛［2016］「対人行動（—2節 援助行動）」，北村英哉・内田由紀子編『社会心理学概論』ナカニシヤ出版.

Huesmann, I. R., Moise-Titus, J., Podolski, C. & Eron, I. D. [2003] Longitudinal relations between children's exposure to TV violence and aggressive behavior in young adulthood: 1977-1992, *Developmental Psychology*, 39, 201-221.

池上知子・遠藤由美［2008］「社会的推論」池上知子・遠藤由美『グラフィック社会心理学 第2版』サイエンス社.

Jones E. E. & Davis K. E. [1965] From acts to dispositions: the attribution process in person perception, In L. Berkowitz (ed.), *Advances in experimental social psychology*, New York: Academic Press, II, p.219-266.

Jones, E. E. & Nisbett, R. E., [1971] The actor and the observer: Divergent peceptions of the causes of behavior, In E.E. Jones, D. E. Kanouse, H. H. Kelly, R. E. Nisbett, S. Valins & B. Weiner (eds.), *Attribution: Perceiving the causes of behavior*, Morristown, N.J.: General Learning Press, 79-94.

Jones, E. E. & Harris V. A. [1967] The Attribution of Attitudes, *Journal of Experimental Social Psychology*, 3, 1-24.

金児恵［2007］「援助行動」，山田一成・北村英哉・結城雅樹『よくわかる社会心理学』ミネルヴァ書房.

熊谷智博［2016］「対人行動（—1節 攻撃行動）」，北村英哉・内田由紀子編『社会心理学概論』ナカニシヤ出版, 121-127.

Kelley, H. H. [1967] Attribution theory in social psychology, In D. Levine (ed.), *Nebraska Symposium on Motivation*, 15, 192-238.

Lorenz, K. [1963] *Das sogenannte Base: Zur Naturegeschichite der Aggression*, Wien: Dr. G. Borotha- Schoeler Verlag（日高敏隆・久保和彦訳『攻撃――悪の自然誌――』みすず書房，1970年）.

松井豊・堀洋道［1976］「援助に及ぼす状況要因の影響 (1)」『日本社会心理学会第17回大会発表論文集』, 173-175.

Nowak, M. A. & Sigmund, K. [1998] Evolution of indirect reciprocity by image scoring. *Nature*, 393, 573-577.

大江朋子［2015］「社会的認知」，外山みどり編『社会心理学――過去から未来へ――』北大路書房, 34-52.

荻原滋［1997］「攻撃と援助（—1節 攻撃）」，吉田富二雄・山本真理子・堀洋道編『新編 社会心理学』福村出版, 170-176.

及川昌典［2016］「社会的認知」，北村英哉・内田由紀子編『社会心理学概論』ナカニシヤ出版, 17-31.

押見輝男 [1992]『自分を見つめる自分〜 自己フォーカスの社会心理学〜 セレクション社会心理学2』サイエンス社.

大渕憲一 [1993]『人を傷つける心 セレクション社会心理学9』サイエンス社.

大渕憲一 [2000]『攻撃と暴力——なぜ人は傷つけるのか——』丸善（丸善ライブラリー）.

Ohbuchi, K. & Kambara, T. [1985] Attacker's intent and awareness of outcome, impression management and retaliation, *Journal of Experimental Social Psychology*, 21, 321-330.

Piliavin, J. A. & Piliavin, I. M. [1972] The effects of blood on reactions to a victim, *Journal of Personality and Social Psychology*, 44, 113-126.

清水裕 [2016]「援助と攻撃」, 外山みどり編『社会心理学——過去から未来へ——』北大路書房, 80-96.

Scheier, M. R, Fenigstein, A. & Buss, A. H. [1974] Self-awareness and physical aggression, *Journal of Experimental Social Psychology*, 10, 264-273.

Tedeschi, J. T. [1983] Social influence theory and aggression, In R. G. Geen & E. Donnerstein (eds.), *Aggression: Theoretical and empirical reviews: Vol.1. Theoretical and methodological issues*, New York: Academic Press.

Trivers, R. L. [1971] The evolution of reciprocal altruism, *Quarterly Review of Biology*, 46, 35-57.

Tversky, A. & Kahneman, D. [1974] Judgment under Uncertainty: Heuristics and Biases, *Science*, 185, 1124-1131.

吉武久美子 [1981]「集団形成パターンと公的自己意識の高低が個人の判断に及ぼす影響」『実験社会心理学研究』29, 65-69.

Wicklund, R. A. & Duval, T. S. [1971] Opinion change and performance facilitation as a result of objective self-awareness, *Journal of Experimental Social Psychology*, 7, 319-342.

Worchel, S., Arnold, S. E. & Harrison, W. [1978] Aggression and power restoration: The effects of identifiability and timing on aggressive behavior, *Journal of Experimental Social Psychology*, 14, 43-52.

湯川進太郎 [2004]「ストレスと攻撃」『ストレスの科学』19, 24-31.

Zillmann, D. & Canter, J. R. [1976] Effects of timing of information about mitigating circumstances on emotional responses to provocation and retaliatory behavior, *Journal of Experimental Social Psychology*, 12, 38-55.

〈第3章〉

Aron, A., Aron, E. N. & Smollan, D. [1992] Inclusion of other in the self scale and structure of interpersonal closeness, *Journal of Personality and Social Psychology*, 63, 596-612.

Aron, A., Norman, C. C., Aron, E. N. & McKenna, C. [2000] Couples' shared participation in novel and arousing activities and experienced relationship quality, *Journal of Personality and Social Psychology*, 78, 273-284.

Aron, A., Steele, J. L., Kashdan, T. B. & Perez, M. [2006] When similars do not attract: Test of a prediction from the self-expansion model, *Personal Relationships*, 13, 387-396.

Aronson, E. & Linder, D. [1965] Gain and loss of esteem as determinants of interpersonal attractiveness, *Journal of Experimental Social Psychology*, 1, 156-171.

Bartholomew, K. & Horowitz, K. M. [1991] Attachment styles among young adults: A test of a four-category model, *Journal of Personality and Social Psychology*, 61, 226-244.

Bowlby, J. [1969] *Attachment and loss: Vol. 1. Attachment.* New York: Basic Books. (黒田実郎・大羽 蓁・岡田洋子・黒田聖一訳『母子関係の理論1――愛着行動――岩崎学術出版社, 1991年).

Bowlby, J. [1973] *Attachment and loss: Vol. 2. Separation.* New York: Basic Books. (黒田実郎・岡田洋子・吉田恒子訳『母子関係の理論2――分離不安――岩崎学術出版社, 1991年).

Byrne, D. [1971] *The attraction paradigm*, New York: Academic Press.

Clark, M. S. & Mills, J. [1979] Interpersonal attraction in exchange and communal relationship, *Journal of Personality and Social Psychology*, 37, 12-14.

大坊郁夫 [1992]「親密な関係における行動特性の検討」『日本グループ・ダイナミックス学会第40回大会発表論文集』, 59-60.

Dewall, C. N., Maner, J. K., Deckman, T. & Rouby, D. A. [2011] Forbidden Fruit: Inattention to attractive provokes implicit relationship reactance, *Journal of Personality and Social Psychology*, 100, 621-629.

Duck, S. [1982] A topography of relationship disengagement and dissolution, In S. Duck (ed.), *Personal relationships 4: Dissolving personal relationships.* London: Academic Press.

Festinger, L., Schachter, S. & Back, K. [1950] *Social pressures in informal groups: A study of factors in human housing*, New York: Harper.

Foa, U. G. [1971] Interpersonal & economic resources, *Science*, 171, 345-351.

藤原武弘・黒川正流・秋月佐都士 [1983]「日本版 Love-Liking 尺度の検討」『広島大学総合科学部紀要』Ⅲ, 20, 35-42.

芳賀道匡・高野慶輔・羽生和紀・西河正行・坂本真士 [2016]「大学生活におけるソーシャル・キャピタルと主観的ウェルビーイングの関連」『心理学研究』87, 273-283.

Havighurst, R. J. [1953] *Human Development and Education* New York: Longmans Green

Heider, F. [1958] *The psychology of interpersonal relations*, New York : Wiley (大橋正夫訳『対人関係の心理学』誠信書房, 1978年).

稲増一憲・池田謙一 [2009]「会話を行う両者の関係性が, 新規情報共有・共有情報言及動

機による話題選択に与える効果の検討」『社会心理学研究』25, 103-112.
Jones, S. C. & Ratner, C. [1967] Commitment to self-appraisal and interpersonal evaluations, *Journal of Personality and Social Psychology*, 6, 442-447.
金政祐司 [2006]「親密な関係の光と影」, 金政祐司・石盛真徳編『私から社会へ広がる心理学』北樹出版.
Knapp, M. L. [1984] *Interpersonal communication and human relationships*, 5th ed., Boston: Allyn and Bacon.
高坂康雅・澤村いのり [2017]「大学生が恋人とセックス（性行為）をする理由とセックス（性行為）満足度・関係満足度との関連」『青年心理学研究』29, 29-42.
楠見幸子・狩野素朗 [1986]「青年期における友人概念発達の因子分析的研究」『九州大学教育学部紀要』31, 231-238.
Lee, J. A. [1977] A typology of styles of loving, *Personality and Social Psychology Bulletin*, 3, 173-182.
Levinger, G. [1980] Toward analysis of close relationships, *Journal of Experimental Social Psychology*, 16, 510-544.
Levinger, G. & Snoek, D. J. [1972] *Attraction in relationships :A new look at interpersonal attraction*, Morristown, N. J. : General Learning Press.
Lott, A. J. & Lott, B. E. [1974] The role of reward in the formation of positive interpersonal attitudes, In T. L. Huston (ed.), *Foundations of interpersonal attraction*, London: Academic Press.
増田匡裕 [1994]「恋愛関係における排他性の研究」『実験社会心理学研究』34, 164-182.
松井豊 [1993]『恋ごころの科学』サイエンス社.
松井豊 [1990]「青年の恋愛行動の構造」『心理学評論』, 33, 355-372.
宮崎弦太 [2015]「関係相手の応答性に応じた共同規範の調節——愛着不安による調整効果——」『実験社会心理学研究』55, 60-70.
Murnstein, B. I. [1977] The stimulus-value-role (SVR) theory of dyadic relationships, In S. Duck (ed.), *Theory and practice in interpersonal attraction*, London: Academic Press.
Putnum, R. D. [2000] Bowling alone: The collapse and revival of American community, New York: Simon & Schuster（柴内康文訳『孤独なボウリング』柏書房, 2006年).
Rollie, S. S. & Duck, S. [2006] Divorce and dissolution of romantic relationships: Stage models & their limitations, In J. H. Harvey & M. A. Fine (eds.), *The handbook of divorce and relationship dissolution*, Mahwah, NJ: Lawrence Erlbaum Associates.
Rose, S. M. [1984] How friendships end: Patterns among young adults, *Journal of Social and Personal Relationships*, 1, 267-277.
Rubin, Z. [1970] Measurement of romantic love, *Journal of Personality and Social Psychology*, 16, 265-273.

Rusbult, C. E. [1983] A longitudinal test of the investment model: The development (and deterioration) of satisfaction and commitment in heterosexual involvements, *Journal of Personality and Social Psychology*, 45, 101-117.

Rusbult, C. E. [1987] Response to dissatisfaction in close relationships: The exit-voice-loyalty-neglect model, In D. Perlman & S. Duck. (eds.), *Intimate relationships: Development, dynamics, and deterioration*. Thous and oaks, CA: Sage.

下斗米淳［1999］「対人魅力と親密化過程」，吉田俊和・松原敏浩編『社会心理学――個と集団の理解――』ナカニシヤ出版.

Thibaut, J. W. & Kelley, H. H. [1959] *The social psychology of groups*, New York : Wiely.

豊田弘司［2004］「大学生における好かれる男性及び女性の特性――評定尺度による検討――」『教育実践総合センター研究紀要』13, 1-6.

和田実［2001］「性，物理的距離が新旧の同姓友人関係に及ぼす影響」『心理学研究』72, 186-194.

Zajonc, R. B. [1968] Attitudinal effects of mere exposure, *Journal of Personality and Social Psychology*, Monograph Supplement., 9, 1-27.

〈第4章〉

Andersen, S. M., Glassman, N.S., Chen, S. & Cole, S.W. [1995] Transference in social perception: The role of the chronic accessibility of significant-other representations, *Journal of Personality and Social Psychology*, 69, 41-57.

Andersen, S. M., Saribay, S. A. & Przybylinski, E. [2012] Social cognition in close relationships, In S. T. Fiske and C. N. Macrae (eds.), *Handbook of social cognition*, Thousand Oaks, CA: Sage, 350-371.

蘭千寿［1990］『パーソン・ポジティヴィティの社会心理学――新しい人間関係のあり方を求めて――』北大路書房.

Asch, S.E. [1946] Forming impressions of personality, *Journal of Abnormal and Social Psychology*, 41, 258-290.

Baldwin, M. W. [1992] Relational schemas and the processing of information, *Psychological Bulletin*, 112, 461-484.

Bassili, J. [1981] The attractiveness stereotype: Goodness or glamor? *Basic and Applied Psychology*, 2, 235-252.

Berenson, K. R. & Ansersen, S. M. [2006] Childhood physical and emotional abuse by a parent: transference effects in adult interpersonal relations, *Personality and Social Psychology Bulletin*, 32, 1509-1522.

Bieri, J. [1955] Cognitive complexity-simplicity and predictive behavior, *The Journal of Abnormal and Social Psychology*, 51, 263-268.

Blair, I. V., Judd, C. M., Sadler, M. S. & Jenkins, C. [2002] The role of Afroncentric feature in person perception: Judging by feature and categories, *Journal of Personality and Social Psychology*, 83, 5-25.

Boucher, J. & Osgood, C. E. [1969] The Pollyanna hypothesis, *Journal of Verbal Learning and Verbal Behavior*, 8, 1-8.

Bruner, J. S. & Tagiuri, R. [1954] The perception of people, In G. Lindzey (ed.), *Handbook of social psychology*, Vol2.Addison-Wesley, 634-654.

Dotsh, R., Wigboldus, D. H. J. & Knippenberg, Ad. V. [2011] Biased allocation of faces to social categories, *Journal of Personality and Social Psychology*, 100, 999-1014.

Ferguson, T. J., Rule, B. G. & Carlston, D. [1983] Memory for personally relevant information, *Journal of Personality and Social Psychology*, 44, 251-261.

Fiske, S. T. [1980] Attention and weight in person perception:impact of negative and extreme behavior, *Journal of Personality and Social Psychology*, 38, 889-906.

Fiske, S. T. & Neuberg, S. L. [1990] "A continuum of impression formation from category-based to individuating processes: Influences of information and motivation on attention and interpretation, In Zannna, M. P. (ed.), *Advances in Experimental Social Psychology*, 23, San Diego, CA: Academic Press, 1-74.

Fong, G. T. & Markus, H. [1982] Self-schema and judgements about others, *Social Cognition*, 1, 191-204.

Forgas, J. P. & Bower, G. H. [1987] Mood effects on person-perception judgments, *Journal of Personality and Social Psychology*, 53, 53-60.

Greenwald, A. G., Poehlman, T. A., Uhlmann, E. L. & Banaji, M. R. [2009] Understanding and Using the implicit association test: Ⅲ.Mata-analysis of predictive validity, *Journal of Personality and Social Psychology*, 97 17-41.

Hamilton, D. L. & Zanna, L. J. [1972] Differential weighting of favorable and unfavorable attributes in impressions of personality, *Journal of Personality and Social Psychology*, 6, 204-212.

林文俊［1978a］「対人認知構造の基本次元についての一考察」『名古屋大学教育学部紀要』（教育心理学科），25, 233-247.

林文俊［1978b］「相貌と性格の仮定された関連性（3）――漫画の登場人物を刺激材料として――」『名古屋大学教育学部紀要』（教育心理学科），25, 41-55.

林文俊・大橋正夫・廣岡秀一［1983a］「暗黙裡の性格観に関する研究（I）：個別尺度法によるパーソナリティ認知次元の抽出」『実験社会心理学研究』23, 9-25.

廣岡秀一［1984］「対人認知構造に及ぼす状況要因の効果」日本心理学会第48回大会発表論文集632.

Hugenberg, K. & Bodenhausen, G. V. [2003] Facing prejudice: implicit prejudice and the

perception of facial threat," *Psychological Science*, 14, 640-643.
池上知子［1983］「印象判断における情報統合過程の特性　認知的複雑性――単純性との関連で――」『心理学研究』54, 189-195.
池上知子［1991］「対人好悪の感情が情報の体制化に及ぼす影響」『愛知教育大学研究報告』（教育科学）, 40, 155-169.
池上知子［1996］「結論」『対人認知の心的機構――ポスト認知モデルへの提言――』風間書房, 175-83.
唐牛祐輔・楠見孝［2009］「潜在的ジェンダーステレオタイプ知識と対人印象判断の関係」『認知心理学研究』6, 155-164.
Lewicki, P. [1986a] Processing information about covariations that cannot be articulated, *Journal of Experimental Psychology:Learning, Memory and Cognition*, 12, 135-146.
Livingston, R. W. & Brewer, M. B. [2002] What are we really priming? Cue-based versus category-based processing of facial stimuli, *Journal of Personality and Social Psychology*, 82, 5-18.
Markus, H. [1977] Self-schemata and processing information about the self, *Journal of Personality and Social Psychology*, 35, 63-78.
Markus, H., Smith, J. & Moreland, R. L. [1985] Role of the self-concept in the perception of others, *Journal of Personality and Social Psychology*, 49, 1494-1512.
大橋正夫・林文俊・廣岡秀一［1983b］「暗黙裡の性格観に関する研究（II）：共通尺度法と個別尺度法の比較検討」『名古屋大學教育學部紀要』（教育心理学科）, 30, 1-26.
Oosterhof, N. N. & Todorov, A. [2008] The functional basis of face evaluation, *Proceedings of the National Academy of Sciences of the USA*, 105, 11087-11092.
Rosenberg, S., Nelson, C. & Vivekanathan, P. S. [1968] A multidimensional approach to the structure of personality impression, *Journal of Personality and Social Psychology*, 9, 283-294.
Skowronski, J. J. & Carlston, D. E. [1987] Social judgment and social memory: The role of cue diagnosticity in negativity, positivity, and extremity biases, *Journal of Personality and Social Psychology*, 52, 689-699.
Todorov, A. [2017] The function of impression, In A. Todorov, (ed.), *Face Value ; The Irresistible Influence of First Impressions*, Princeton University Press, 112-130.
山本真菜・岡隆［2016］「ステレオタイプ抑制による逆説的効果の個人差――認知的複雑性との関係――」『社会心理学研究』31, 149-159.

〈第5章〉
Cohen, C. E. [1981] Person categories and social perception : testing some boundaries of the processing effects of prior knowledge, *Journal of Personality and Social*

Psychology, 40, 441-452.
Correll, J., Park, B., Judd, C. M. & Wittenbrink, B. [2002] The police officer's dilemma: using ethnicity to disambiguate potentially threatening individuals, *Journal of personality and social psychology*, 83, 1314-1329.
Crocker, J., Major, B. & Steele, C. [1998] Social stigma, in D. T. Gilbert, S. T. Fiske & G. Lindzey (eds.), *Handbook of Social Psychology*, (4th ed., Vol. 2, 504-553), New York：McGraw-Hill.
Crocker, J., Voelkl, K., Testa, M. & Major, B. [1991] Social stigma: The affective consequences of attributional ambiguity, *Journal of Personality and Social Psychology*, 60, 218-228.
Cuddy, A. J. C., Fiske, S. T. & Glick, P. [2007] The BIAS map: Behaviors from intergroup affect and stereotypes, *Journal of Personality and Social Psychology*, 92, 631-648.
Darley, J. M. & Gross, P. H. [1983] A hypothesis-confirming bias in labeling effects, *Journal of Personality and Social Psychology*, 44, 20-33.
Devine, P. G. [1989] Stereotypes and prejudice: their automatic and controlled components, *Journal of Personality and Social Psychology*, 56, 5-18.
Fiske, S. T., Cuddy, A. J. C., Glick, P. & Xu, J. [2002] A model of (often mixed) stereotype content: Competence and warmth respectively follow from perceived status and competition, *Journal of Personality and Social Psychology*, 82, 878-902.
Hamilton, D. L. & Gifford, R. K. [1976] Illusory correlation in interpersonal perception: A cognitive basis of stereotypic judgments,*Journal of Experimental Social Psychology*, 12, 392-407.
Glick, P. & Fiske, S. T. [1996] The ambivalent sexism inventory: Differentiating hostile and benevolent sexism, *Journal of personality and social psychology*, 70, 491-512.
Goffman, E. [1963] *Stigma；Notes on the management of spoiled identity*. Prentice-Hal（石黒毅訳『スティグマの社会学──烙印を押されたアイデンティティ──』せりか書房，1970年）.
上瀬由美子・松井豊［1996］「血液型ステレオタイプの変容の形──ステレオタイプ変容モデルの検証──」『社会心理学研究』11, 170-179.
上瀬由美子・小田浩一・宮本聡介［2002］「視覚障害者に対するステレオタイプの変容──電子メールを用いたコミュニケーションを介して──」『江戸川大学紀要〈情報と社会〉』12, 91-100.
Lippmann, W. [1922] *Public Opinion*, New York: Harcourt Brace.
松井豊［1991］「血液型による性格の相違に関する統計的検討」『東京都立立川短期大学紀要』24, 51-54.
縄田健悟［2014］「血液型と性格の無関連性──日本と米国の大規模社会調査を用いた実証

的論拠——」『心理学研究』85, 148-156.
Tajfel, H. & Wilkes, A. L. [1963] Classification and quantitative judgment, *British Journal of Psychology*, 54, 101-114.
Macrae, C. N., Bodenhausen, G. V., Milne, A. B. & Jetten, J. [1994] Out of mind but back in sight: Stereotypes on the rebound, *Journal of Personality and Social Psychology*, 67, 808-817.
Steele, C. M. & Aronson, J. [1995] Stereotype vulnerability and the intellectual test performance of African-Americans, *Journal of Personality and Social Psychology*, 69, 797-811.

〈第6章〉

Bard, P. [1928] A diencephalic mechanism for the expression of rage with special reference to the sympathetic nervous system, *American Journal of Physiology*, 84, 490-516.
Bower, G. H. [1981] Mood and memory, *American Psychologist*, 36, 129-148.
Bower, G. H., Gilligan, S. G. & Monterio, K. P. [1981] Selectivity of learning caused by affective states, *Journal of Experimental Psychology: General*, 110, 451-473.
Cannon, W. B. [1927] The James-Lange theory of emotions: A critical examination and an alternative theory, *American Journal of Psychology*, 39, 106-124.
Carlson, M., Charlin, V. & Miller, N. [1988] Positive mood and helping behavior: A test of six hypotheses, *Journal of Personality and Social Psychology*, 66, 211-229.
Clark, M. S. & Isen, A. M. [1982] Toward understanding the relationship between feeling states and social behavior, In A. Hastof & A. Isen (eds.), *Cognitive social psychology*, New York: Elsevier North-Holland, 73-108.
大坊郁夫 [1995]「魅力と対人関係」, 安藤清志・大坊郁夫・池田謙一『社会心理学——現代心理学入門4——』岩波書店, 96-117.
Dutton, D. G. & Aron, A. P. [1974] Some evidence for heightened sexual attraction under conditions of high anxiety, *Journal of Personality and Social Psychology*, 30, 510-517.
Doherty, R. W. [1997] The emotional contagion scale: A measure of individual differences, *Journal of Nonverbal Behavior*, 21, 131-154.
Ekman, P. [1972] Universals and cultural difference in facial expression of emotion, In J. Cole (ed.), *Nebraska symposium on motivation*, 19, Lincoln, NE: University of Nebraska Press, 207-283.
Fernández-Dols, J. M. & Ruiz-Belda, M. A. [1995] Are smiles a sign of happiness? Gold medal winners at the Olympic Games, *Journal of Personality and Social Psychology*, 69, 1113-1119.

Forgas, J. P. & Bower, G. H. [1987] Mood effects on person-perception judgements, *Journal of Personality and Social Psychology*, 53, 53-60.

Fridlund, A. J. [1994] *Human facial expression: An evolutionary view*, San Diego, CA: Academic press.

Friesen, W. V. [1972] *Cultural differences in facial expressions in a social situation: An experimental test of the concept of display rules*, Unpublished doctoral dissertation, San Francisco: University of California.

Fujimura, T. Sato, W. & Suzuki, N. [2010] Facial expression arousal level modulates facial mimicry, *International Journal of Psychophysiology*, 76, 88-92.

Hall, E. [1966] *The hidden dimension*, New York: Doubleday & Company (日高敏隆・佐藤信行訳『かくれた次元』みすず書房, 1970年).

Hatfield, E., Cacioppo, J. & Rapson, R. [1994] *Emotional contagion*, New York: Cambridge University Press.

Hess, E.H. & Polt, J.M. [1960] Pupil size as related to interest value of visual stimuli, *Science*, 132, 349-350.

Isen, A. M. [1987] Positive affect, cognitive processes, and social behavior, In L. Berkowitz ed., *Advances in experimental social psychology*, 20, Academic Press, 203-253.

James, W. [1884] "What is an emotion?" *Mind*, 9, 188-205.

Kendon, A. [1967] Some functions of gaze direction in social interaction, *Acta Psychologica*, 26, 22-63.

木村昌紀・余語真夫・大坊郁夫 [2007]「日本語版情動伝染尺度 (the Emotional Contagion Scale) の作成」『対人社会心理学研究』7, 31-39.

Kobayashi, H. & Karashima, S. [1997] Unique morphology of human eye, *Nature*, 387, 767-768.

Kraut, R. E. & Johnston, R. E. [1979] Social and emotional messages of smiling: An ethological approach, *Journal of Personality and Social Psychology*, 37, 1539-1553.

Laurenceau, J.-P., Barrett, L. F. & Pietromonaco, P. R. [1998] Intimacy as an Interpersonal process: The Importance of self-disclosure, partner disclosure, and perceived partner responsiveness in interpersonal exchanges, *Journal of Personality and Social Psychology*, 74, 1238-1251.

Patterson, M. L. [1983] Nonverbal behavior: A functional perspective, Springer-Verlag (工藤力監訳『非言語コミュニケーションの基礎理論』誠信書房, 1995年).

Rimé, B. [2009] Emotion elicits the social sharing of emotion: Theory and empirical review, *Emotion Review*, 1, 60-85.

Rimé, B., Finkenauer, C., Luminet, O., Zech, E. & Philippot, P. [1998] Social sharing of emotion: New evidence and new questions, In W. Stroebe & M. Hewstone (eds.),

European Review of Social Psychology, **9**, New York: John Wiley & Sons, 145-189.

Schachter, S. & Singer, J. [1962] Cognitive, social and physiological determinants of emotional state. *Psychological Review*, **69**, 379-399.

Schwarz, N. [1990] Feeling as an information: Informational and motivational functions of affective states, In E. T. Higgins & R. M. Sorrentino (eds.), *Handbook of motivation and cognition: Foundations of social behavior*, Vol. 2. The Guilford Press, 527-561.

Schwarz, N. & Clore, G. L. [1983] Mood, misattribution and judgements of well-being: Informative and directive functions of affective states, *Journal of Personality and Social Psychology*, **45**, 513-523.

Strack, R., Martin, L. L. & Stepper, S. [1988] Inhibiting and facilitating conditions of the human smile: A non-obtrusive test of the facial feedback hypothesis, *Journal of Personality and Social Psychology*, **54**, 768-777.

Tomkins, S. S. [1962] *Affect, imagery, and consciousness: Vol.1 The positive affects*, New York: Springer.

Wagner, H. L. & Lee, V. [1999] Facial behavior alone and in the presence of others, In P. Philippot, R. S. Feldman & E. J. Coats (eds.), The social context of nonverbal behavior, England: Cambridge University Press, 262-286.

山本恭子・鈴木直人［2005］「他者との関係性が表情表出に及ぼす影響の検討」『心理学研究』76, 375-381.

山本恭子・余語真夫・鈴木直人［2004］「感情エピソードの開示を抑制する要因の検討」『感情心理学研究』11, 73-81.

Yik, M. S. & Russell, J. A. [1999] Interpretation of faces: A cross cultural study of a prediction from Fridlund's theory, *Cognition and Emotion*, **13**, 93-104.

Yogo, M. & Onoue, K. [1998] Social sharing of emotion in a Japanese sample, In A. Fischer (ed.), *ISRE '98: Proceeding of Xth Conference of International Society of Research on Emotions*, 335-340.

〈第7章〉

Allport, G. W. [1935] Attitude, In C. Murchison (ed.), *A Handbook of social psychology*, Worcester, Mass.: Clark University Press, 794-844

Ajzen, I. [1991] The theory of planned behavior, *Organizational Behavior and Hunan Decision Processes*, **50**, 179-211.

Brehm, S. S. & Brehm, J. W. [1981] *Psychological reactance: A theory of freedom and control*, New York: Academic Press.

Chaikin, S., Liberman, A. & Eagly, A. H. [1989] Heuristic and systematic processing within and beyond the persuasion context, In J. S. Uleman & J. A. Bagh. (eds.), *Unintended thought*, New York : Guilford Press, 212-252.

Cho, H. & Witte, K. [2004] A review of fear-appeal effects, In J. S. Seiter & R. H. Gass (eds.), *Perspectives on persuasion, social influence, and compliance gaining*, Boston, MA: Pearson Education, 223-238.

Doob, L. W. [1947] The behavior of attitude, *Psychological Review*, 54, 135-156.

Ehrlich, D., Guttman, I., Schonbach, P. & Mills, J. [1957] Postdecision exposure to relevant information, *Journal of Abnormal and Social Psychology*, 54, 98-102.

Festinger, L. [1957] *A theory of cognitive dissonance*, Stanford : Stanford University Press（末永俊郎監訳『認知的不協和の理論』誠信書房，1965年）.

Fishbein, M. & Ajzen, I. [1975] *Belief, attitude, intention, and behavior: An introduction to theory and research*, Reading, Mass. : Addision-Wiley.

深田博己編［2002］「説得研究の基礎知識」深田博己編『説得心理学ハンドブック――説得コミュニケーション研究の最前線――』北大路書房，2-44.

Greenwald, A. G., McGhee, D. E. & Schwartz, J. L. K. [1988] Measuring individual differences in implicit cognition: The implicit association test, *Journal of Personality and Social Psychology*, 74, 1464-1480.

Heider, F. [1958] *The psychology of interpersonal relations*, New York : Wiley（大橋正夫訳『対人関係の心理学』誠信書房，1978年）.

Hovland, C. L., & Weiss, W. [1951] The influence of source credibility on communication effectiveness, *Public Opinion Quarterly*, 15.

工藤恵理子［2010］「態度と態度変化」，池田謙一・唐沢穣・工藤恵理子・村本由紀子『社会心理学』有斐閣.

今井芳昭［2006］『依頼と説得の心理学――人は他者にどう影響を与えるか――』サイエンス社.

Katz, D. [1960] The functional approach to the study of attitude, *Public Opinion Quartrrly*, 24, 163-204.

Katz, D. & Stotland, E. [1959] A preliminary statement to a theory of attitude structure and change, In S. Koch (ed.), *Psychology: A study of a science*, Vol.3. New York: McGraw-Hill Book, 423-475.

Krech, D. & Crutchfield, R. S. [1948] *Theory and problems of social psychology*, New York: McGraw-Hill Book.

Newcomb, T. M. [1950] *Social Psychology*, New York : Holt, Rinehart and Winston（森東吾・萬成博訳『社会心理学』培風館，1956年）.

新村出編［2008］『広辞苑 第6版』岩波書店.

McGuire, W. J. [1964] Inducing resistance to persuasion: Some contemporary approaches, In L. Berkowitz (ed.), *Advances in experimental social psychology*, Vol.1., New York:

Academic Press, 191-229.

O'Keefe, D. J. [1990] *Persuation: Theory and Research*, Newbury Park, CA:SAGE,

O'Keefe, D. J. & Figge, M. [1999] How to handle opposing arguments in persuasive messages: A meta-analytic review of the effects of one-sided and two-sided messages, in M. E. Roloff (ed.), *Communication Yearbook*, 22, CA: SAGE, 209-249.

Perloff, R. M. [2003] *The dynamics of persuation: Communication and attitudes in the 21st century*, Mahwah, NJ: Lawrence Erlbaum Associates.

Petty, R. E. & Cacioppo, J. P. [1986] The elaboration likelihood model of persuasion, In L. Berkowitz (ed.), *Advances in experimental social psychology*, 19. New York: Academic Press, 123-205.

Sherif, M. & Cantril, H. [1945] The psychology of attitude, Part I, *Psychological. Review.*, 52, 295-319.

中島義明ほか編 [1999]『心理学辞典』有斐閣.

田中洋 [2008]『消費者行動論体系』中央経済社, 89-115.

〈第8章〉

Allport, F. H. [1920] The influence of the group upon association and thought, *Journal of Experimental Psychology*, 3, 159-182.

Acsh, S. E. [1955] Opinions and social pressure, *Scientific American*, 193, 31-35.

Bumstein, E., Vinokur, A. & Trope, Y. [1973] Interpersonal comparison versus persuasive argumentation: A more direct test of alternative explanations for group-induced shifts in individual choice, *Journal of Experimental Social Psychology*, 9, 236-245.

Bumstein, E. & Vinokur, A. [1975] What a person thinks upon learning he has chosen differently from others: Nice evidence for the persuasive-arguments explanation of choice shifts, *Journal of Experimental Social Psychology*, 11, 412-426.

Davis, J. H., Kerr, N. L., Atkins, R. S., Holt, R. & Meek, D. [1975] The decision process of 6- and 12- person mock juries assigned unanimous and two-thirds majority rules, *Journal of personality and Social Psychology*, 32, 1-14.

Dawes, R. M. [1975] Formal models of dilemmas in social decision-making, In Kaplan, M. F., & Schwartz, S. (eds.), *Human judgment and decision processes*, New York : Academic Press, 87-107.

Deutsch, M. & Gerard, H. B. [1955] A study of normative and informational social influences upon individual judgment, *The Journal of Abnormal and Social Psychology*, 51, 629-636.

Festinger, L. [1954] A theory of social comparison processes, *Human Relations*, 7, 117-140.

Festinger L., Schachter S., and Back, K.W. [1950] *Social Pressures in Informal Groups: A*

Study of Human Factors in Housing, New York: Harper.
Fiedler, F. E. [1967] *A Theory of Leadership Effectiveness*, New York: McGraw-Hill（山田雄一監訳『新しい管理者像の探究』産業能率短期大学出版部，1970年）.
Hardin, G. [1968] The Tragedy of the Commons, *Science*, 162, 1243-1248.
Jackson, J. M. [1960] Structural characteristics of norms, In G. E. Jensen (ed.), *Dynamics of Instructional Groups*. Univ. of Chicago Press（末吉悌次・片岡徳雄・森しげる訳『学習集団の力学』黎明書房，1967年）.
Janis, L. L. [1982] *Groupthink*, 2nd ed., Boston, MA: Houghton Mifflin.
Kelman, H. C. [1961] Processes of opinion change, *Public Opinion Quarterly*, 25, 57-78.
小窪輝吉 [1967]「集団と人間の心理」，斎藤勇編『対人社会心理学研究重要研究集 1　社会的勢力と集団組織の心理』誠信書房，109-158.
Latane, B., Williams, K. & Harkins, S. [1979] Many hands make light the work: The causes and consequences of social loafing, *Journal of Personality and Social Psychology*, 37, 822-832.
Leavitt, H. [1951] Some effects of certain communication patterns on group performance, *Journal of Abnormal and Social Psychology*, 46, 38-50.
Maass, A. & Clark, R. D. [1984] Hidden impact of minorities: Fifteen years of minority influence research, *Psychological Bulletin*, 95, 428-450.
Michaels, J. W., Blommel, J. M., Brocato, R. M., Linkous, R. A. & Rowe, J. S. [1982] Social facilitation and inhibition in a natural setting, *Replications in Social Psychology*, 2, 21-24.
三隅二不二 [1984]『リーダーシップ行動の科学』有斐閣.
Moscovici, S. & Zavalloni, M. [1969] The group as a polarizer of attitudes, *Journal of Personality and Social Psychology*, 12, 125-135.
Mugny, G. [1975] Negotiation, image of the other and the process of minority influence, *European Journal of Social Psychology*, 5, 209-228.
村山綾・三浦麻子 [2015]「裁判員は何を参照し，何によって満足するのか：専門家 - 非専門家による評議コミュニケーション」『法と心理』15, 90-99.
Myers, D. G., & Lamm, H. [1976] The group polarization phenomenon, *Psychological Bulletin*, 83, 602-627.
縄田健悟・山口裕幸 [2011]「集団間代理報復における内集団観衆効果」『社会心理学研究』26, 167-177.
Osborn, A. F. [1953] *Applied imagination*, Oxford, England: Scribner.
大坪庸介・藤田政博 [2001]「集団過程としての陪審裁判」『心理学評論』44, 384-397.
Rim, Y. [1965] Leadership Attitudes and Decisions Involving Risk, *Personnel Psychology*, 18, 423-451.

Ringelmann, M. [1913] Research on animate sources of power: The work of man, *Annales de l'Institut National Agronomique, 2nd series*, 12, 1-40.
Sherif, M. [1937] An experimental approach to the study of attitudes, *Sociometry*, 1, 90-98.
Stgdill, R. M. [1974] *Handbook of Leadership: A Survey of Theory and Research*, New York: Free Press.
Stoner, J. A. F. [1968] Risky and cautious shifts in group decisions: The influence of widely held values, *Journal of Experimental Social Psychology*, 4, 442-459.
Teger, A. I. & Pruitt, D. G. [1967] Components of Group Risk Taking, *Journal of Experimental Social Psychology*, 3, 189-205.
Triplett, N. [1898] The dynamogenic factors in pacemaking and competition, *American Journal of Psychology*, 9, 507-533.
Wallach, M. A. & Kogan N., [1965] The Roles of Information, Discussion, and Consensus in Group Risk Taking, *Journal of Experimental Social Psychology*, 1, 1-19.
Wallach, M. A., Kogan, N. & Bem, D. J. [1962] Group influence on individual risk Taking, *Journal of Abnormal and Social Psychology*, 65, 75-86.
Williams, K. D. & Karau, S.J. [1991] Social loafing and social compensation: The effects of expectations of co-worker performance, *Journal of Personality and Social Psychology*, 61, 570-581.
山岸俊男 [1990]『社会的ジレンマの仕組み「自分ひとりぐらいの心理」の招くもの』サイエンス社.
Zajonc, R. B. [1965] Social Facilitation, *Science*, 149, 296-274.

〈第9章〉

Conway, F. & Siegelman, J. [1979] Information Disease: Have cults created a new mental illness, *Science Digest*, 90, 96-92.
Cialdini, R. B. [1988] *Influence: Science and practice*, Scott, Foresman and company, Glenview (社会行動研究会編訳『影響力の武器』誠信書房, 1991年).
Dole, A. [2002] Terrorists and cultists, In C. E. Staut (ed.), *The psychology of terrorism*, 3, Westport, Conn. :Praeger Publisher.
Gilovich, T. [1991] *How we know what isn't so: The fallibility of human reason in everyday life*, New York: Free Press (守一雄・守秀子訳『人間この信じやすきもの:迷信・誤信はどのようにして生まれるか』新曜社, 1993年).
Lifton, R. J. [1961] *Thought reform and the psychology of totalism*, New York: W. W. Norton (小野泰博訳『思想改造の心理』誠信書房, 1979年).
Lalich, J. [2004] *Bounded choice: The believers and charismatic cults*, Berkeley : University of California Press.

Milgram, S. [1965] *Obedience to authority: An experimental view*, New York : Harper & Row Publishes（岸田秀訳『服従の心理』河出書房新社，1980年）.

西田公昭 [1993]「ビリーフの形成と変化の機制についての研究 (3)：カルト・マインド・コントロールにみるビリーフ・システム変容過程」『社会心理学研究』9, 131-144.

西田公昭 [1995a]「ビリーフの形成と変化の機制についての研究 (4)：カルト・マインド・コントロールにみるビリーフ・システムの強化・維持の分析」『社会心理学研究』11, 18-29.

西田公昭 [1995b]『マインド・コントロールとは何か』紀伊国屋書店.

西田公昭 [1998]『「信じるこころ」の科学：マインド・コントロールとビリーフ・システムの社会心理学』サイエンス社.

西田公昭 [2001]「オウム真理教の犯罪行動についての社会心理学的分析」『社会心理学研究』16, 170-183.

西田公昭・黒田文月 [2003]「破壊的カルト脱会後の心理的問題についての検討：脱会後の経過期間およびカウンセリング効果」『社会心理学研究』18, 192-203.

西田公昭・黒田文月 [2004]「破壊的カルトでの生活が脱会後のメンバーの心理的問題に及ぼす影響」『心理学研究』75, 9-15.

Pratkanis, A. & Aronson, E. [1991] *Age of propaganda*, New York : Freeman（社会行動研究会訳『プロパガンダ――広告・政治宣伝のからくりを見抜く――』誠信書房，1998年）.

Ross, J. C. & Langone, M. D. [1987] *Cults : What parents should know?* American Family Foundation（多賀幹子訳『カルトから我が子を守る法』朝日新聞出版，1995年）.

Sargant, W. [1957] *Battle for the mind; A physiology of conversion and brainwashing*, London : W. Heinemann（佐藤俊男訳『人間改造の生理』みすず書房，1961年）.

Schein, E., Schneier, I. & Barker, C. H. [1961] *Coercive persuasion*, New York: W. W. Norton.

Singer, M. T. [1979] Comming out of the cults, *Psychology today*, 80, 72-82

Vernon, J. A. [1963] *Inside the black room: Studies of the sensory deprivation*, New York: Clarkson N. Putter（大熊輝雄訳『暗室の中の世界』みすず書房，1969年）.

Zimbardo, P. G. [2002] Mind control: psychological reality or mindless rhetoric? *President's column*, 33, 5.

Zimbardo, P. G. [2007] *The Lucifer Effect: Understanding How Good People Turn Evil*, New York: Random House（鬼澤忍・中山宥訳『ルシファー・エフェクト：ふつうの人が悪魔に変わるとき』海と月社，2015年）.

〈第10章〉

Berkman, L. F. & Syme, S. L. [1979] Social networks, host resistance, and mortality: A nine-year follow-up study of Alameda county residents, *American Journal of Epidemiology*, 109, 186-204.

Cobb, S. [1976] Social support as a moderator of life stress, *Psychosomatic Medicine*, 38, 300-314.

Dakof, G. A. & Taylor, S. E. [1990] Victims' perceptions of social support: What is helpful from whom?, *Journal of Personality and Social Psychology*, 58, 80-89.

Denollet, J. [2005] DS14: standard assessment of negative affectivity, social inhibition, and Type D personality, *Psychosomatic Medicine*, 67, 89-97.

Denollet, J., Sys, S. U., Stroobant, N., Rombouts, H., Gillebert, T. C., & Brutsaert, D. L. [1996] Personality as independent predictor of long-term mortality in patients with coronary heart disease, *The Lancet*, 347 (8999), 417-421.

Friedman, M. & Rosenman, R. H. [1959] Association of specific overt behavior pattern with blood and cardiovascular findings: blood cholesterol level, blood clotting time, incidence of arcus senilis, and clinical coronary artery disease, *Journal of the American Medical Association*, 169, 286-96.

福岡欣治［2006］「ソーシャル・サポート研究の基礎と応用——よりよい対人関係を求めて——」，谷口弘一・福岡欣治編『対人関係と適応の心理学——ストレス対処の理論と実践——』北大路書房，97-115.

春木豊［2007］「ストレスとその対処」，春木豊・森和代・石川利江・鈴木平『健康の心理学——心と身体の健康のために——』サイエンス社，25-58.

橋本剛［1997］「大学生における対人ストレスイベント分類の試み」『社会心理学研究』13, 64-75.

橋本剛［2005］「対人ストレッサー尺度の開発」『人文論集』56, 45-71.

橋本剛［2006］「ストレスをもたらす対人関係」，谷口弘一・福岡欣治編『対人関係と適応の心理学——ストレス対処の理論と実践——』北大路書房，1-18.

Hitokoto, H. & Uchida, Y. [2015] Interdependent Happiness: Theoretical Importance and Measurement Validity, *Journal of Happiness Studies*, 16, 211-239.

Holmes, T. H. & Rahe, R. H. [1967] The Social Readjustment Rating Scale, *Journal of Psychosomatic Research*, 11, 213-218.

稲葉昭英［1998］「ソーシャル・サポートの理論モデル」，松井豊・浦光博編『人を支える心の科学』誠信書房，152-175.

Inoue, M., Sawada, N., Matsuda, T., Iwasaki, M., Sasazuki, S., Shimazu, T., Shibuya, K. & Tsugane, S. [2012] Attributable causes of cancer in Japan in 2005--systematic assessment to estimate current burden of cancer attributable to known preventable risk factors in Japan, *Annals of Oncology*, 23, 1362-1369.

石原俊一・内堀知美・今井有里紗・牧田茂［2015］「心疾患患者におけるタイプＤパーソナ

リティ尺度の開発」『健康心理学研究』27（Special issue），177-184.

井澤修平［2016］「怒り・攻撃性」，島井哲志監，大竹恵子編『保健と健康の心理学——ポジティブヘルスの実現——』ナカニシヤ出版，63-76.

Kahn, R. L. & Antonucci, T. C. [1980] Convoys over the life course: Attachment, roles, and social support, In P. B. Baltes & O. G. Brim (eds.), *Life-Span Development and Behavior*. Vol. 3, New York: Academic press, 253-286.

神庭直子・松田与理子・柴田恵子・石川利江［2009］「成人アトピー性皮膚炎患者の望むソーシャルサポート——サポート源別の構造の検討とサポートの有益性の評価に影響を及ぼす要因について——」『健康心理学研究』22，1-13.

Kasai, Y., Suzuki, E., Iwase, T., Doi, H. & Takao, S. [2013] Type D Personality Is Associated with Psychological Distress and Poor Self-Rated Health among the Elderly: A Population-Based Study in Japan, *PLOS ONE*, 8. e77918. doi: 10 1371/journal.pone.0077918

加藤司［2000］「大学生用対人ストレスコーピング尺度の作成」『教育心理学研究』48，225-234.

加藤司［2001a］「対人ストレス過程の検証」『教育心理学研究』49，245-304.

加藤司［2001b］「コーピングの柔軟性と抑うつ傾向との関係」『心理学研究』72，57-63.

加藤司［2008］『対人ストレスコーピングハンドブック』ナカニシヤ出版.

金外淑・嶋田洋徳・坂野雄二［1998］「慢性疾患患者におけるソーシャルサポートとセルフ・エフィカシーの心理的ストレス軽減効果」『心身医学』38，317-323.

Lazarus, R. S. & Folkman, S. [1984] *Stress, appraisal, and coping*, New York: Springr（本明寛・織田正美・春木豊監訳『ストレスの心理学——認知的評価と対処の研究——』実務教育出版，1991年）.

Markus, H. R. & Kitayama, S. [1991] Culture and the self: Implications for cognition, emotion, and motivation, *Psychological review*, 98, 224-253.

Otake, K., Shimai, S., Tanaka-Matsumi, J., Otsui, K. & Fredrickson, B. L. [2006] Happy people become happier through kindness: A counting kindnesses intervention, *Journal of Happiness Studies*, 7, 361-375.

Rosenman, R. H., Brand, R.J., Jenkins, C. D., Friedman, M., Straus R. & Wurm, M. [1975] Coronary heart disease in Western Collaborative Group Study. Final follow-up experience of 8 1/2 years, *Journal of the American Medical Association*, 223, 872-877.

Selye, H. [1936] A syndrome produced by diverse nocuous agents, *Nature*, 138, 32.

鈴木伸一［2004］「3次元（接近－回避，問題－情動，行動－認知）モデルによるコーピング分類の妥当性の検討」『心理学研究』74，504-511.

鈴木平［2007］「重篤な疾患と健康心理学」，春木豊・森和代・石川利江・鈴木平『健康の心理学——心と身体の健康のために——』サイエンス社，191-209.

Temoshok, L. and Dreher, H.［1992］*The Type C Connection: The Behavioral Links to Cancer and Your Health*, New York: Random House（大野裕監修，岩坂彰・本郷豊子訳『がん性格――タイプC症候群――』創元社，1997年）.

津田彰［1997］「ストレス」，日本健康心理学会編『健康心理学辞典』実務教育出版，162-165.

Uchida, Y., Norasakkunkit, V. & Kitayama, S.［2004］Cultural constructions of happiness: Theory and empirical evidence, *Journal of Happiness Studies*, 5, 223-239.

内田由紀子・荻原祐二［2012］「文化的幸福観――文化心理学的知見と将来への展望――」『心理学評論』55, 26-42.

Uchida, Y. & Ogihara, Y.［2012］Personal or interpersonal construal of happiness: A cultural psychological perspective, *International Journal of Wellbeing*, 2, 354-369.

浦光博［1992］『支えあう人と人――ソーシャル・サポートの社会心理学――（セレクション社会心理学8）』サイエンス社.

Waldinger, R.［2015］"What makes a good life? Lessons from the longest study on happiness."（人生を幸せにするのは何？最も長期に渡る幸福の研究から）(https://www.ted.com/talks/robert_waldinger_what_makes_a_good_life_lessons_from_the_longest_study_on_happiness?language=ja 2017年8月2日閲覧).

〈第11章〉

Cole, M.［1996］*Cultural Psychology: A once and future discipline*, MA: Harvard University Press（天野清訳『文化心理学――発達・認知・活動への文化‐歴史的アプローチ――』新曜社，2002年）.

Engeström, Y.［1987］*Learning by Expanding: An Activity-theoretical Approach to Developmental Research*, Helsinki: Orienta-Konsultit（山住勝広・松下佳代・百合草禎二・保坂裕子・庄井良信・手取義宏・高橋登訳『拡張による学習――活動理論からのアプローチ――』新曜社，1999年）.

Falk, C. F., Heine, S. J., Yuki, M. & Takemura, K.［2009］Why Do Westerners Self-Enhance More than East Asians? *European Journal of Personality*, 23, 183-203.

橋本博文［2014］「「文化」への適応戦略」，山岸俊男編『文化を実験する――社会行動の文化・制度的基盤文化を実験する（フロンティア実験社会科学7）』勁草書房，141-166.

Kim, H. & Markus, H. R.［1999］Deviance or Uniqueness, Harmony or Conformity? A Cultural Analysis, *Journal of Personality and Social Psychology*, 77, 785-800.

北山忍［1994］「文化的自己観と心理的プロセス」『社会心理学研究』10, 153-167.

北山忍［1997］「文化心理学とは何か」，柏木恵子・北山忍・東洋編『文化心理学――理論と実証――』東京大学出版会，17-43.

Kitayama, S., Markus, H. R., Matsumoto, H. & Norasakkunkit, V.［1997］Individual and

Collective Processes in the Construction of the Self: Self-Enhancement in the United States and Self-Criticism in Japan, *Journal of Personality and Social Psychology*, **72**, 1245-1267.

Markus, H. R. & Kitayama, S. [1991] Culture and the Self: Implication for Cognition, Emotion, Motivation, *Psychological Review*, **98**, 224-253.

Nisbett, R. E. [2003] *The Geography of Thought: How Asians and Westerners Think Differntly...and Why*, NY: Simon & Schuster Inc.（村本由紀子訳『木を見る西洋人　森を見る東洋人』ダイヤモンド社，2004年）．

Nisbett, R. E. & Cohen, D. [1996] *Culture of Honor: The Psychology of Violence in the South*, MA: Westview Press（石井敬子・結城雅樹編訳『名誉と暴力――アメリカ南部の文化と心理――』北大路書房，2009年）．

Norenzayan, A., Smith, E.E., Kim, B. J. & Nisbett, R.E. [2002] Cultural Preferences for Formal versus Intuitive Reasoning, *Cognitive Science*, **26**, 653-684.

Rogoff, B. [2003] *The Cultural Nature of Human Development*, NY: Oxford University Press.

高砂美樹［2003］「19世紀の心理学」，サトウタツヤ・高砂美樹『流れを読む心理学史　世界と日本の心理学』有斐閣，9-42.

高砂美樹［2005］「『心理学の父』ヴントの知られざる遺産」佐藤達哉編『心理学史の新しいかたち』誠信書房，21-34.

竹村幸祐・結城雅樹［2014］「文化への社会生態学的アプローチ」，山岸俊男編『文化を実験する――社会行動の文化・制度的基盤――（フロンティア実験社会科学7）』勁草書房，91-140.

Valsiner, J. [2007] *Culture in Minds and Societies: Foundations of Cultural Psychology*, New Delhi : Sage Publications（サトウタツヤ監訳『新しい文化心理学の構築〈心と社会〉の中の文化』新曜社，2013年）．

Vygotsky, L. S. [1982] Инструментальный Метод в Лсихологии, In Л.С.Выготский, *Вопросы Теории и Истории Психологии: Собрние Сочиненений Том 1*, Москва: Ледагогика（柴田義松・藤本卓・森岡修一訳『心理学の危機――歴史的意味と方法論の研究――（ヴィゴツキー著作選集1）』明治図書，51-59，1987年）．

Wertsch, J. V. [1991] *Voices of the Mind: A Sociocultural Approach to Mediated Action*, MA: Harvard University Press（田島信元・佐藤公治・茂呂雄二・上村佳世子訳『心の声』福村出版，1995年）．

Wertsch, J. V. [1998] *Mind as action*, New York : Oxford University Press（佐藤公治・田島信元・黒須俊夫・石橋由美・上村佳世子訳『行為としての心』北大路書房，2002年）．

山岸俊男［1998］『信頼の構造』東京大学出版会．

Yamagishi, T., Hashimoto, H. & Schug, J. [2008] Preferences versus Strategies as

Explanations for Culture-Specific Behavior, *Psychological Science*, 19, 579-584.
山住勝広［2008］「ネットワークからノットワーキングへ——活動理論の新しい世代」，山住勝広・ユーリア・エンゲストローム編『ノットワーキング——結び合う人間活動の創造へ——』新曜社，1-57.

〈第12章〉

Appel, H., Gerlach, A. L. & Crusius, J. [2016] The interplay between Facebook use, social comparison, envy, and depression, *Current Opinion in Psychology*, 9, 44-49.
Bargh, J. A., McKenna, K. Y., & Fitzsimons, G. M. (2002). Can you see the real me? Activation and expression of the "true self" on the Internet. *Journal of social issues*, 58 (1), 33-48.
Festinger, L. [1954] A theory of social comparison processes, *Human Relations*, 7, 117-140.
グラノヴェター，M.［2006］．「弱い紐帯の強さ」，野沢慎司編・監訳『リーディングス ネットワーク論——家族・コミュニティ・社会関係資本——』勁草書房．
Huang, C. [2010] Internet use and psychological well-being: A meta-analysis. *Cyberpsychology, Behavior, and Social Networking*, 13, 241-249.
Jang, K., Park, N. & Song, H. [2016] Social comparison on Facebook: Its antecedents and psychological outcomes, *Computers in Human Behavior*, 62, 147-154.
Joinson, A. N. [2001] Self-disclosure in computer-mediated communication: The role of self-awareness and visual anonymity, *European journal of social psychology*, 31, 177-192.
勝谷紀子・東るみ子［2016］「大学生におけるソーシャルネットワーキング・サービスの利用行動と共感性の関連」『電子情報通信学会論文誌 D』J99-D, 1154-1157.
河井大介［2014］「ソーシャルメディア・パラドクス：ソーシャルメディア利用は友人関係を抑制し精神的健康を悪化させるか」『社会情報学』3, 31-46.
木村泰之・都築誉史［1998］「集団意思決定とコミュニケーション・モード：コンピュータ・コミュニケーション条件と対面コミュニケーション条件の差異に関する実験社会心理学的検討」『実験社会心理学研究』38, 183-192.
北村智・佐々木裕一・河井大介［2016］『ツイッターの心理学：情報環境と利用者行動』誠信書房．
Kramer, A. D. I, Guillory, J. E. & Hancock, J. T. [2014] Experimental evidence of massive-scale emotional contagion through social networks, *PNAS*, 111, 8788-8790.
Kraut, R., Patterson, M., Lundmark, V., Kiesler, S., Mukopadhyay, T. & Scherlis, W. [1998] Internet paradox, *American Psychologist*, 53, 1017-1031.
Kraut, R., Kiesler, S., Boneva, B., Cummings, J., Helgeson, V. & Crawford, A. [2002] Internet paradox revisited, *Journal of social issues*, 58, 49-74.

Kruger, J., Epley, N., Parker, J. & Ng, Z. [2005] Egocentrism over email: Can we communicate as well as we think? *Journal of Personality and Social Psychology*, 89, 925-936.

McKenna, K. Y. A. & Bargh, J. A. [1998] Coming out in the age of the internet: Identity "demarginalization" through virtual group participation, *Journal of personality and social psychology*, 75, 681-694.

三浦麻子・川浦康至 [2008] 「人はなぜ知識共有コミュニティに参加するのか：質問行動と回答行動の分析」『社会心理学研究』23, 233-245.

総務省 [2017] 『情報通信白書 平成29年度版』（PDF版, http://www.soumu.go.jp/johotsusintokei/whitepaper/ja/h29/pdf/index.html）（2018年4月25日アクセス）.

総務省 [2014] 『情報通信白書 平成26年度版』（PDF版, http://www.soumu.go.jp/johotsusintokei/whitepaper/ja/h26/pdf/index.html）（2018年4月25日アクセス）.

Surowiecki, J. [2004] The wisdom of crowds : why the many are smarter than the few and how collective wisdom shapes business, economics, societies, and nations, New York : Doubleday（小高尚子訳『「みんなの意見」は案外正しい』角川書店, 2006年）.

Young, K. S. [2004] Internet addiction: A new clinical phenomenon and its consequences, *American behavioral scientist*, 48, 402-415.

Walther, J. B. [1996] Computer-mediated communication: Impersonal, interpersonal, and hyperpersonal interaction, *Communication research*, 23, 3-43.

「SNS」 IT用語事典 http://e-words.jp/w/SNS.html （2018年4月4日アクセス）

「情報リテラシー」 IT用語事典 http://e-words.jp/w/情報リテラシー.html （2018年4月4日アクセス）

〈第13章〉

Aron, A., Fisher, H., Mashek, D. J., Strong, G., Li, H., & Brown, L. L. [2005] Reward, motivation, and emotion systems associated with early-stage intense romantic love. *Journal of neurophysiology*, 94, 327-337.

American Psychiatric Association [2013] *Diagnostic And Statistical Manual of Mental Disorders*, Fifth Edition, Washington, DC : American Psychiatric Pub.（高橋三郎・大野裕監訳『DSM-5 精神疾患の分類手診断の手引き』医学書院, 2014年）.

Andersen, R. A., Snyder, L. H., Bradley, D. C. & Xing, J. [1997] Multimodal representation of space in the posterior parietal cortex and its use in planning movements, *Annual review of neuroscience*, 20, 303-330.

Bartels, A., & Zeki, S. [2004] The neural correlates of maternal and romantic love. *Neuroimage*, 21, 1155-1166.

Berlucchi, G. & Aglioti, S. [1997] The body in the brain: neural bases of corporeal awareness, *Trends in neurosciences*, 20, 560-564.

Blair, R. J. R., Morris, J. S. Frith, C. D., Perrett, D. I., & Dolan, R. J. [1999] Dissociable neural responses to facial expressions of sadness and anger, *Brain*, 122, 883-893.

Botvinick, M. & Cohen, J. [1998] Rubber hands' feel'touch that eyes see, *Nature*, 391 (6669), 756.

Brass, M. & Heyes, C. [2005] Imitation: is cognitive neuroscience solving the correspondence problem? *Trends in cognitive sciences*, 9, 489-495.

Breiter, H. C., Etcoff, N. L., Whalen, P. J., Kennedy, W. A., Rauch, S. L., Buckner, R. L., Strauss, M. M., Hyman, S. E. & Rosen, B. R. [1996] Response and habituation of the human amygdala during visual processing of facial expression, *Neuron*, 17, 875-887.

Brothers, L, Ring, B. & Kling, A. [1990] Responses of neurons in the macaque amygdala to complex social stimuli, *Behavioural Brain Research*, 41, 199-213.

Cacioppo, J. T. & Berntson, G. G. [1992] Social psychological contributions to the decade of the brain, *American Psychologist*, 47, 1019-1028.

Cheng, Y. W., Tzeng, O. J., Decety, J., Imada, T. & Hsieh, J. C. [2006] Gender differences in the human mirror system: a magnetoencephalography study, *Neuroreport*, 17, 1115-1119.

Colman, A. M. [2001] *Oxford Dictionary of Psychology*, Oxford : Oxford University Press (藤永保・仲真紀子監修『心理学辞典』丸善, 2004年).

Corkin, S. [2013] *Permanent present tense: The unforgettable life of the amnesic patient, H. M.*, New York : Basic Books. (鍛原多惠子訳『ぼくは物覚えが悪い 健忘症患者H・Mの生涯』早川書房, 2014年).

Damasio, H., Grabowski, T., Frank, R., Galaburda, A. M. & Damasio, A. R. [1994] The return of Phineas Gage: clues about the brain from the skull of a famous patient, *Science*, 264, (5162), 1102-1105.

David, N., Newen, A. & Vogeley, K. [2008] The "sense of agency" and its underlying cognitive and neural mechanisms, *Consciousness and cognition*, 17, 523-534.

De Vignemont, F. & Fourneret, P. [2004] The sense of agency: A philosophical and empirical review of the "Who" system, *Consciousness and Cognition*, 13, 1-19.

Decety, J., Chaminade, T., Grezes, J. & Meltzoff, A. N. [2002] A PET exploration of the neural mechanisms involved in reciprocal imitation, *Neuroimage*, 15, 265-272.

Decety, J. & Lamm, C. [2006] Human empathy through the lens of social neuroscience, *The Scientific World Journal*, 6, 1146-1163.

Ehrsson, H. H., Spence, C. & Passingham, R. E. [2004] That's my hand! Activity in premotor cortex reflects feeling of ownership of a limb, *Science*, 305, (5685), 875-877.

Farrer, C., Franck, N., Georgieff, N., Frith, C. D., Decety, J. & Jeannerod, M. [2003]

Modulating the experience of agency: a positron emission tomography study, *Neuroimage*, 18, 324-333.

Feinberg, T. E. [2001] *Altered egos : How the brain creates the self*, Oxford : Oxford University Press（吉田利子訳『自我が揺らぐとき――脳はいかにして自己を創り出すのか――』岩波書店，2002年）.

Foot, P. [1978] The problem of abortion and the doctrine of the double effect in virtues and vices. Oxford: Basil Blackwell.

Frith, U. [2003] *Autism :Explaining the Enigma, Second Edition*, New York : Basil Blackwell（冨田真紀・清水康夫・鈴木玲子訳『新訂 自閉症の謎を解き明かす』東京書籍，2009年）.

Gallagher, S. [2000] Philosophical conceptions of the self: implications for cognitive science, *Trends in cognitive sciences*, 4, 14-21.

Greene, J. & Haidt, J. [2002] How (and where) does moral judgment work? *Trends in Cognitive Sciences*, 6, 517-523.

Greene, J. D., Nystrom, L. E., Engell, A. D., Darley, J. M. & Cohen, J. D. [2004] The neural bases of cognitive conflict and control in moral judgment, *Neuron*, 44, 389-400.

Greene, J. D., Sommerville, R. B., Nystrom, L. E., Darley, J. M. & Cohen, J. D. [2001] An fMRI investigation of emotional engagement in moral judgment, *Science*, 293 (5537), 2105-2108.

Harlow, J. M. [1848] Passage of an iron rod through the head, *Boston medical and surgical journal*, 39, 389-393.

春野雅彦［2014］「神経経済学が社会脳科学に与えるインパクト」，苧坂直行編『社会脳シリーズ5 報酬を期待する脳――ニューロエコノミクスの新展開――』新曜社，1-26.

長谷川千洋［2018］「組織神経科学」，松田幸弘編『経営・ビジネス心理学』ナカニシヤ出版，209-223.

Iacoboni, M., Molnar-Szakacs, I., Gallese, V., Buccino, G., Mazziotta, J. C. & Rizzolatti, G. [2005] Grasping the intentions of others with one's own mirror neuron system, *PLoS biology*, 3 (3), e79.

伊古田俊夫［2014］『社会脳からみた認知症――徴候を見抜き，重症化をくい止める――』講談社.

Izuma, K., Saito, D. N., & Sadato, N. [2008] Processing of social and monetary rewards in the human striatum. *Neuron*, 58, 284-294.

河村満・望月聡［2000］「相貌失認・表情失認」『脳の科学』22, 183-190

Kennerknecht, I., Grueter, T., Welling, B., Wentzek, S., Horst, J., Edwards, S. & Grueter, M. [2006] First report of prevalence of non-syndromic hereditary prosopagnosia (HPA), *American Journal of Medical Genetics Part A*, 140, 1617-1622.

Kennerknecht, I., Ho, N. Y. & Wong, V. C. [2008] Prevalence of hereditary prosopagnosia (HPA) in Hong Kong Chinese population, *American Journal of Medical Genetics Part A*, 146, 2863-2870.

Kelley, W. M., Macrae, C. N., Wyland, C. L., Caglar, S., Inati, S. & Heatherton, T. F. [2002] Finding the self? An event-related fMRI study, *Journal of cognitive neuroscience*, 14, 785-794.

Koenigs, M. & Tranel, D. [2007] Irrational economic decision-making after ventromedial prefrontal damage: evidence from the Ultimatum Game, *Journal of Neuroscience*, 27, 951-956.

小嶋祥三［2007］「脳とヒトの心」，渡辺茂・小嶋祥三編『脳科学と心の進化　心理学入門コース7』岩波書店，68-106.

小山真一［2008］「顔認知と表情認知の神経心理学」，岩田誠・河村満編『社会活動と脳──行動の原点を探る──』医学書院，49-63.

Leube, D. T., Knoblich, G., Erb, M., Grodd, W., Bartels, M. & Kircher, T. T. [2003] The neural correlates of perceiving one's own movements, *Neuroimage*, 20, 2084-2090.

Maguire, E. A. & Mummery, C. J. [1999] Differential modulation of a common memory retrieval network revealed by positron emission tomography, *Hippocampus*, 9, 54-61.

松井智子［2009］「知識の呪縛からの解放──言語による意図理解の発達──」，開一夫・長谷川寿一編『ソーシャルブレインズ──自己と他者を認知する脳──』東京大学出版会，217-244.

Moll, J., Krueger, F., Zahn, R., Pardini, M., de Oliveira-Souza, R., & Grafman, J. [2006] Human fronto—mesolimbic networks guide decisions about charitable donation. *Proceedings of the National Academy of Sciences*, 103, 15623-15628.

Moll, J., Oliveira-Souza, D. & Zahn, R. [2008] The neural basis of moral cognition, *Annals of the New York Academy of Sciences*, 1124, 161-180.

Moll, J., Zahn, R., de Oliveira-Souza, R., Krueger, F. & Grafman, J. [2005] The neural basis of human moral cognition, *Nature Reviews Neuroscience*, 6, 799-809.

森津太子［2015］「脳神経科学と社会心理学」，森津太子編『改訂版　現代社会心理学特論』放送大学教育振興会，175-193.

守口善也［2014］「アレキサイミアと社会脳」，苧阪直行編『自己を知る脳・他者を理解する脳』新曜社，1-39.

Moriguchi, Y., Decety, J., Ohnishi, T., Maeda, M., Mori, T., Nemoto, K., Matsuda, H. & Komaki, G. [2007] Empathy and judging other's pain: an fMRI study of alexithymia, *Cerebral Cortex*, 17, 2223-2234.

村山航［2006］「感情と脳」，北村英哉・木村晴編『感情研究の最前線──感情をめぐる心の働き──』ナカニシヤ出版，67-92.

中村元昭［2010］「前頭葉眼窩皮質（OFC）の構造と機能」，福田正人・鹿島晴雄編『専門医のための精神科臨床リュミエール21 前頭葉で分かる精神疾患の臨床』中山書店，40-55．

信原幸弘［2012］「道徳の神経哲学」，苧坂直行編『社会脳シリーズ2 道徳の神経哲学 神経倫理から見た社会意識の形成』新曜社，1-24．

野村理朗［2011］「『向社会的』共感の心理・生物学的メカニズム」，子安増生・大平秀樹編『ミラーニューロンと〈心の理論〉』新曜社，103-131．

Nomura, M., Ohira, H., Haneda, K., Iidaka, T., Sadato, N., Okada, T. & Yonekura, Y. [2004] Functional association of the amygdala and ventral prefrontal cortex during cognitive evaluation of facial expressions primed by masked angry faces: an event-related fMRI study, *Neuroimage*, 21, 352-363.

Northoff, G. & Bermpohl, F. [2004] Cortical midline structures and the self, *Trends in cognitive sciences*, 8, 102-107.

大橋正洋［2004］「脳外傷」，江藤文夫・武田克彦・原寛美・坂東充秋・渡邉修編『Journal of Clinical Rehabilitation 別冊 高次脳機能障害のリハビリテーション Ver.2』医歯薬出版，103-108．

大平秀樹［2010］「感情の生物学的基盤──感情を作り出す脳と身体──」，大平秀樹編『感情心理学・入門』有斐閣，33-52．

大平英樹［2015］「共感を創発する原理」『エモーション・スタディーズ』1, 56-62．

Ohira, H., Nomura, M., Ichikawa, N., Isowa, T., Iidaka, T., Sato, A., Fukuyama, S., Nakajima, T. & Yamada, J. [2006] Association of neural and physiological responses during voluntary emotion suppression, *Neuroimage*, 29, 721-733.

Olds, J. & Milner, P. [1954] Positive reinforcement produced by electrical stimulation of septal area and other regions of rat brain, *Journal of comparative and physiological psychology*, 47, 419.

尾崎由佳［2010］「社会神経科学は社会的認知研究に何をもたらすか（特集 社会神経科学）」『生理心理学と精神生理学』，28, 67-74．

Pelphrey, K. A., Morris, J. P. & McCarthy, G. [2005] Neural basis of eye gaze processing deficits in autism, *Brain*, 128, 1038-1048.

Rilling, J. K., Gutman, D. A., Zeh, T. R., Pagnoni, G., Berns, G. S., & Kilts, C. D. [2002] A neural basis for social cooperation. *Neuron*, 35, 395-405.

Rizzolatti, G., Fadiga, L., Gallese, V. & Fogassi, L. [1996] Premotor cortex and the recognition of motor actions, *Cognitive brain research*, 3, 131-141.

Rolls, E. T. [2000] The orbitofrontal cortex and reward, *Cerebral cortex*, 10, 284-294.

Sergent, J., Ohta, S. & Macdonald, B. [1992] Functional neuroanatomy of face and object processing: a positron emission tomography study, *Brain*, 115, 15-36.

嶋田総太郎［2009］「自己と他者を区別する脳のメカニズム」，開一夫・長谷川寿一編『ソー

シャルブレインズ　自己と他者を認知する脳』東京大学出版会，59-77．
嶋田総太郎［2011］「自己身体はどのように脳内で表現されているのか？」，子安増生・大平秀樹編『ミラーニューロンと〈心の理論〉』新曜社，21-57．
嶋田総太郎［2017］『認知脳科学』コロナ社．
Singer, T., Seymour, B., O'doherty, J. P., Stephan, K. E., Dolan, R. J. & Frith, C. D. [2006] Empathic neural responses are modulated by the perceived fairness of others, *Nature*, **439**, 466-469.
高橋英彦［2014］『なぜ他人の不幸は蜜の味なのか』幻冬舎ルネッサンス文庫．
Takahashi, H., Kato, M., Matsuura, M., Mobbs, D., Suhara, T., & Okubo, Y. [2009] When your gain is my pain and your pain is my gain: neural correlates of envy and schadenfreude. *Science*, **323**, 937-939.
Takahashi, H., Yahata, N., Koeda, M., Matsuda, T., Asai, K., & Okubo, Y. [2004] Brain activation associated with evaluative processes of guilt and embarrassment: an fMRI study. *Neuroimage*, **23**, 967-974.
寺澤悠理・渡辺茂［2008］「倫理的に振る舞う脳——moral judgementのしくみ——」，岩田誠・河村満編『社会活動と脳　行動の原点を探る』医学書院，175-189．
筒井健一郎・小山佳［2014］「報酬期待の神経科学」，苧坂直行編『社会脳シリーズ5　報酬を期待する脳　ニューロエコノミクスの新展開』新曜社，113-135．
梅田聡［2014］「共感の科学　認知神経科学からのアプローチ」，梅田聡編『岩波講座　コミュニケーションの認知科学2　共感』岩波書店，1-29．
梅田聡［2016］「情動を生み出す『脳・心・身体』のダイナミクス：脳画像研究と神経心理学研究からの統合的理解」『高次脳機能研究』**36**，103-108．
Von Holst, E. [1954] Relations between the central nervous system and the peripheral organs, *The British Journal of Animal Behaviour*, **2**, 89-94.
渡邊正孝［2014］「報酬と快—生理的報酬と内発的報酬」，苧坂直行編『社会脳シリーズ5　報酬を期待する脳　ニューロエコノミクスの新展開』新曜社，59-84．
渡辺茂［2007］「神経科学の基礎」，渡辺茂・小嶋祥三編『脳科学と心の進化　心理学入門コース7』岩波書店，16-66．
Wicker, B., Keysers C., Plailly J., Royet J. P., Gallese V. & Rizzolatti, G. [2003] Both of us disgusted in My insula: the common neural basis of seeing and feeling disgust, *Neuron*, **40**, 655-664.
Wolpert, P. M., Goodbody, S. J. & Husain, M. [1998] Main taing internal representations: therole of the human superior parieta lobe. *nature neuroscience*, **1**, 529-533.
矢追健・苧坂直行［2014］「自己を知る脳—自己認識を支える脳—」，苧阪直行編『自己を知る脳・他者を理解する脳』新曜社，73-110．
Yaoi, K., Osaka, N. & Osaka, M. [2009] Is the self special in the dorsomedial prefrontal

cortex? An fMRI study, *Social neuroscience*, 4, 455-463.

山鳥重［2002］『記憶の神経心理学』医学書院.

柳澤邦昭・阿部修士［2016］「社会神経科学」, 北村英哉・内田由紀子編『社会心理学概論』ナカニシヤ出版, 365-385.

Zhu, Y., Zhang, L., Fan, J. & Han, S. [2007] Neural basis of cultural influence on self-representation, *Neuroimage*, 34, 1310-1316.

Zola-Morgan, S., Squire, L. R., Clower, R. P. & Alvarez-Royo, P. [1991] Independence of memory functions and emotional behavior: separate contributions of the hippocampal formation and the amygdala, *Hippocampus*, 1, 207-220.

人名索引

〈ア 行〉

アイセン（Isen, A. M.）　93
アッシュ（Asch, S. E.）　50, 120, 121
アロン（Aron, A.）　34, 42
アロンソン（Aronson, E.）　35
アロンソン（Aronson, J.）　78
アンダーセン（Andersen, S. M.）　55, 56
安藤清志　7, 19, 26, 32
アントヌッチ（Antonucci, T. C.）　147
池上知子　19, 57, 63
池田謙一　42
稲増一憲　42
インガム（Ingham, H.）　3
ヴィゴツキー（Vygotsky, L. S.）　168, 169, 171
ウィックランド（Wicklund, R. A.）　20, 22
ウィリアムズ（Williams, K. D.）　113
ウィルクス（Willkes, A. L.）　69
エイゼン（Ajzen, I.）　108
エールリッヒ（Ehrlich, D.）　99
エクマン（Ekman, P.）　85, 86
遠藤由美　19
大坪庸介　126
大渕憲一　27-29
押見輝男　20, 23, 24
オズボーン（Osborn, A. F.）　124
オルポート（Allport, F. H.）　111

〈カ 行〉

カーネマン（Kahneman, D.）　17
カーバー（Carver, C. S.）　20, 22, 23
カーン（Kahn, R. L.）　147
笠置遊　10
カシオポ（Cacioppo, J. T.）　188
カッツ（Katz, D.）　96

加藤司　146
金政祐司　48
狩野素朗　43
上瀬由美子　66, 72
河井大介　187
川浦康至　178, 187
ギガレンツァー（Gigerenzer, G.）　18
北村智　184
北山忍　159
ギフォード（Gifford, R. K.）　69, 70
木村泰之　176
ギャラガー（Gallagher, S.）　192
楠見幸子　43
クラーク（Clark, M. S.）　49
クラーク（Clark, R. D.）　122
クラウト（Kraut, R.）　182, 187
グラノヴェター（Granovetter, M.）　185
グリーンワルド（Greenwald, A. G.）　60
グリック（Glick, P.）　77
クルーガー（Kruger, J.）　175, 182
クレイマー（Kramer, A. D. I.）　180
グロス（Gross, P. H.）　71, 72
クロッカーCrocker, J.）　79
ケプナー（Kepner, C. R.）　30
ケリー（Kelley, H. H.）　17, 34
ケルマン（Kelman, H. C.）　121
高坂康雅　46
小窪輝吉　124
コブ（Cobb, S.）　147
ゴフマン（Goffman, E.）　77
コレル（Correll, J.）　74, 75

〈サ 行〉

ザイアンス（Zajonc, R. B.）　41, 111
サイム（Syme, S. L.）　146
ザバローニ（Zavalloni, M.）　121, 122

澤村いのり　46
ジェームズ（James, W.）　1, 2, 12
ジェラード（Gerard, H. B.）　121
シェリフ（Sherif, M.）　118, 121
下斗米淳　38
シャイアー（Scheier, M. R）　22
ジャクソン（Jackson, J. M.）　199
シャクター（Schachter, S.）　2
ジャニス（Janis, L. L.）　123
ジュラード（Jourard, S. M.）　3, 6
シュワルツ（Schwarz, N.）　93
ジョインソン（Joinson, A. N.）　176, 187
ジョーンズ（Jones, R. E.）　8, 9, 17, 19
ジョーンズ（Jones, S. C.）　35
ジンバルドー（Zimbardo, P. G.）　135
スティール（Steele, C. M.）　78
ストーナー（Stoner, J. A. F.）　122
ストッグディル（Stgdill, R. M.）　116
スヌーク（Snoek, D. J.）　37
スロウィッキー（Surowiecki, J.）　178
セリエ（Selye, H.）　143

〈タ　行〉

ダーリー（Darley, J. M.）　24, 25, 71, 72
大坊郁夫　10, 26, 32, 45, 84, 85,
タジフェル（Tajfel, H.）　69
ダック（Duck, S.）　38
チェイキン（Chaikin, S.）　105
チクセントミハイ（Csikszentmihalyi, M.）
　　20
デイヴィス（Davis, J. H.）　126
デイヴィス（Davis, K. E.）　17
ディバイン（Devine, P. G.）　73
ティボー（Thibaut, J. H.）　34
テイラー（Taylor, S. E.）　11
デウォール（Dewall, C. N.）　46
テッサー（Tesser, A.）　14
テデスキ（Tedeschi, J. T.）　29
デノレット（Denollet, J.）　154
テモショック（Temoshok, L.）　154

ドイッチ（Deutsch, M.）　121
トヴァスキー（Tversky, A.）　17
ドゥバル（Duval, T. S.）　20
ドーズ（Deutch, M.）　114
豊田弘司　40
ドラード（Dollard, J.）　28
トリプレット（Triplett, N.）　111
トロープ（Trope, Y.）　11

〈ナ　行〉

ナップ（Knapp, M. L.）　36, 37
縄田健悟　112
西田公昭　133, 135
ニスベット（Nisbett, R. E.）　19, 160, 164

〈ハ　行〉

バークマン（Berkman, L. F.）　146
バーコウィッツ（Berkowitz, L.）　26, 29
バージ（Bargh, J.）　176
バーソロミュー（Bartholomew, K.）　47, 48
ハーディン（Hardin, G.）　114
バーン（Byrne, D.）　41
バーンシュタイン（Bumstein, E.）　122
バーントソン（Berntson, G. G.）　188
ハイダー（Heider, F.）　33, 97
ハヴィガースト（Havighurst, R. J.）　43
バウマイスター（Baumeister, R. F.）　7, 9,
　　13
芳賀道匡　48
橋本剛　144, 145
バス（Buss, A. H.）　22
パターソン（Patterson, M. L.）　84
パットナム（Putnam, R. D.）　48
ハットフィールド（Hatfield, E.）　91
ハミルトン（Hamilton, D. L.）　69, 70
林文俊　54
バロン（Baron, R. A.）　30
バンデューラ（Bandura, A.）　30
ビーマン（Beaman, A. L.）　23
ピットマン（Pittman, T. S.）　8

ヒュースマン（Huesmann, I. R.） 30
廣岡秀一 53
ファーガソン（Ferguson, T. J.） 29
フィードラー（Fiedler, F. E.） 116
フィスク（Fiske, S. T.） 51, 76, 77
フィネアス・ゲージ（Phineas P. Gage） 201, 202
フェスティンガー（Festinger, L.） 14, 41, 98, 115, 123, 179,
フェニングスタイン（Fenigstein, A.） 21
フォア（Foa, U. G.） 34
フォルクマン（Folkman, S.） 143, 144
藤田政博 126
藤原武弘 43
フット（Foot, P.） 203
ブライトン（Brighton, H.） 18
ブラウン（Brown, J. D.） 11
ブラザーズ（Brothers, L.） 188
フリードマン（Friedman, M.） 153
フリス（Frith, U.） 197
フリッドルンド（Fridlund, A. J.） 86
フロイト（Freud, S.） 28
ペネベーカー（Pennebaker, J. W.） 6
ベム（Bem, D. J.） 2
ボウルビィ（Bowlby, J.） 47
ホームズ（Holmes, T. H.） 143
ホール（Hall, E.） 89
ホロウィッツ（Horowitz, K. M.） 47, 48

〈マ 行〉

マーカス（Markus, H.） 53
マーカス（Markus, H. R.） 159, 167
マース（Maass, A.） 122
マーンスタイン（Murnstein, B. I.） 37
マイケルズ（Michaels, J. W.） 111
マイヤース（Myers, D.） 10
マクガイアー（McGuire, W. J.） 100
マグニー（Mugny, G.） 122
マクレー（Macrae, C. N.） 75
増田匡裕 46

松井豊 27, 45, 72
マッケンナ（Mckenna, K.） 176
三浦麻子 126, 178, 187
三隅二不二 116, 117
宮崎弦太 49
ミルグラム（Milgram, S.） 135
ミルズ（Mills, J.） 49
村山綾 126
メイヤーズ（Myers, D. G.） 123
モスコビッチ（Moscovici, S.） 121, 122

〈ヤ 行〉

山岸俊男 165, 167
ヤング（Young, K. S.） 183
湯川進太郎 31

〈ラ 行〉

ラオリッチ（Lalich, J.） 139
ラザルス（Lazarus, R. S.） 143, 144
ラズバルト（Rusbult. C. E.） 34, 39
ラタネ（Latane, B.） 24, 25, 113
ラトナー（Ratner, C.） 35
ラム（Rim, Y.） 123
リアリー（Leary, M. R.） 7, 13
リー（Lee, J. A.） 44, 45
リービット（Leavitt, H.） 117, 118
リゾラッティ（Rizzolatti, G.） 196
リップマン（Lippmann, W.） 64, 65
リフトン（Lifton, R. J.） 128
リメイ（Rimé, B.） 90, 91
リンゲルマン（Ringelmann, M.） 113
リンダー（Linder, D.） 35
ルール（Rule, B. G.） 29
ルビン（Rubin, Z.） 42, 43
ルフト（Luft, J.） 3
レイ（Rahe, R. H.） 143
レヴィンジャー（Levinger, G.） 36, 37
ローズ（Rose, S. M.） 44
ローゼンバーグ（Rosenberg, M.） 13
ローゼンマン（Rosenman, R. H.） 153

ローリー（Rollie, S. S.）　38
ローレンツ（Lorenz, K.）　28
ロット（Lott, A. J.）　40
ロット（Lott, B. E.）　40

〈ワ　行〉

和田実　4, 44
ワルサー（Walther, J. B.）　176

事項索引

〈ア 行〉

愛　43
IAT（潜在的連合）　60
愛着理論　47
暗黙裡の人格観　54
威圧的説得　127
EVLN モデル　39
閾下刺激　74
閾下プライミング　74
意思決定　198, 199, 201-203
一面提示　102
一貫性　17
異文化間心理学　157, 169
印象形成　50
インターネット　173
　——・パラドックス　182, 183
インフォームドコンセント　180
運動主体感　192, 193
ABCDE モデル　36
SVR モデル　37
遠心性コピー　193
オートマティシティ（自動性）　18, 19

〈カ 行〉

外集団　69, 112
　——均質性効果　69
外的要因（状況要因）　16, 17, 19
仮説検証型の情報処理　71
価値づけ　79
カテゴリー　68
　——化　68, 69
　——間差異の認知的強調　68
　——内差異の縮小　68
可能自己　12
下方比較　14

カリスマ　132, 139
感覚遮断　129
関係解消のプロセス　38
共同規範　49
関係水準発展モデル　37
関係流動性　150, 162, 163
観衆効果　111
感情　81-88, 90-93, 195, 196, 199-201, 203
　——情報機能説　93
　——的共感　195
　——の社会的共有　90
　——表出的視座　85
間接互恵性　26
顔面フィードバック仮説　92
帰属　16, 17, 19, 31
　——の曖昧性　79
規範の影響　121
気分一致効果　92, 180
気分修復維持動機　93
基本感情　85
客体的自覚（自覚状態）　20
逆向性健忘　193
キャノン・バード説　82
強化理論　40
共感　195-197
共感性　181
共感—利他性仮説　25, 27
共行為効果　111
協調的幸福感　151
共同規範　49
協同作業　66
共変原理　17
共変モデル　17
切り離し　79, 80
近言語的手がかり　175
近接性　41

禁断の果実仮説　46
計画的行動理論　108
ゲインロス効果　35
血縁淘汰説　26
権威への服従　135
顕現性　70
言語的コミュニケーション　84, 85
好意　43
行為者と観察者のバイアス　19
合意性　17
好意的セクシズム　77
好悪感情　57
交換規範　26, 49
公的自己意識　21
公的目覚状態　21, 23
行動生態学的視座　86
コーシャスシフト　122, 123, 125
コーピング　144, 145, 148, 152
互恵性規範　26
互恵的利他主義　26
互恵的利他戦略　35
心の理論　196, 197, 201, 202
誤信念課題　197, 198
孤独感　186
コミットメント　34
コミュニケーション構造　118
コントロール理論　22

〈サ　行〉

罪悪感　200, 201, 203
錯誤相関　69, 70
作動自己　12
差分法　190
差別（discrimination）　65, 77, 78
サポート
　——ネットワーク　147, 178
　実行された——　147, 149
　情緒的——　147
　ソーシャル——　146, 152, 178, 186
　ソーシャル——のストレス緩衝効果　147, 148
　ソーシャル——の直接効果　148, 149
　知覚された——　147, 149
　道具的——　147
サリー・アン課題　197, 198
参照課題　194
ジェームズ・ランゲ説　82
ジェスチャー　89
自覚状態理論（客体的自覚理論）　20
視覚的匿名性　175
色彩理論　44, 45
識別可能性　175
刺激法　189
自己　1
　——意識特性　21
　——意識理論　22
思考の節約　65
　——開示　3, 41, 176
　——改善動機　14
　——概念　1
　——確証動機　12
　——拡張　35
　——高揚動機　10, 184
　——査定動機　11
　——知覚理論　2
　——中心性　182
　——呈示　7, 134
　——評価維持モデル　14
　——擁護的バイアス　19
自助グループ　178
視線　88
思想改造　128
自尊感情　12, 95, 159
私的自己意識　21
私的自覚状態　22, 23
私的受容　121
自伝的記憶　193, 194
自動過程　18, 73
シャーデンフロイデ　200, 201
社会神経科学　188, 189

社会的感情　199-201, 203
社会的機能説　29
社会的行動　189, 191, 201
社会的コンボイ　147
社会的自己　2
社会的ジレンマ　114
社会的浸透理論　4
社会的責任規範　26
社会的促進　22, 111
社会的手抜き　113, 124
社会的認知　192
　――研究　188
社会的比較　179
　――説　123
社会的比較理論　14, 123
社会的報酬　198, 199
社会的補償　113
社会的抑制　111
社会脳研究　188
社会的交換理論　34
集合知　178
囚人のジレンマ　114
集団圧力　135
集団間代理報復　112
集団規範　118
集団凝集性　115, 123
集団極性化　122, 125
集団思考　123
集団浅慮　123
羞恥心　200, 201
周辺特性　51
重要他者効果　56
熟知性　40
条件即応モデル　117
少数派の影響　121
承諾誘導　132, 133
情動伝染　91, 92, 180
情動の2要因説　82, 83
情動発散説　28
情報的影響　121

　――説　123
上方比較　14
情報モラル　181
情報リテラシー　181
ジョハリのまど　3
進化心理学　26
新奇性　42
神経科学　189
神経心理学　189
真実の核　65
侵襲性　189, 190
身体失認　192
身体的自己　192, 193
身体保持感　192
心的自己　194
真の自己　176
心理操作　126
心理的リアクタンス理論　100
親和動機　184
スキーマ　19
　事象――（スクリプト）　19, 29
　人物――　19
　セルフ・――　53
スティグマ　77-79
　――の可視性　78
　――の制御可能性　78
ステレオタイプ（stereotype）　60-67, 69-79
　　血液型――　72
　　――化　65, 66, 69, 73, 75
　　――脅威　78, 79
　　――内容モデル　76
　　――の自動的活性化　73, 74
ストレス
　　――反応　143, 144
　　ストレッサー　143, 144
　　対人――イベント　145
　　対人――コーピング　146
　　対人ストレッサー　145
スリーパー効果　102
制御の目標に関する2段階モデル　31

精神的自己　2
精緻化見込みモデル　104
性的行動　46
生物学的決定論　28
セイリエンスネットワーク　195, 196
生理心理学　189, 190
責任の分散　25, 122
接種効果　100
説得（persuasion）　101
説得的コミュニケーション　131
前向性健忘　193
選択比較水準　34
洗脳　127
相互協調的自己観　150, 159, 167
相互独立的自己観　150, 159, 167
双方向的コミュニケーション　175
相貌失認　195
ソーシャルキャピタル（社会的資本）　48
ソーシャル・ネットワーキング・サービス（SNS）　173-186
ソシオメーター理論　13
損傷法　189

〈タ　行〉

対応推論理論　17
対応性　17
対応バイアス　19
対応法　189
対人距離　89
体性感覚　192, 193
態度（attitude）　94
タイプA行動パターン　153
タイプC行動パターン　154
タイプDパーソナリティ　154
多元的無知　25
達成動機　184
脱同一視　79, 80
脱マインド・コントロール　138
単純接触効果　41
チャネル　84, 85

中心特性　51
超個人的なコミュニケーション　176
聴衆効果　88
追従　121
強い紐帯と弱い紐帯　185
DSM-5　191
適応的合理性　18
デイリーハッスルズ　144
敵意的セクシズム　77
適切さの基準　20, 22
テロリズム　133
動因理論　111
投資モデル　34
統制過程　18, 73
同調　120, 121, 124
　——行動　23
トロリー問題　202, 203

〈ナ　行〉

内集団　69, 112
　——への同一視　79
内的帰属　17
内的衝動説　28
内的要因（属性要因）　16, 19
ナップのモデル　36, 37
認知症　191, 192
認知的共感　195, 196
認知的新連合理論　29
認知的斉合性理論　97
認知的評価　144, 148
認知的不協和　115, 135, 138
　——理論　98
認知的複雑性　59
妬み　200, 201
ネット嗜癖　183
脳機能イメージング　189, 190, 194, 195, 198, 202

〈ハ　行〉

パーソナル・スペース　89

媒介　168, 171
排他性　46
破壊的カルト　126, 131
発達課題　44
バランス理論　33, 97
PM理論　116, 117
非関与の規範　27
非言語的コミュニケーション　84, 85
筆記開示　5
ヒューリスティック　17
　　代表性——　18
　　利用可能性——　17, 18
　　——・システマティック・モデル　104
　　再認——　18
表示規則　86, 87
表象　89
表情　85-87, 91, 92
　　——の認知　195
　　——模倣　91
ビリーフ・システム　134
非類似性　42
ブーメラン効果　99
フォロワー　116
複数観衆問題　9
物質的自己　2
フリーライダー　113
ブレーン・ストーミング　124
プロクセミックス　89
文化心理学　157, 168
文化的幸福観　150
文化的道具　168, 171
分析的思考　160-162
偏見（prejudice）　65, 66, 73, 76-79
　　人種——　73, 74
返済規範　26
弁別性　17
返報性　3

包括的思考　160, 161
傍観者効果　25
報酬　34, 198, 199, 201
報酬系　198, 199, 201
ポジティブイリュージョン　11
補償的自己高揚呈示　9, 10
没個性化　23

〈マ　行〉

マイノリティ・インフルエンス　121
ミラーニューロン　196, 197
　　——ネットワーク　196
メンタライジング　196-198
　　——ネットワーク　196
モラル脳　203

〈ヤ　行〉

抑制のリバウンド効果　75
欲求不満—攻撃説　28

〈ラ　行〉

ライフイベント　143
ラバーハンド錯覚　192
リーダー　116
リーダーシップ　116
　　——特性論　116
リスキーシフト　122, 123, 125
リターン・ポテンシャル・モデル　119
両面提示　102
リンゲルマン効果　113
倫理的判断　201-203
類似性　41
類似性—魅力仮説　41
ルシファー効果　135
例示　89, 90
連続体モデル　51

《執筆者紹介》（＊は編著者，執筆順）

笠置　　遊（かさぎ　ゆう）［第1章］
2012年　大阪大学大学院人間科学研究科博士後期課程修了，博士（人間科学）
現　在　立正大学心理学部准教授
主要業績
Effects of self-presentation on one's self-regulatory resources when one is faced with the multiple audience problem．（共著），*Psychology*，6，2015
『社会心理学：シリーズ心理学と仕事10』（分担執筆，北大路書房，2017年）
「複数観衆状況における共通特性の自己呈示が個人内適応および対人適応に及ぼす影響」（共著，『実験社会心理学研究』58，2019年）

＊松田　幸弘（まつだ　ゆきひろ）［第2章］
1989年　立教大学大学院文学研究科博士後期課程単位取得退学，博士（経営学）
現　在　大阪経済大学人間科学部教授
主要業績
『リーダーシップの帰属モデル』（晃洋書房，2008年）
『経営・ビジネス心理学』（ナカニシヤ出版，2018年）
『心理学概論――ヒューマン・サイエンスへの招待――』（ナカニシヤ出版，2018年）

西浦 真喜子（にしうら　まきこ）［第3章］
2013年　大阪大学大学院人間科学研究科博士後期課程単位修得退学
現　在　神戸学院大学心理学部心理学科実習助手
主要業績
「同性友人に感じる魅力が関係継続動機に及ぼす影響――個人にとっての重要性の観点から――」（共著，『対人社会心理学研究』10，2010年）
『現代社会と応用心理学2　クローズアップ「恋愛」』（分担執筆，福村出版，2013年）

川西　千弘（かわにし　ちひろ）［第4章］
1995年　京都大学大学院教育学研究科博士後期課程中退，博士（教育学）
現　在　京都光華女子大学健康科学部教授
主要業績
『印象形成における対人情報統合過程』（風間書房，2000年）
『よくわかる心理学』（分担執筆，ミネルヴァ書房，2009年）
「対人認知における顔のポジティビティ・バイアス」（『実験社会心理学研究』51，2011年）

上瀬 由美子（かみせ　ゆみこ）［第5章］
1993年　日本女子大学大学院文学研究科博士課程後期単位取得満期退学，博士（文学）
現　在　立正大学心理学部教授
主要業績
『ステレオタイプの社会心理学――偏見の解消に向けて――』（サイエンス社，2002年）
Occupational Stigma and Coping Strategies of Women Engaged in the Commercial Sex Industry, *Sex Roles*, 69, 2013
「官民協働刑務所開設による社会的包摂促進の検討」（共著，『心理学研究』87，2017年）

山本恭子（やまもと きょうこ）[第6章]
2007年　同志社大学大学院文学研究科心理学専攻博士後期課程修了，博士（心理学）
現　在　神戸学院大学心理学部准教授
主要業績
「他者との関係性が表情表出に及ぼす影響の検討」（共著，『心理学研究』76，2005年）
「観察者の存在が2者間の感情コミュニケーションに及ぼす影響──観察者との関係性の観点から
　──」（『感情心理学研究』21，2013年）
『心理学概論　第2版』（分担執筆，ナカニシヤ出版，2014年）

大森哲至（おおもり てつし）[第7章]
2009年　横浜国立大学大学院国際社会科学研究科博士後期課程修了，博士（経営学）
現　在　帝京大学外国語学部講師
主要業績
『産業・組織心理学──変革のパースペクティブ──』（分担執筆，福村出版，2010年）
「繰り返される災害下での精神健康の問題──2000年三宅島雄山噴火後の坪田地区住民の精神健康につ
　いて──」（『実験社会心理学研究』50，2010年）
「繰り返される自然災害と被災者の長期的な精神健康の問題──2000年三宅島雄山噴火後の坪田地区住
　民の精神健康について──」（共著，『応用心理学研究』36，2011年）

板山　昂（いたやま あきら）[第8章]
2013年　神戸学院大学大学院人間文化学研究科博士後期課程修了，博士（人間文化学）
現　在　関西国際大学人間科学部講師
主要業績
『基礎から学ぶ犯罪心理学研究法』（共著，福村出版，2012年）
『現代社会と応用心理学7　クローズアップ「犯罪」』（共著，福村出版，2013年）
『裁判員裁判における一般市民の認知と量刑判断に関する心理学的研究──量刑の決定者と評価者の視
　点からの総合的考察──』（風間書房，2014年）

西田公昭（にしだ きみあき）[第9章]
1988年　関西大学大学院社会学研究科博士後期課程単位取得満期退学，博士（社会学）
現　在　立正大学心理学部教授
主要業績
『マインド・コントロールとは何か』（紀伊国屋書店，1995年）
『「信じるこころ」の科学──マインド・コントロールとビリーフ・システムの社会心理学──』（サイ
　エンス社，1998年）
『だましの手口──知らないと損する心の法則──』（PHP研究所，2009年）

神庭直子（かんば なおこ）[第10章]
2010年　桜美林大学大学院国際学研究科博士後期課程単位取得後退学，博士（学術）
現　在　桜美林大学健康福祉学群助教
主要業績
「成人アトピー性皮膚炎患者の望むソーシャルサポート──サポート源別の構造とサポート評価に影響
　を及ぼす要因について──」（共著，『健康心理学研究』22，2009年）
「児童を対象としたハッピークラスプログラム（対人関係能力促進支援）の検討──アセスメントのた

めのハッピークラス尺度の作成――」（共著，『心理学研究』（健康心理学専攻・臨床心理学専攻）（桜美林大学大学院心理学研究科）2，2012年）
「対人援助職者のリカバリー経験のタイプとその関連要因の検討」（『京都光華女子大学京都光華女子大学短期大学部研究紀要』（54），2016年）

文野　洋（ふみの　よう）［第11章］
1998年　東京都立大学大学院人文科学研究科博士課程単位取得退学
現　在　文京学院大学人間学部准教授
主要業績
「インタビューにおける語りの関係性――エコツアーの参加観察――」（『社会心理学研究』23，日本社会心理学会，2007年）
「日本の社会心理学におけるフィールドワーク研究とその意義」（『質的心理学フォーラム』1，日本質的心理学会，2009年）
『社会と文化の心理学――ヴィゴツキーに学ぶ――』（共著，世界思想社，2011年）

勝谷紀子（かつや　のりこ）［第12章］
2004年　東京都立大学大学院人文科学研究科博士課程単位取得退学，博士（心理学）
現　在　北陸学院大学人間総合学部教授
主要業績
「日本の大学生におけるうつのしろうと理論――テキストマイニングによる形態素分析とKJ法による内容分析――」（共著，『社会言語科学』13，2011年）
「大学生におけるソーシャルネットワーキングサービスの利用行動と共感性の関連」（共著，『電子情報通信学会論文誌D』Vol.J99-D, No.12, 2016年）
「難聴者が自身の難聴およびストレスについて理解を深めるためのプログラム作成の試み――ストレス対処ワークショップ――」（『特殊教育学研究』56，2019年）

富髙智成（とみたか　ともなり）［第13章］
2012年　関西大学大学院文学研究科博士課程後期課程単位取得退学
現　在　京都医療科学大学医療科学部専任講師
主要業績
「脳血管障害による感情障害判定とリハビリテーション」（共著，『兵庫県立西播磨総合リハビリテーションセンター紀要　2007年度版』，2008年）
「運動学習における学習判断の実験的検討」（『関西大学文学部心理学論集』6，2012年）
『図説教養心理学　増補第2版』（共著，ナカニシヤ出版，2016年）

人間関係の社会心理学

| 2018年7月30日　初版第1刷発行 | ＊定価はカバーに |
| 2020年7月5日　初版第2刷発行 | 表示してあります |

編著者　松　田　幸　弘 ©
発行者　萩　原　淳　平
印刷者　藤　森　英　夫

発行所　株式会社　晃　洋　書　房
〒615-0026　京都市右京区西院北矢掛町7番地
電話　075(312)0788番代
振替口座　01040-6-32280

装丁　野田和浩　　印刷・製本　亜細亜印刷㈱
ISBN978-4-7710-3061-9

|JCOPY| 〈(社)出版者著作権管理機構 委託出版物〉

本書の無断複写は著作権法上での例外を除き禁じられています．複写される場合は，そのつど事前に，(社)出版者著作権管理機構（電話03-5244-5088, FAX 03-5244-5089, e-mail: info@jcopy.or.jp）の許諾を得てください．